AESE DI CHVCAGNA
ORA PIV GVADAGNA
in Bassano per il Remondini
Piogia di ogni sorte di Polami Cotti
Monte
Fontana di bona Maluaria
Qui stando á tauola pioue Caponi e pernice et ogni sorte di Saluaticine
Albori che produce ogni sorte di frutti freschi
Ogni cosa delicata
Caua di Raffioli
lago di bottiro fresco
Ponte di fette di Meloni
Spedi di Rosti di Vitello
in Questo Paese si lega li Armi con le Salciccie
Questo, e il Signor Panigon che per esser il piu Poltron e fatto Signor del Paese.
Grecco 1606
Perche lauoraua ua in Prisione

Cucina & Cultura

Cucina & Cultura

Peter Peter

Kulturgeschichte der italienischen Küche

C.H.Beck

Annette
meiner «sardischen» Tischdame
gewidmet

Umschlagentwurf: Konstanze Berner, München
Umschlagabbildung: Stilleben aus der Villa di Giulia Felice,
Pompeji, Museo Archeologico Nazionale Neapel.
Foto: The Bridgeman Art Library
Satz & Litho: Reinhard Amann, Aichstetten
aus der Minion und der Viva
Druck und Einband: Ebner & Spiegel, Ulm
Gedruckt auf säurefreiem, alterungsbeständigem Papier
(hergestellt aus chlorfrei gebleichtem Zellstoff)
Printed in Germany
ISBN 10: 3 406 55063 0
ISBN 13: 978 3 406 55063 8
www.beck.de

INHALT

2500 JAHRE KOCHKUNST

Che cos'è la gloria di Dante, appresso a quella degli spaghetti? – Was ist der Ruhm Dantes im Vergleich zu dem der Spaghetti? 1957 konnte Giuseppe Prezzolini mit einem solchen Vergleich in seiner Nudelgeschichte *Maccheroni & Co.* noch provozieren. Eine Generation später ist akzeptiert, dass die lebendige Vielfalt italienischer Produkte und Gerichte, die in über 2500 Jahren entwickelt wurden, ebenso zum kulturellen Erbe der Nation zählt wie das Abendmahl Leonardos, die Sixtinische Kapelle Michelangelos, die Opern Verdis, die Filme Fellinis, wie Ferraris, Vespas, Gucci-Täschchen … Längst haben die elitärsten Literaturverlage des Landes Kochbuch-Inkunabeln wie den «Artusi» oder Platinas *De honesta voluptate* von 1474 in ihre Klassikerkollektionen aufgenommen. Kaum ein anderes Volk wird weltweit so automatisch mit einem kulinarischen Image assoziiert wie Italien. Dante lässt im dritten Kreis seines Inferno die Feinschmecker schmachten – doch Italiener aller Epochen haben dieses Vergnügen der Sinne nicht als Sünde, sondern als Ausweis von Kultur und Identität verstanden.

Ist es übertrieben, zu behaupten, dass die Küche eine nationale Glorie Italiens ist, in der stolz das Kollektivgedächtnis des Landes schwelgt? Italien war über weite Epochen der entscheidende Impulsgeber europäischer Gastronomie, der ungekrönte Champion der Kochkunst. Salat, Eis und Espresso, die Lieblingsnahrungsmittel der Moderne, sind italienische Erfindungen …

Jahrtausende, bevor Pizza und Pasta universal wurden, praktizierten süditalienische Griechen die erste Hochküche Europas. Der internationale Delikatessenhandel des Römischen Reiches ermöglichte kreative Fusionsrezepte. Sizilianische Araber machten Zucker und Orangen, Reis und Nudeln, Artischocken und Auberginen im mittelalterlichen Italien heimisch. Das Dogenrisotto *risi e bisi* oder das Pfefferfleisch des Renaissancearchitekten Brunelleschi wird in venezianischen oder toskanischen Osterien nachgeköchelt, während junge *Chefs* des Südens wie selbstverständlich an spanisch eingefärbte Adelsküche anknüpfen und Fische mit Zwiebelmarmelade und kandierten Tomaten würzen.

In diesem Porträt einer vitalen Kochkunst wird von antiken Symposien und päpstlichen Renaissancemählern, von Espressomaschinen, Thunfischräuchereien und großen Kochpersönlichkeiten, aber auch von den Wurzeln der *cucina povera*, der gesunden

> *Das Italien der hundert Städte und der tausend Campanili ist auch das Italien der hundert Küchen und der tausend Rezepte.*
>
> ALBERTO CAPATTI & MASSIMO MONTANARI

Landküche erzählt. Die regionale Rezeptvielfalt von den Alpen bis zur Stiefelspitze, von Piemont und Ligurien bis Apulien und Kalabrien erweist sich als unerschöpfliche Inspirationsquelle. Wo kommen Pizza, Spaghetti, Ravioli oder Mozzarella eigentlich her, und was ist mit der Marco-Polo-Legende vom chinesischen Ursprung der Nudeln? Warum hat Italiens «schlichte» mediterrane Kochkunst, noch vor einem halben Jahrhundert eher bespöttelt, in einem beispielslosen Popularitätsgewinn längst die halbe Welt erobert? Wohin gehen Italiens neueste Kochtrends, und welche Rolle spielen die populären Restaurantführer von *Veronelli* bis *Osterie d'Italia*?

Wer war Caesars Koch? Die Frage Brechts ist längst kein Thema des Klassenkampfs mehr, sondern der Bewusstseinswerdung: *Il cibo parla* – Essen steckt voller Aussagen, hat es der Mediävist Massimo Montanari formuliert, der mit Alberto Capatti die profundeste Kulturgeschichte der *Cucina Italiana* veröffentlicht hat. Mit der gleichen Entdeckerleidenschaft, mit der einst Kunstjünger der Romantik Dorfkirchen auf der Suche nach frommen Fresken durchstreiften, erschließen heute Journalisten, Professoren, Gourmets und Hobbyforscher die verschüttete und vergessene materielle Kultur des Essens – die soziologischen Forschungsansätze der französischen Schule der Annales sind zur populären Massenbewegung geworden. Spannend bleibt für den Kenner die Eigendynamik kulinarischer Prozesse im Wechselspiel mit Politik, Literatur, Kunst und Musik. Wie autonom ist die Kulinaristik, wird die ephemere Küche wie im Barock zum Protagonisten, oder trabt sie eher den Moden der Zeit nach? Und die Frage aller Fragen: Gibt es eine italienische Küche – oder nur die bunte Vielfalt an Regionalrezepten eines Landes, das erst 1860 geeinigt wurde und bis heute in den Fugen knirscht?

Eins steht fest: es gibt eine italienische Speisementalität des virtuosen, ja lustbetonten Maßhaltens, die schon aus der Fressorgienkritik antiker Dichter spricht: Das horazianische *Est modus in rebus* könnte als Motto über der Geschichte der italienischen Küche stehen, auch wenn sich periodisch Opulenz und Bescheidenheit abwechseln. Sybariten und reiche Römer, mittelalterliche Gewürzfreaks und barocke Gourmands verlieren nie ganz den Kontakt zum Wohlgeschmack simpler Basisprodukte.

Exzessives Schlemmen und Saufen ist auch deswegen verpönt, weil es die Freude und Bekömmlichkeit stundenlanger Gastmähler schmälert. Frisches Brot zum Essen reichen. Nicht von den Nudeln nachlangen, sondern auf den nächsten Gang warten. Fleisch und Gemüse trennkostartig in Einzelportionen aufteilen und auf Sättigungsbeilagen verzichten. Wein nur zum Essen trinken und mit Mineralwasser abwechseln. Leichte Desserts, schwarzer Espresso und vor allem anregende Unterhaltung: dieses Gemeinwissen um das in allen Schichten verinnerlichte diätetische Grundmuster, um die kulinarische Etikette ist es, was mehr als Salami, Parmesan oder Pasta *Bella Italia* eint.

Eine Kulturgeschichte der italienischen Küche ist kein wissenschaftlicher Selbstzweck, keine philologische Rezeptforscherei. Wer die Homepage von Gualtiero Marchesi, dem ersten Dreisternekoch Italiens, anklickt, ist auf den ersten Blick nicht sicher, ob er einen Bibliothekar erblickt, wäre da nicht der weiße Kittel seiner Zunft: Denn der Maestro hat vor sich einen Stoß historischer Kochbücher arrangiert. Immer mehr Trattorien und Sterneköche der Apenninenhalbinsel benutzen die historischen Rezepte ihrer Region als Kreativfundus. Safransaucen und süßsaure Aromen tauchen ebenso wieder auf wie Orangensalat und Mandelsugo. Wenn heute in Umbrien Mittelalterfeste arrangiert werden, in Mantua Gonzaga-Küche aufgefahren wird oder ein junger sizilianischer Küchenchef erfolgreich sein Buch *Cucina barocca* auf den Markt wirft, dann sind das Zeichen der ungeheuren Vitalität, die das kulinarische Erbe Italiens entfaltet.

Coquus doctus: Drei-Sterne-Koch mit Eleven und historischen Kochbüchern. Gualtiero Marchesis Internetauftritt.

Mein besonderer Dank gilt den Bibliotheken und Forschungsinstituten, die mir ihre Einrichtungen zur Verfügung stellten, insbesondere der von Slow Food gegründeten Università di Scienze Gastronomiche mit ihren Sitzen Colorno, wo mir der Kochbuchkollektionist Marino Marini großzügigst von seinem überreich sprudelnden Wissen mitteilte, und Pollenzo, wo mir Bruno Viberti stets hilfreich zur Seite stand. Professor Alberto Capatti hat mir spannende Einblicke zum Imagewandel italienischer Osterien eröffnet. Maria Lenzi hat sich liebenswürdigerweise Zeit genommen, mir die historische Kochbuchsammlung der Stiftung B. I. N. G. in Lugano zu zeigen. Lorena Gallina gewährte mir in Mailand Einsicht in die verlegerischen Aktivitäten der Accademia Italiana della Cucina. Avv. Giuseppe Giarmoleo erläuterte mir persönlich die Philosophie des von ihm geleiteten Museo Nazionale delle Paste Alimentari in Rom. Die Trattoria dell'Alba in Piadena war ein würdiger Platz, über kochgeschichtlichen Forschungen die heitere Gegenwart der Cucina Italiana nicht zu vergessen.

Für Anregungen und Gespräche geht ein Gruß an meine Kollegen der Deutschen Akademie für Kulinaristik (www.kulinaristik.de), insbesondere Herrn Prof. Alois Wierlacher und Otto Geisel.

Dem Verlag C. H. Beck und besonders dem Lektorat von Dr. Raimund Bezold, Rosemarie Mayr, Konstanze Berner und Stephanie Warnke danke ich für die sorgfältige und engagierte Betreuung des reifenden Werks. Manuela Wolf half mir mit klugen Anregungen, meinem Manuskript den letzten Schliff zu geben.

Für die großzügige Genehmigung, Rezepte abzudrucken, schließlich ein Grazie an Gualtiero Marchesi und Heinz Beck. Sie stehen stellvertretend für die vielen italienischen Köche (und Köchinnen!), ohne die dieses Buch nicht möglich gewesen wäre.

SIZILIANER UND SYBARITEN – GROSSGRIECHISCHE KOCHKUNST

Die Geschichte der europäischen Kochkunst beginnt in Sizilien, und sie beginnt mit einem Paukenschlag. Denn was aus den spärlich erhaltenen Fragmenten der *Gastronomia* («Gesetze des Magens») bzw. *Hedypatheia* («Leben in Luxus») des Archestratos von Gela herausleuchtet, ist nicht zögerliches Tasten, sondern die souveräne Kennerschaft eines weitgereisten Gourmets, der «eifrig alle Länder und Meere durchquerte in seinem Wunsch … die Freuden des Bauches sorgfältig zu erproben». Der aus der südsizilischen Polis Gela stammende Dichter, der um 330 v. Chr. «blühte», vollzieht in seinem parodierenden Lehrgedicht eine Art kulinarischer Odyssee des östlichen Mittelmeerraums, die mit Sizilien, Kalabrien, dem heutigen Griechenland, der kleinasiatischen Westtürkei und dem Schwarzen Meer praktisch die gesamte griechische Ökumene umfasst. Wie ein moderner Weinconnaisseur bei bestimmten Lagen ins Schwärmen gerät, geriert sich Archestratos als Kenner der besten Fischgründe des Mittelmeers.

Denn seine große Liebe – darin gleicht er modernen Sizilianern – gilt Fischgerichten, die er möglichst wenig zu verfälschen empfiehlt. Archestratos Lehrgedicht bleibt bis heute eines der radikalsten Plädoyers für Produkt- und Zutatenküche, eine *nouvelle cuisine* von Anfang an, die genau weiß, welcher Happen vom Fisch zu welcher Jahreszeit am feinsten schmeckt und in welchem Hafen man ihn kaufen sollte. Eines seiner typischen minimalistischen Rezepte über eine Haifischart lautet z. B: «Karcharia: Bauchfleisch, Kreuzkümmel, Meersalz und vielleicht etwas grünschillerndes Öl und sonst nichts.»

49 von 62 Archestratos-Fragmenten behandeln Fisch – man hat überlegt, ob dieser Schwerpunkt ein Zufallsprodukt der fragmentarischen Textüberlieferung ist, doch es spricht einiges dafür, dass Fisch in Süditalien als edelste Speise galt. So sind die archäologischen Museen zwischen Tarent und Agrigent voll rotfiguriger Keramik-Teller, auf denen gebratene Fischchen aufgemalt sind, während in der Tellermitte eine Vertiefung für Kräuterolivenöldip, der Vorgänger des modernen *salmoriglio*, ausgespart wird. Signifikanterweise ist der älteste erhaltene Theatertext Europas eine Endloslitanei von Fischnamen, die der verfressene Herakles in der Komödie *Hochzeit der Niobe* herunterbrabbelt. Dieses dorische Lustspiel des Sizilianers Epicharm dürfte in der 73. Olympiade (488–485 v. Chr.) im Theater von Syrakus Lachsalven entfacht haben.

Spürst du, welch süßen Geruch dieses Land hat und wie ein gar würziger Rauch aufsteigt? In dieser Schlucht muss anscheinend ein Weihrauchverkäufer wohnen – oder ein sizilianischer Koch!

KRATINOS DER JÜNGERE (4. JH. V. CHR.)

Fleisch hingegen war weitgehend mit dem Tabu des Opfertieres belastet, reserviert für große religiöse Feste mit ihren Hekatomben von Stieropfern. Die Zeiten, als die homerischen Helden sich fast ausschließlich an dampfenden frischgeschlachteten Fleischmählern stärkten, wie die plündernden Gefährten des Odysseus, waren lange vorbei:

«Und sie trieben die besten der Sonnenrinder zum Opfer
Eilend daher; denn nahe dem blaugeschnäbelten Schiffe
Weideten jetzt, breitstirnig und schön, die heiligen Rinder.
Diese umstanden die Freunde, den Göttern flehend, und streuten
Zarte Blätter, gepflückt von der hochgewipfelten Eiche;
Denn an Gerste gebrach es im schöngebordeten Schiffe.
Also fleheten sie, und schlachteten, zogen die Haut ab,
Schnitten die Lenden aus, umwickelten diese mit Fette,
Und bedeckten sie drauf mit blutigen Stücken der Glieder.
Auch an Weine gebrach es, das brennende Opfer zu sprengen;
Aber sie weihten mit Wasser die röstenden Eingeweide.
Als sie die Lenden verbrannt, und die Eingeweide gekostet,
Schnitten sie auch das übrige klein, und steckten's an Spieße.»

Aufwendig und kultiviert zu speisen ist ein zentrales Thema der griechischen Siedlungen, die ab dem 8. Jahrhundert v. Chr. in Magna Graecia, in Süditalien, entstanden. Opulente Symposien sind Ausdruck des Selbstwertgefühls und des Reichtums einer vornehmlich mit Lebensmitteln handeltreibenden Schicht, die zu den Profiteuren der griechischen Kolonisation Unteritaliens zählte. Im Gegensatz zum aristokratischen Kriegerideal Spartas mit seiner Blutsuppe (wer an Haggis oder Grützpinkel denkt, dürfte nicht ganz falsch liegen), genoss die neue Elite Großgriechenlands die üppige Kost, die der Süden zu bieten hatte. Sicher trug die sprichwörtliche Fruchtbarkeit des vulkanischen Siziliens, das nicht umsonst als Insel der Korngöttin Demeter galt, zu diesem Prozess bei. «Die Agrigentiner essen, als ob sie morgen sterben, und sie bauen, als ob sie ewig leben sollten», formulierte geistreich der Naturphilosoph Empedokles, während Platon, der mit seiner Ideologie des Idealstaats in Syrakus scheiterte, sich ereiferte: «Als ich nach Sizilien kam, sagte mir das, was man dort bei reichen italischen und sizilischen Leckereien ein glückliches Leben nennt, keines-

Form follows function: Geschirr- und Tempeldesign in Magna Graecia. Apulischer Keramikfischteller mit Zitterrochen und Pilgermuscheln (um 320 v. Chr.). Unten: Dorischer Heratempel in Selinunt (5. Jh. v. Chr.).

wegs und in keiner Weise zu – dahinzuleben, indem man zweimal des Tages sich vollpfropft und keine Nacht allein schläft … kein Staat dürfte, seien seine Gesetze beschaffen, wie sie wollen, zur Ruhe gelangen, wenn seine Bürger meinen, alles im Übermaß vergeuden und nichts anderes der Bemühung wert achten zu müssen als Schmäuse und Zechgelage.»

Syrakus galt als Gourmetmetropole, als «Paris der Antike». Auch die Tyrannen und Militärdiktatoren der Hafenstadt präsentierten sich gern der Öffentlichkeit als Schlemmer. Als der kunstsinnige Gewaltherrscher Dionysios der Große (ca. 430–367 v. Chr., bekannt aus Schillers *Bürgschaft*) seinen Lebenstraum verwirklichte und mit der von ihm gedichteten Tragödie *Erlösung Hektors* den Sieg beim Athener Theateragon davontrug, stürzte er sich im Taumel des höchsten Glücks in ein tagelanges großgriechisches Dauergelage, auf dessen Höhepunkt er sich buchstäblich zu Tode fraß. Servierten die Sklaven ähnliche Gerichte, wie in folgenden Gastmahlszenen, die manche seinem Hofdichter Philoxenos von Kythera zuschreiben?

> «Wasser für die Hände, ein Silbergefäß, ein zarter Knabe, der Wasser über unsere Hände gießt; anmutige, zarte Myrtenzweiglein zu Girlanden verwoben. Herein trugen ein paar Sklaven einen schimmernden Tisch für uns …
>
> Sie brachten schneeweiße Gerstenbrote in Körben herbei. Eine Kasserolle – nein, größer noch – gefüllt mit herrlichem Aal, der dem Meeraal glich. Und dann, mein Lieber, noch Garnelen in Honig glasiert und dazu mit Meersalz bestreute Tintenfische, kleine Vögelchen in Blätterteig, und gebackenen Thunfisch, Ihr Götter! Was für ein gewaltiges Tier, frisch vom Feuer, frisch aus der Pfanne und frisch aufgeschnitten, reichlich herrliche Stücke aus seinem zarten Bauchfleisch zu unserer Freude, solange wir bleiben und weiter schmausen wollten …
>
> Schließlich hatten wir uns mit Essen und Trinken den Bauch gefüllt: Die Diener räumten die Reste beiseite und brachten warmes Wasser, Seife und Lilienöl für unsere Hände. Sie reichten uns Musselinhandtücher, herrliche Duftstoffe und Veilchensträuße. Dann wurden dieselben glänzenden Tischchen wiedergebracht, beladen mit weiteren Leckereien, Nach-Tisch, wie man so sagt: Herumgereicht wurden süße Teigmuscheln, knusprige Pfannkuchen, honiggetränkte geröstete Sesamkuchen, süßer Käsekuchen mit Milch und Honig und wie Pastetchen gebacken, Konfekt aus Käse und Sesam, in kochend heißem Öl frittiert und in Sesamsamen gewälzt.»

Bis zu sechzig männliche Gäste soll Dionysios auf dreißig Klinen gleichzeitig bewirtet haben, für ein privates Fest eine fast schon unanständige Menge. Galt doch lange der Grundsatz, dass die Zahl der Eingeladenen zwischen den (drei) Grazien und den (neun) Musen liegen solle. «Alle sollen an einem hübsch gedeckten Tisch essen; drei oder vier werden es insgesamt sein, oder höchstens fünf, sonst wäre es ja gleich eine Zeltladung plündernder Söldner», fordert Archestratos, dessen Verse im Rahmen eines solchen intimen hedonistischen Symposions vorgetragen wurden – kein eigentliches Kochbuch, sondern geistreiche Plaudereien für die koloniale Oberschicht, die sich nach dem Mahl an Wein aus Mischkrügen labte oder im *kottabos*-Wettkampf Weintropfen auf eine Scheibe zu schnippen versuchte.

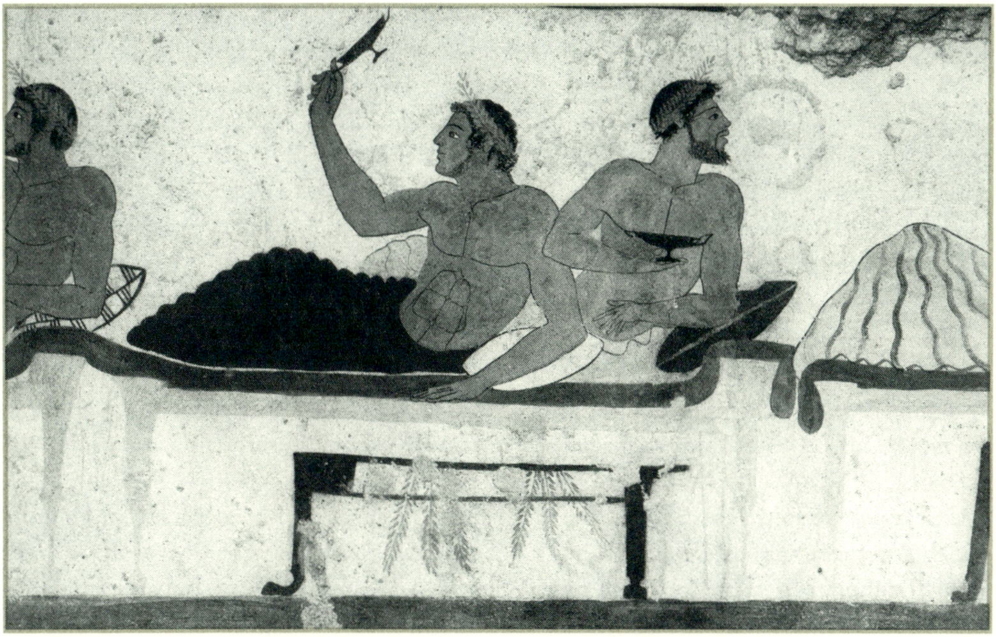

Ein trunkener bekränzter Großgrieche schnippt im Kottabos-Spiel Weintropfen aus seiner kylix *(Trinkschale). Herren-Symposion in Poseidonia-Paestum (Grab des Tauchers, ca. 490–480 v. Chr.).*

Die antike Komödie liebt es, eingebildete Köche und schelmische Kochsklaven als kulinarische Dampfplauderer auftreten zu lassen. Ein erheiterndes Zeugnis des Überflusses ist ein Streitgepräch aus den in Syrakus spielenden *Menaechmi* des Umbrers Plautus, dem Vorbild für Shakespeares *Comedy of Errors*. Da streiten sich zwei Parasiten (freigehaltene Mit-Esser), wer den großzügigeren Herrn habe, worauf der eine Parasit schlagfertig prahlt, sein Gastgeber tische so auf, *ut standumst in lecto* – dass man auf dem Speisesofa aufstehen muss, um oben an die Speisen zu kommen!

Köche renommierten gern mit ihrer Herkunft aus Syrakus, vielleicht existierte hier die erste Kochschule Europas. Mithaikos aus Syrakus überliefert in den 4 Fragmenten seines *Opsartytikón* (Das Kochen) lakonische Fischrezepte wie «Ausnehmen, Kopf abtrennen, spülen und filetieren; Käse und Öl hinzufügen». Verschollen sind die Anweisungen süditalienischer Starköche wie Herakleides von Syrakus oder Hegesipp von Tarent.

Schon damals deutete sich die soziale Zwitterstellung der Köche an, die wie Taglöhner ausgeliehen wurden, aber mit ihren Mannschaften beste Häuser besuchten. Apollodor, der Leibkoch Kleopatras, stammte aus Katane (Catania). Bis weit in die römische Kaiserzeit waren sizilianische Köche – wie auch heutzutage – ein Erfolgsexport. *Siculus coquus* – Sizilianer sind Köche: Das Klischee wirkt noch bei Edward Bulwer nach, der 1834 in seinem Erfolgsroman *Die letzten Tage von Pompeji* um einen Inselkoch würfeln lässt.

Sprichwörtlich geworden ist die Dolce Vita der kalabresischen Polis Sybaris. So sollen die Sybariten alles Lärm erzeugende Handwerk aus der Stadt verbannt und sogar das Halten von Hähnen verboten haben. Sie züchteten Hunde ausschließlich zum Vergnügen und besaßen eigene Weinkeller: Das kostbare Getränk wurde durch Kaminrohre direkt von ihren Weinbergen dorthin geleitet. Badewanne und Nachttopf gelten genauso als ihre Erfindung wie die skandalöse Idee, den besten Koch bei Festmählern zu prämieren. So hat sich von einem Glaukos aus Lokroi («Kochkunst ist nichts für Sklaven!») ein Rezept für *hyposphagma* erhalten, eine pikante Sauce, die zum Fleisch gereicht wurde: «Gebratenes Blut und Silphion (eine libysche Aromapflanze) und Traubenmost oder Honig und Essig und Milch und Käse und kleingehackte Würzkräuter». Ein Sybarit, den es nach Sparta verschlug, soll sich nicht mehr über den Todesmut der mit ordinärer, mit Graupen angedickter Blutsuppe gefütterten Spartaner gewundert haben – lieber sterben als so einen Fraß ertragen!

Mit spöttischem Unterton prangerten wertkonservative Adelskreise die Verweichlichung der Sybariten an und setzten kulinarische Schwelgerei und Kriegsdienstuntauglichkeit in direkten Kontext. Denn Sybaris ereilte seine «Strafe», als die dynamischeren Krotoniaten unter Pythagoras 510 v. Chr. den Krathisfluss über die rauchenden Trümmer der besiegten Stadt leiteten.

Der Philosoph und Polit-Guru aus Samos hatte in Kroton eine Art vegetarischer Ordensdiktatur hochgezogen und eine esoterische parteiartige Sekte um sich gesammelt, die geschlossen auf den Meister schwor. In seinen Lehren, die überraschende Parallelen zu Indien aufweisen, scheint eine kollektive Menschheitserinnerung vom vegetarischen Paradies des Goldenen Zeitalters durch, als die Erde ihre Früchte freiwillig schenkte. Metempsychose (Seelenwanderung) ist neben rituellen Reinheitsvorschriften, die sogar den Genuss von «beseelten» Bohnen verbieten, sein stärkstes Argument für Vegetarismus – ähnlich dachte ein Jahrhundert später der von Hölderlin verehrte Vorsokratiker Empedokles von Agrigent, der provokativ im Tempel einen Marzipanstier dargebracht haben soll. Bis ins 19. Jahrhundert wurden Vegetarier als «Pythagoräer» bezeichnet. In der gemüseorientierten süditalienischen Vorspeisenküche leben diese asketisch-vegetarischen Unterströmungen fort.

Persephone, Tochter Demeters, präsentiert an Hades' Seite Ähren. Ton-Pinax aus Lokroi in Kalabrien (5. Jh. v. Chr.).

Die Küche Magna Graecias bestand nicht nur aus Extremen, sondern war meist eine gesunde abwechslungsreiche Kost, zu der Märkte und Händler, Hirten, Bauern und Fischer beitrugen. Die Alltagskost war schmackhaft und ungekünstelt: Hülsenfrüchte, Gemüse, Zicklein, Lamm oder Schwein – gebraten und mit reichlich Fladenbrot gegessen –, Dinkelporridge, Milch, Ziegenkäse, Oliven und Fisch. Alexios von Thurioi (4. Jahrhundert v. Chr.), der Nachfolgersiedlung Sybaris', schwärmt von der «göttlichen Erbschaft unserer Heimat, der Freude meines Herzens, der getrockneten Feige.» Berühmt war vor allem der Käse – Sizilien galt vor Arkadien als bukolische Modellregion der Hirten. Das heutige Wort *formaggio* geht auf *phórmos* zurück, das Binsenkörbchen, in dem bereits Theokrits Schäfer *ricotta* (Quark) reifen ließen. Und kein Geringerer als Homer hat den einäugigen Kyklopen Polyphem als Erfinder des Pecorino porträtiert:

> «Eilig wanderten wir zur Höhl' und fanden den Riesen
> Nicht daheim; er weidete schon auf der Weide die Herden.
> Und wir gingen hinein, und besahen wundernd die Höhle.
> Alle Körbe strotzten von Käse; Lämmer und Zicklein
> Drängeten sich in den Ställen, und jede waren besonders
> Eingesperrt: die Frühling' allein, allein auch die Mittlern,
> Und die zarten Spätling' allein. Es schwammen in Molken
> Alle Gefäße, die Wannen und Eimer, worinnen er melkte.»

Mit der Eingliederung Unteritaliens und Griechenlands als Provinzen ins Römische Reich wächst der Einfluss griechischer Kochkunst eher noch. Griechischsprachige Köche, Ärzte und Ernährungswissenschaftler wie Galen (131–201, Leibarzt Kaiser Mark Aurels) dominieren die Essszene Roms – selbst der sittenstrenge Cato verrät ein Rezept für gefälschten griechischen Wein. Die amüsanteste Quelle dieser Zeit ist das fiktive Mammutbankett *Deipnosophistai* (Gelehrtenmahl) des Ägypters Athenaios von Naukratis, der um 200 n. Chr. in Rom lebte. Das tagelange Gelehrtengespräch bei dem römischen Ritter Larensius ist eine Fundgrube für schräge Anekdoten wie die von dem Fresser, der sich antrainiert hatte, Speisen kochendheiß zu verschlingen. Außerdem spiegelt Athenaios die philologische Versessenheit auf *Hapaxlegomena* («nur ein einziges Mal überlieferte Wörter» entstammen oft der Esssprache) wider, erwähnt erstmals das Wort Pornographie und breitet süffisant eine Fülle antiquarischen Esswissens aus.

Spannend ist das Nachleben griechischer Rezepte bis heute, wobei die gastronomische Forschung sich mit der Sprachfrage verschneidet, ob die grekanischen (griechischsprachigen) Dörfer Kalabriens auf die Antike oder das byzantinische Mittelalter zurückgehen. So entsprechen kalabresische und lukanische Rezepte für *gnammurieddu* (Lammleberspieße mit Wildkräutern) eher neugriechischen *kokoretsi*, während die Freude am österlichen Lammgrillen zeitlose Hirtenküche widerspiegelt. Wichtiger ist die bis heute andauernde Bindung an

Schachern um die Drachmen. Rotfiguriger liparischer Krater mit Thunfischverkäufer. Cefalù, Museo Mandralisca.

eine archaische Küche des Olivenöls, in der Honig, Wein, Gemüse und Brot (Pythagoras: Das Universum beginnt mit dem Brot) die Hauptrolle spielen und die einst Italiker und Etrusker mit Produkten wie Öl, Dinkel und Wein vertraut machte.

«Die Zunge kostet die Speise, als wäre sie Musik» (Hippokrates). So legt die griechische Kochkunst bereits Standards fest, die im Süden Italiens immer noch gelten: Kennerschaft und Passion für frischesten Fisch und seine Varianten, *cucina diretta*, die sich an Produkten freut, und reichlich vegetarische Kost. Auch wird im griechischen Süditalien erstmals ein Diskurs über Völlerei und gesunde Nahrung, über Fleisch, Fisch und vegetarisch-pythagoräische Speisen durchgeführt, der letzten Endes die Grundlage aller Diätetik, aller vernünftigen Ernährung bildet – ein Thema, das aktueller ist denn je.

AMIA
THUNFISCH

Archestratos von Gela, um 330 v. Chr.

Im Herbst, wenn die Plejaden am Horizont versinken, kannst du Thunfisch auf jegliche Art zubereiten. Warum soll ich dir darüber lange Vorträge halten, denn du kannst kaum etwas falschmachen, selbst wenn du wolltest. Aber wenn du trotzdem wissen willst, o Freund Moschos, auf welche Weise du am besten diesen Fisch auftragen kannst: in Feigenblättern mit nicht zuviel Oregano. Keinen Käse, keinen Schickschnack! Bette ihn einfach in die Feigenblätter und binde sie oben mit einer Binse zu. Dann bedecke ihn mit heißer Asche und erkenne in deinem Gemüt den rechten Augenblick, wenn er gar ist und nicht verbrannt. Aus dem lieblichen Byzanz aber soll er kommen, wenn du den besten willst. Doch auch wenn er in der Nähe gefangen ist, wirst du etwas Gutes bekommen. Je weiter weg vom Hellespont, desto schlechter. Und wenn du die ruhmreiche Salzflut der Ägäis durchpflügst, wirst du nichts dergleichen fangen und Schande wird es bringen meinem vorherigen Lobe.

Ein vehementes Plädoyer für saisonale Produktqualität und schonende Fischgarung in einem fast asiatisch wirkenden Blattpäckchen. Rösten in heißer Asche ist bis heute in Unteritalien üblich, z. B. bei Artischocken. Bratgut wird mittlerweile gern in Limonenblätter eingeschlagen.

ÖLBAUM UND OLIVENÖL

Über 100 Millionen Ölbäume wurzeln in Italien, also ca. zwei Bäume pro Einwohner. Wuchs die stachlige Wildolive Oleaster (*olivastro*) seit Urzeiten vor allem in der sardischen Macchia, so bringen die griechischen Kolonisten die ersten Ölbäume nach Süditalien. Bald übernehmen auch die Etrusker die neue Pflanze. Olivenanbau ist eine gewaltige, als übergreifendes Generationenprojekt angelegte Kulturleistung, die regelmäßiges Ackern, Beschneiden, Ernten zum rechten Zeitpunkt, Mahlen der Früchte, Filtern und Lagern des Endprodukts umfasst und vor allem Geduld erfordert. Erst nach 20 Jahren beginnen die Bäume, die über 1000 Jahre alt werden können, ordentlichen Ertrag abzuwerfen. Da wundert es nicht, wenn die attische Verfassung das Fällen von fremden Olivenbäumen unter Todesstrafe stellte.

Der Beginn der Ölbaumkultur wie auch der mediterranen Ernährung ist im Vorderen Orient zu suchen, wo um 4000 v. Chr. ertragreiche Sorten gezüchtet werden und später das syrische Ebla zur Drehscheibe des Ölhandels wird. Wenn Archestratos von Gela vom Olivenöl der Farbe *glaukos* (grünschillernd) schwärmt, zeigt sich Kennerschaft dieses Grundnahrungsmittels, das über Fleisch und Fisch, über Brot und Gemüse gesprenkelt wird und notfalls sogar als flüssiger Korken einer Weinamphore dient. Seit der Antike sind auch eingelegte grüne (oder reifere schwarze) Oliven ein beliebtes Zubrot.

Auch Rom setzte auf Olivenöl. Zur Zeit Konstantins soll es über 2500 Lager gegeben haben, die die Einwohner mit Speise- und Lampenöl versorgten – vor allem Spaniens und Nordafrikas Küsten waren Hauptproduzenten der Ölfrucht. Fast zwei Millennien später überragt der Testaccio, ein 50 Meter hoher Müllberg aus Ölamphorenscherben, das römische Diskothekenviertel.

Dem Christentum ist Öl heilig, schließlich bedeutet *Christos* «Der mit Olivenöl Gesalbte». Tag und Nacht mussten vor den Altären Öllämpchen brennen, was dazu führte, dass man im Mittelalter selbst im Piemont den Olivenanbau forcierte. Denn in weiten Teilen Italiens, die klimatisch (Höhe, Feuchtigkeit) nicht für Olivenanbau geeignet waren, war Olivenöl teurer als Tierfett – also war auch Fasten kostspieliger!

Heute besitzt Apulien 40 bis 50 Prozent aller italienischen Ölbäume. Gallipoli im Salentino war vom Barock bis ins 19. Jahrhundert der führende Börsenplatz für den Rohstoff Olivenöl – aus den weitläufigen unterirdischen Kavernen wurde die Flüssigkeit nach Skandinavien und Russland verschifft – als Lampenöl und Waltranersatz. Erst Petroleum und Gas machten dem Ölboom den Garaus, erklären aber die unglaubliche Fülle «säkularer» Olivenbäume in Apulien, die per Dekret nicht gefällt werden dürfen.

Das preisgekrönte Museo Carli in Imperia dokumentiert, wie lange die schmale ligurische Produktion mit ihren feinen säurearmen, bis auf 600 Höhenmeter reifenden Ölen den Speiseölexport dominierte. Das nördlichste Olivengebiet Italiens mit rekordverdächtig niedrigen Säurewerten erstreckt sich bis zum trentinischen Gardaseeufer. Die teuersten Renommieröle werden in toskanischen *frantoi* um Lucca gepresst, während das erdige grünliche Öl aus Umbrien als idealer Begleiter zu Hülsenfrüchtesuppen gilt. Prädikate wie *extra vergine* oder *nativ* sagen im Grunde wenig aus. Garantie für hundertprozentige italienische Herkunft und chemiefreie Pressung gewähren nur die DOP-Sigel und der sperrige Zusatz *ottenuto direttamente dalle (proprie) olive e unicamente con procedimenti meccanici* (mechanische Direktpressung).

Die moderne Tendenz geht zum kleinen Baum, der jährlich trägt und leichter geschüttelt werden kann. Vor allem apulische und sizilianische Produzenten sind dazu übergegangen, Öl wie Wein nach Sorten (*cultivar*) zu klassifizieren: *leccina*, *moraiolo* etc. Doch längst hat sich die gesundheitsschonende Wirkung des Olivenöls mit seinen ungesättigten Fettsäuren weltweit herumgesprochen und seit den 1990ern zu einem Boom geführt, auf den Italien auch dadurch reagiert, dass es Öle aus dem ganzen Mittelmeerraum abfüllt.

PFAUENFEDERN UND PAPAGEIENZUNGEN – RÖMERKOST

Ob Asterix und Obelix, ob Hollywoodschinken: Das Image römischer Kost ist geprägt von dekadenten Orgien, in denen träge Lüstlinge auf Sofas liegend die ausgefallensten Delikatessen des Imperium Romanum verzehren, um sie anschließend mit Hilfe von Pfauenfedern wieder zu erbrechen. Die antike Literatur überliefert dazu eine Fülle unerreichter Beispiele extremer Gourmandise.

Ahnungslose Schwelger. Kaiser Heliogabal läßt seine Gäste langsam unter Rosenblättern ersticken. Gemälde von Sir Lawrence Alma-Tadema.

Der Schlemmerkaiser Vitellius (69 n. Chr.) «weihte eine Schüssel, die er ‹Schild der Minerva, der Beschirmerin der Stadt› nannte, weil sie so riesig war. Darin wurde die Leber von Papageienfischen, das Gehirn von Fasanen und Pfauen, die Milch von Muränen, die seine Kapitäne und Dreiruderer vom Partherreich bis zur Meerenge von Gibraltar hatten auftreiben müssen, untereinander gemischt.» So klatscht Sueton über den abgehalfterten Weichling, der seine letzten Stunden vor dem Einmarsch des Siegers Vespasian einem gespenstischen Henkersgelage widmete. Die wie fette Aale aussehenden Muränen, heute

Ich habe wieder De re culinaria *von Coelius Apicius gelesen. Der Mann war ein Spinner. Wer würde heute Siebenschläferfleisch in Honig essen oder Kranich und Storchzunge oder in Honig geschmorten Lauch, bedeckt mit Thunfischeingeweiden?*

PSEUDO-LEONARDO DA VINCI, *NOTE DI CUCINA*

noch eine Delikatesse auf der Insel Ponza, wurden mit Gänselebern (und zuweilen auch mit Sklaven) gefüttert. In einem Fall von *culinary surrealism* (Fernández-Armesto) wirft der syrische Knabenkaiser Heliogabal Gänseleber auch seinen Hunden vor und serviert Saubohnen mit Bernstein.

«Das große Fressen» par excellence aber findet sich im geistreichen *Satyricon* des C. Petronius Arbiter (1. Jahrhundert n. Chr.), einem in Unteritalien spielenden sexuellen Abenteuerroman herumstreichender Jünglinge. Sie verschlägt es zum Gastmahl des Trimalchio, eines ebenso reichen wie parvenühaften Freigelassenen, der seinen kulinarischen Protzphantasien freien Lauf lässt und sich in aller Öffentlichkeit mit silbernem Zahnstocher in den Zähnen herumwerkt. Dieses von Fellini verfilmte vulgärepikuräische Gelage findet seinen Höhepunkt in der Tranchierung einer «trojanischen Sau», aus der lebende Krammetsvögel herausflattern.

Traditionsbewusste Autoren betonten in Gegensatz dazu immer wieder schlichte italische Kost. So lädt der Satiriker Juvenal ganz im Stile autarker *cucina povera* zum Verzehr eines Milchzickleins ein:

> «Hier das Menu. Es wird nichts kosten. Das zarte Zicklein werden die Herden von Tibur liefern. Es hat noch kein Gras gekaut und noch nicht an jungen Weidensprösslingen geknabbert, es hat mehr Milch noch als Blut. Bergspargel, wie ihn die Bäuerin nach getaner Spinnarbeit erntet, dann dicke Eier, noch warm vom Heunest, aus dem sie geholt wurden, und die Hühner, die sie gelegt haben; gelagerte Weintrauben, frisch als seien sie gerade gepflückt, Birnen aus Signia, Äpfel, die wie die herrlichsten Früchte aus Picenum duften.»

Maß und Disziplin ist das wahre Ideal römischer Kost, wie Plinius seinem Freund Septicius wegen eines geplatzten Abendessens vorhält:

> «Was soll das heißen? Du sagst Dich zum Essen an und kommst nicht! Hier Dein Urteilsspruch: auf Heller und Pfennig wirst Du mir die Unkosten ersetzen, und die sind nicht gering! Ich hielt pro Person einen Kopf Salat bereit, drei Schnecken, zwei Eier, Griespudding mit Honigseim und Schnee – auch den wirst Du einrechnen müssen, ja den besonders; er zergeht auf dem Tablett – Oliven, Mangold, Gurken, Zwiebeln und tausenderlei nicht weniger leckere Dinge. Du hättest Komödianten, einen Rezitator oder Lautenschläger zu hören bekommen oder, spendabel wie ich bin, alle drei. Aber Du wolltest, wer weiß wo, lieber Austern, Sautaschen, Seesterne und Gaditanische Tänzerinnen.»

Plinius hält frugal-einheimische Leckereien, die sogar ein geeistes Semifreddo umfassen, gegen orgienhafte Delikatessenschlemmerei. Auch Horaz zieht als maßhaltender Epikuräer gegen geistlose Völlerei her:

> «... Ja, nicht in dem kostbaren Braten
> Liegt der Genuss, in dir selbst! Erwirb dir dein Essen durch Mühsal!
> Dem, der vom Schwelgen fett ist und blass, dem können nicht Austern,
> Noch auch der Barsch mehr schmecken ...»

Gedrängel im Gemischtwarenladen. Ein steinernes Relief aus Ostia zeigt die Angebotspalette des Händlers: Obst, Gemüse, Brot, Geflügel und Stallhasen (2. Jh. n. Chr.).

Doch neben allen literarischen Essdebatten vergisst man leicht die Alltagsernährung. Die bestand vor allem in der Kapitale Rom aus Getreidespenden – noch heute sind die riesigen Speicherhallen am Fuße des Palatin erhalten. Das von den Gracchen angestoßene, wohl langfristigste Sozialhilfeprojekt der Geschichte garantierte seit 58 v. Chr. der römischen Plebs, sofern sie das Bürgerrecht besaß, eine kostenlose Monatsration von ca. 5 Scheffel (ca. 33 Kilogramm) Getreide, das meist aus Sizilien und Karthago stammte. Historiker schätzen, dass ca. 150 000 bis 300 000 Römer von dieser *frumentatio* und damit buchstäblich vom täglichen Brot lebten – unter Augustus ein Drittel der stadtrömischen Bevölkerung! Eine sehr einseitige vegetarische Ernährung, denn ein nicht unerheblicher Teil des Getreides wurde den oftmals sehr reichen Großbäckern als Entschädigung für Mahlen und Backen überlassen, so dass wenig zum Eintauschen anderer Lebensmittel blieb. Nur bei großen Tempelfesten konnte man ein Stück Opferfleisch erhaschen. Erst in der Spätantike werden gebackenes Brot und eine Fleischration üblich; so lässt Aurelian um 270 Schweinefleisch verbilligt ausgeben – unter den Tetrarchen dürften dann ca. 120 000 Römer gratis 20 bis 25 Kilogramm Fleisch pro Jahr erhalten haben!

Doch auch außerhalb Roms sind wir über Armeleute-Essen informiert. So legt Cato in *De agricultura* (Vom Landbau) genaue Portionen für die Sklaven der *familia* fest, die fast ausschließlich von Weizen, eingemachten Falloliven, Sardellen, Essig, Öl, Wein und wenig Salz leben, während sich der Gutsherr selbst einen «Punischen Graupenbrei» mit Quark, Honig und Ei gönnte. In der Kaiserzeit schildert die ländliche Idylle des im Stile Vergils geschriebenen *Moretum*, wie ein Bauer im Garten gepflückte Kräuter mit Knoblauch, abgehangenem Käse und Olivenöl zu einem Pesto zermörsert, um es mit Fladenbrot zu essen. Graupen- oder Kichererbsenbrei (*puls*), Oliven, Bohnen, Saubohnen, Feigen und Käse sind die Hauptnahrungsmittel weiter Kreise der italischen Bevölkerung – die Griechen nannten die Römer spöttisch *pultiphagi* – Breifresser.

Sicher ist das Essen damals vom sozialen Rang abhängig. Selbstversorgende Bauernhöfe im Bergland speisen anders als das Führungspersonal großer süditalienischer Latifundien oder

Perfektes mise en place: In einer römischen Küche ist alles für den Auftritt des Koches bereitet. Archäologische Rekonstruktionszeichnung.

die Eliten der Städte. Nicht zu unterschätzen ist der Einfluss der agrarisch geprägten etruskischen Kultur, die sich das Jenseits ja gerne als ewiges Festmahl vorstellte, wovon zahlreiche Grabmalereien in Tarquinia oder Orvieto zeugen: Vornehme Etrusker lassen sich auf Speisesofas liegend meißeln. Doch spannender ist, dass im Vielvölkerstaat des Imperium Romanum Lebensmittel und Rezepte vom ganzen Mittelmeer, aber auch aus Arabien, dem vorderen Orient und dem gallisch-britischen Bereich aufeinanderprallen. Durch Versklavung kommt es nicht nur zu einem Völker-, sondern auch zu einem Kocheaustausch ungeahnten Maßes. So kann man davon ausgehen, dass reiche Römer von sizilischen Starköchen, denen wiederum Personal aus Nordafrika, Arabien oder Griechenland zur Hand ging, bekocht wurden. Ein ergötzlicher Literaturtipp aus dem 19. Jahrhundert: Das Siegespicknick der Söldner in Gustave Flauberts *Salammbô*, das so gut wie alle Rassen und Speisen des Mittelmeers umfasst, präsentiert virtuos die kulinarische Multikulturalität der Antike.

Daneben entstand ein Delikatessenhandel ungeahnten Ausmaßes. Nicht nur die von Lukull aus Kerasos am Schwarzen Meer eingeführten Kirschen, sondern kleinasiatische Feigen, armenische Pfirsiche und dicke Zuchtspargel aus Ravenna, wo «drei Stangen aufs Pfund» gehen, prangen auf den Märkten. Silphium, ein in der libyschen Kyrenaika wachsenes Gewürz, wurde wegen starker Nachfrage und Überweidung bereits zu Neros Zeiten ausgerottet – der Kaiser selbst soll die letzte Staude des an Asafoetida (Stinkasant, ind. *hing*) erinnernden Krautes gegessen haben. Gallien lieferte Schinken und Eichelmastschweine, Gänse wurden von der Picardie bis nach Rom getrieben. Das aus Numidien und Ägypten importierte Perlhuhn (it. *faraona*) wurde wegen seiner gesprenkelten Eier geschätzt.

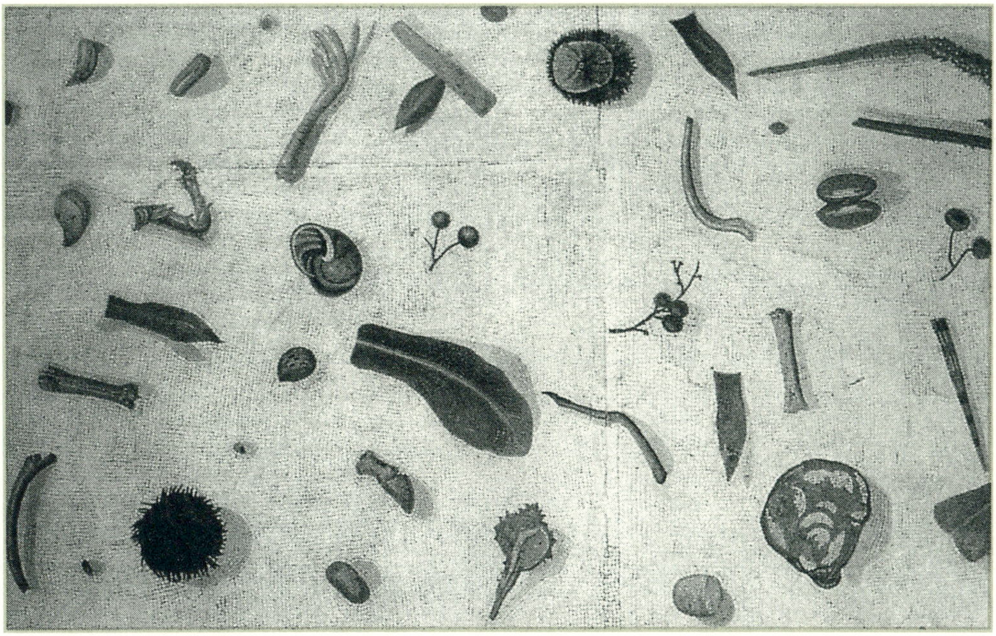

Arte povera: Auf dem minimalistischen Küchenmosaik aus Fußbodenabfällen lassen sich Lattichblatt und ausgeschlürfter Seeigel, Schnecke, Knöchlein und Austernschale identifizieren. Vatikanisches Museum (2. Jh. n. Chr.).

Natürlich war Italien selbst an der Produktion dieser Delikatessen beteiligt. So gibt es frühe Beispiele für *farming*. Im Archäologischen Museum von Florenz stehen riesige Tonkrüge (*pithoi*) mit rätselhaften Stegen im Inneren – Laufrillen für Haselmäuse, die mit Nüssen und Eicheln gemästet wurden, aber trotzdem etwas Auslauf behalten sollten. Trimalchio servierte die Tierchen in Mohn und Honig. Fasan und Wachtel wurden in Gehegen gehalten – Terentius Varro soll nicht weniger als 100 000 Drosseln besessen haben. Schnecken wurden durch Kräuterkost in verschiedenen Farben gezüchtet und Süßwasserfische in *piscinae* (heute das Wort für Swimming-Pool!) angefüttert, da die Lebern als besondere Raffinesse galten. Stafetten brachten lebendfrische Meeresfrüchte an den kaiserlichen Hof. Aus Mesopotamien und Griechenland kam die Herstellung von Fischsaucen (*garum*, *liquamen*), auf die sich Pompeji und andere Städte am Golf von Neapel spezialisierten. Das z. T. sehr teure «Maggi der Antike» bestand nach Gargilius Martialis aus eingesalzenen Kleinfischen, Muscheln, Seeigeln, Fischinnereien und einem Gewürzbouquet aus Minze, Dill, Koriander, Fenchel etc., die bis zu drei Monaten in der Sonne fermentierten. Die Brühe, die an asiatische Fischsaucen wie *nam pla* (Thailand), *nuoc mam* (Vietnam) oder *tuk trey* (Kambodscha) erinnert, diente, vermischt mit Essig, Öl, Wein oder Honig, als Einheitswürze der meisten Speisen.

Zumindest die veröffentlichte Meinung scheint die Möglichkeiten einer Crossover-Küche und das erweiterte Lebensmittelangebot nicht besonders geschätzt zu haben. Dazu kommt, dass es zwar jede Menge einfacher und teilweise bordellartiger Garküchen (*thermopolia*) gab, aber keine Restaurants, die die neuen Gerichte hätten propagieren können. Kulinarische

Fischfeindschaften in den Tiefen des Meeres? Detailrealistische Mosaikkomposition mediterraner Fischarten wie Hai, Barsch und Makrele aus der Casa del Fauno in Pompeji (2. Jh. v. Chr.).

Kreativität fand bei privaten Gastmählern statt, an denen Schriftsteller meist in der Doppelfunktion als Parasit und Chronist teilnahmen. Die meisten Texte mokieren sich in einem journalistisch-sensationshascherischen Ton im Grunde darüber, dass protziges Essen und nicht feingeistige Unterhaltung die Hauptrolle spielt. Offensichtlich existierte ein Publikum, das das erweiterte Marktangebot mit hedonistischer Kennerschaft nutzte. So beschreibt Horaz die Einladung bei Nasidienus, der die aufgefahrene Fusions-Küche mit soviel gastronomischem Fachwissen garniert, dass die Gäste schließlich genervt die Flucht ergreifen:

«... Aus Stachelflundern und Steinbutt
Bot er uns ein Ragout, wie ich es noch niemals gekostet ...
Drauf kommt eine Muräne inmitten von schwimmenden Krabben,
Lang, dass sie die ganze Schüssel bedeckt. Dazu äußert der Hausherr:
Diese war trächtig beim Fang; denn das Fleisch nach dem Laichen ist schlechter.
Und die Tunke besteht aus Öl von Venafrum, dem ersten,
Das aus der Presse geflossen, und Garum von spanischen Fischen,
Fünf Jahre altem Wein, doch von diesseits des Meers, den man zugoss
Während des Kochens – denn nach dem Kochen ist Chier geeignet
Wie kein anderer sonst – aus weißem Pfeffer, auch Essig
Von der Traube Methymnas, die er so schmählich verändert;
Bittern Alant auch zugleich und grünende Rauke zu kochen,
Riet ich zuerst, Curtillus empfahl frischen Igel des Meeres,

Besser als Lake sei ja, was die Schale von Seewasser mitbringt»
«… es folgten drauf Sklaven,
Die auf riesiger Schüssel zerlegt einen Kranich uns boten,
Trefflich gesalzen und gut paniert, dazu noch die Leber
Einer schneeweißen Gans, die mit saftigen Feigen gemästet.»

Für Horaz ein Fall für die Satire. Denn nur schlichte Kost ist ernsthafter Beschäftigung wert, eine Position, die sich philosophisch, medizinisch, weltanschaulich unterfüttern lässt. Schon für Livius stand fest: Die Sitten Roms verfielen, als die Bankette verfeinert wurden und man aufhörte, Dinkelbrei zu essen. Politische, soziale, ja ausländerfeindliche Debatten wurden unter dem Schlagwort der Völlerei verdeckt abgehandelt, Essen wurde instinktiv als Parameter sozialer Verschiebungen begriffen. Viele alteingesessene Italiker empfanden ein tiefes Unbehagen an barbarischen multikulturellen Sitten (und Machtpositionen), so dass ihnen ein offener Blick auf die Chancen der Fusionsküche versperrt blieb, der internationale Speisezettel nicht als Bereicherung, sondern als Bedrohung empfunden wurde. Die antike Esskritik bleibt fast durchgängig am Ideal der Vergangenheit hängen.

*Nunc est bibendum – ein Jüngling mit Trinkhorn (*rhyton*) prostet einer venushaften Schönheit zu. Fresko aus Herkulaneum.*

Von der tatsächlichen Popularität der Neuen römischen Küche zeugt das offensichtlich immer wieder erweiterte Kochbuch des Apicius (3./4. Jahrhundert n. Chr.), der zur Zeit des Tiberius lebte. Eine Anekdote beschreibt ihn als schwerreichen *food scout*, der eigens wegen besonders großer Austern nach Nordafrika segelte und, ohne das Land zu betreten, wieder umkehrte, als die Meeresfrüchte, die ihm die ersten Fischerboote reichten, doch zu klein waren.

Apicius' Rezepte umfassen das ganze Imperium: Kürbis wird auf alexandrinische Art mit Honig und Pinienkernen zerstampft und gepfeffert, parthisches Zicklein oder Lamm mit Bohnenkraut und Damaszenerpflaumen gefüllt, Strauß gar mit zwei Sorten Datteln abgeschmeckt. Erbsen à la Vitellius garen mit Malvenblüten, ein Huhn nach Art des Heliogabal ist mit seiner weißen Milchsauce Vorläufer aller Kiewer Hühnchen, Schweinefleisch wird wie heute in England mit Apfel kombiniert und eine süße *tiropatina* (Eiercreme) mit Pfeffer gewürzt. Gebackene Pfirsiche mit Olivenöl, Schweineragout mit teuren Zitronatzitronen oder altrömischer Gerstenbrei mit Schweinsfuß und Honig zeigen einen Hang zum Süßen. Redundant ist seine süßsaure Standardwürze mit Garum, Essig und Honig bzw. *sapa* (*defrutum*) – solch eingedickter Traubenmost ist bis heute in der Emilia, Sardinien und Apulien üblich.

Mehlsilo aus Marmor. Das Protzgrab des Staatsbäckers Eurysakes an der Porta Maggiore in Rom (1. Jh. v. Chr.).

Auch sonst erinnert vieles bei Apicius an noch heute in Italien geschätzte Gerichte: Saubohnenpuree mit Olivenöl, Linsen mit Artischockenböden, Leber im Schweinsnetz. Wie Pistazien in moderner Mortadella, so stecken in Apicius' Trockenwürsten Pinienkerne. Die lakonische Kürze der Kochanweisungen und die nicht immer leichte Rekonstruktion der Zutaten und der zahlreichen Gewürzpflanzen machen das Nachkochen zu einer aufwendigen Recherchearbeit (www.arsconvivialis.com).

Ist die römische Küche schon protoitalienisch zu nennen, oder war sie etwas ganz anderes? An dieser Frage scheiden sich die Geister. Hilfreich ist die einfache Frage: Was gab es nicht, was heute typisch für Italien ist? Die Römer kannten weder Pizza, Pasta noch Reis, Agrumen allenfalls als Zierbäumchen, keine Auberginen und natürlich nichts Südamerikanisches wie Kaffee, Kakao oder Tomaten. Andererseits ergibt sich eine Fülle regionaler Esskontinuitäten, wie ja auch schon die altrömische Küche karthagische (Granatapfel), etruskische und keltische Einflüsse aufgenommen hat:

So hat sich die römische Leidenschaft für Hülsenfrüchte und Saubohnensuppe bis heute im konservativen Umbrien und in Apulien erhalten. Seit der Etruskerzeit wird im Chiantigiano Marzolino-Käse aus Schafsmilch mit Wilddistelextrakt gekäst. Die Porchettabratereien in Ariccia und anderen Städten Latiums sind Epigonen der römischen Schwärmerei für Spanferkelgerichte. Die in Weinmost geschmorten Kaninchen Liparis oder das süßsaure sizilianische Essiggemüse *caponata* hätten auch Apicius gemundet. Selbst garum-artiges Fischöl wird bis heute von den Fischern von Cetara an der Amalfitana hergestellt, ganz zu schweigen von den Sardellensaucen, die man zu piemontesischer *bagna caoda* (Gemüsecrudités) oder römischem *puntarelle*-Salat reicht. Und das modische *vitello tonnato* mischt ganz in antiker Manier Kalbfleisch mit Thunfischsauce.

Differenzierung ist nötig – die römische Küche war im strengen Sinn noch nicht italienisch, aber sie hat die Grundlagen der italienischen Kochmentalität gelegt. Dazu gehört so Banales wie die Betonung des Abendessens. Wenn heute viele Italiener zum Frühstück mit einem Espresso auskommen, so stehen sie in der Tradition römischer Legionäre, die als *ientaculum* meist nur ein Glas Wasser tranken und erst mittags mit dem kalten *prandium* die erste Mahlzeit einnahmen. Dazu gehörten auch der Beginn dreigängiger offizieller Menus mit einer *gustatio* (Antipasti) sowie die bis heute in manchen Landesteilen zu beobachtende weitgehende Geschlechtertrennung (bzw. Ausschließung der Frauen) in öffentlichen Lokalen –

manche Römer wussten sich die Tatsache, dass die Etrusker gemeinsam mit ihren Frauen speisten, nicht anders denn als permanente Orgie zu deuten.

Dazu gehört ein Gespür für lokale Produkte, vor allem eine starke vegetarische Komponente mit den Schwerpunkten Brot, Wein, Öl, Gemüse. Und schließlich der generelle Stolz auf die Kochkunst. Wie der Landbau die wilde Natur veredelt, so die Kochkunst die Früchte des Landes. Nicht umsonst kommt das Wort Kultur vom landwirtschaftlichen *colere*: bebauen, beackern.

EPITYRUM ALBUM NIGRUM VARIUMQUE SIC FACITO
OLIVENTAPENADE

Marcus Porcius Cato, um 200 v. Chr.

Käsebeilage aus grünen, schwarzen oder gemischten Oliven bereite so zu: Aus weißen, schwarzen oder gemischten Oliven entferne die Kerne. So sollst du sie einlegen: Zerschneide ihr Fruchtfleisch, gib Olivenöl, Essig, Koriander, Kümmel, Fenchel, Weinraute, Minze dazu und verwahre alles in einem Tonfässchen – das Olivenöl stehe darüber. So verbrauche es.

Eingelegte Olivenschnipsel als Beilage zu Käse oder Brotaufstrich (*relish*) – ein bis heute unverändert gültiges Rezept: von der einstmals römischen Provence (Tapenade) bis zu den Olivencrostini der Toskana, Umbrien und der Marken und den Pickles Süditaliens, die noch immer die gleichen Würzkräuter verwenden – vermutlich meinte Cato frisches Korianderkraut und Wildfenchel (*finocchietto*). Übrigens ist es in den letzten Jahren wieder Mode geworden, Oliven-, Pilz oder oder Fruchtpasten zum Käse zu reichen.

CUCURBITAS MORE ALEXANDRINO
KÜRBIS AUF ALEXANDRINISCHE ART

Apicius, 3./4. Jahrhundert n. Chr.

Presse die gekochten Kürbisse aus, bestreue sie mit Salz und schichte sie in eine Pfanne. Zerstoße Pfeffer, Kümmel, Koriandersamen, grüne Minze und Silphionwurzel und schütte Essig dazu. Gib Datteln und Pinienkerne dazu, zerstampfe es, schmecke mit Honig, Essig, Garum, eingedicktem Traubenmost und Olivenöl ab und schütte die Kürbisse darüber. Wenn es aufgekocht hat, streue Pfeffer darüber und serviere es.

Ein antikes Gemüserezept, das mit kleinen Veränderungen relativ leicht nachzukochen ist und zugleich exotisch und köstlich schmeckt – vor allem wegen der innovativen Idee, das süße Grundaroma mit mehligen Datteln zu unterfüttern. Ausgestorbenes Silphion ersatzlos weglassen! Garum kann durch asiatische Austern- oder Fischsaucen ersetzt werden. Als eingedickter Traubenmost könnte auch ein süßer Sherry Oloroso oder sehr guter Aceto Balsamico verwendet werden.

IN CERVUM ASSUM IURA FERVENTIA
HIRSCH MIT PFLAUMEN

Apicius, 4. Jahrhundert n. Chr.

Heiße Sauce zum gebratenen Hirsch: Pfeffer, Liebstöckel, Petersilie, in Wein marinierte und entkernte Damaszenerpflaumen, Wein, Honig, Essig, Garum, maßvoll Öl. Du wirst sie mit Lauch und Bohnenkraut umrühren.

Unsere weihnachtliche Vorliebe für pfeffrige, fruchtige Wildsaucen hat antike Wurzeln. Apicius bereichert in diesem Rezept die süßsaure antike «Standardwürze» von Wein, Honig, Essig und fischigem Garum um frische Kräuter und entsteintes Kernobst. Die Kochanweisung sieht eigentlich vor, die bratensaftfreie Sauce erst beim Servieren mit dem Bratgut in Berührung zu bringen, doch kommt es modernen KochUsancen näher, das Wild vor dem Braten in der (eventuell erhitzten) Sauce zu marinieren.

VINO & GRAPPA

Die ersten Spitzenweine Italiens reiften in Magna Graecia, wurden in Amphoren ausgebaut und in Krateren mit Honig, Harz, Wasser und Kräutern vermischt – Vorläufer piemontesischen Vermouths. Auch der listige Odysseus gilt als Weinpionier, machte er doch den sizilianischen Kyklopen Polyphem betrunken – Analysen ergeben tatsächlich Verwandtschaft der Marsala-Rebe Inzolia mit griechischen Klonen. Der hellenische Name der Basilicata ging bei den Dichtern *pars pro toto* auf ganz Italien über: Enotria – Weinland.

Die Römer hatten einen Hang zum mediterranen Wein. Cato verrät, wie man süßen Koer imitiert, Falerner reift in Kampanien, Mamertiner bei Messina, Caecuber bei Terracina; die Fahne des Nordens hält Augustus Lieblingstropfen *vinum raeticum* hoch – ein Ahn des Amarone? Die Räter zimmern Holzfässer, die sich als bruchfeste Alternative zu Weinamphoren (wie sie zu Hunderten im Museum von Albenga/Ligurien lagern) durchsetzen. Die älteste Weinfassdarstellung findet sich auf der Trajanssäule. Von den Kelt-Etruskern kommt die Technik der an Pappeln hochgebundenen *uva maritata* (verheirateten Rebe), während im heißen Süden die Rebe auch am Boden dahinkrüppelnd reift. Die eifrigen Winzerputten der Casa dei Vettii in Pompeji vermitteln ein heiteres Bild antiken Weinbaus. Als Vintage-Rarität galt ein *vinum consulare*, abgefüllt im Geburtsjahr des Besitzers.

Schon wegen Transsubstantiation und Eucharistie bleibt der Wein auch für die christliche Kultur des Mittelalters entscheidend. Schließlich galt Noah als Erfinder des Weinbaus nach überstandener Sintflut. Spätestens ab dem 13. Jahrhundert wurde die Gottesgabe des *vinum purum generosum* nicht mehr mit Wasser vermischt. Höchstes Prestige genießen lagerfähige Süßweine – der Vin santo soll seinen Namen 1440 von dem Kardinal Bessarion erhalten haben, weil er ihn an «goldgelbe» hellenische Tropfen erinnerte. Anekdoten ranken sich um den «ersten Dreigläserwein» Est Est Est, der einen Augsburger Prälaten so begeisterte, dass er den Rest seines Lebens zechend in Montefiascone verbrachte.

«Ich glaube, man findet in Menschen, die in der Nähe guter Weine geboren sind, viel Glückseligkeit» (Leonardo da Vinci). Sommelierwissen sprudelt in der Renaissance auf: Der Brief, in dem der *bottigliere* Sante Lancerio an Kardinal Guido Ascanio Sforza, Camerlengo der Römischen Kirche, 1559 über die Lieblingslagen Papst Pauls III. plaudert, gilt als Inkunabel der önologischen Fachsprache. Lancerios besonderes Lob gilt dem toskanischen Montepulciano, von französischen Tropfen hingegen hält er nichts: *in Roma non sono vini da Signori* (in Rom gelten sie nicht als Weine für feine Herren). Bartolomeo Taegio († 1573) liefert in seinem gelehrten Dialog *De l'humore* eine frühe Definition von Terroir (*terreni*). Klassiker sind auch Andrea Baccis *De naturali vinorum historia* (Rom 1596) sowie Francesco Redis vielzitiertes Gedicht *Bacco in Toscana* (1685).

Überregionaler Weinhandel wird von Venedig mit levantinischen Tropfen wie Malvasia (aus Monemvasia/Peloponnes) betrieben – geliefert werden ausschließlich Fässer. Eine Abfüllung in Einzelflaschen ist ab 1700 mit der Erfindung des Glasgießens nachweisbar. Anfang des 19. Jahrhunderts werden größere Flaschen wie die ballonartige *damigiana* aus dem umbrischen Piegaro oder der bauchige *fiasco* erschwinglich – das Strohgeflecht diente der Polsterung. Wegen Gefahr des Zerspringens wurde zunächst mit Ölschicht statt Kork konserviert.

1713 erlässt Großherzog Cosimo III. das weltweit erste Weinbauregular für Chiantiwein – im Mittelalter war das Chiantigiano noch Weißweingebiet. Zum ersten erfolgreichen Exportwein wird während der napoleonischen Kontinentalsperre sizilianischer Marsala, den englische Fabrikanten wie Woodhouse, Ingham und Whittaker als Konkurrenzprodukt zu Sherry, Madeira und Port nach Soleras-Methode ausbauen – die Kellereien wurden später von dem Reeder Ignazio Florio aufgekauft.

Im 19. Jahrhundert steigen italienische Gutsbesitzer und Weinhändler in den überregionalen Handel ein. Baron Bettino Ricasoli (1809–80) fährt nach Frankreich, um Rebanbau zu studieren, und wird auf Schloss Brolio zum Schöpfer des Chianti classico. Vittorio degli Albizzi, aus florentinisch-burgundischer Familie 1838 in Frankreich geboren, pflanzt bei Nipozzano Chardonnay an und gewinnt mit seinem Pomino bianco 1878 die Goldene Palme bei der Weltausstellung in Paris. Ferruccio Biondi-Santi lässt sich von der 1855 unter Napoleon III. erfolgten Cru-Klassifizierung Frankreichs inspirieren – sein vier Jahre im Eichenfass gelagerter Sangiovese gilt als Ahnherr aller Brunellos aus Montalcino. Die Adelsfamilie Antinori debütiert erfolgreich 1873 bei der Wiener Weltausstellung mit ihrem Chianti. Der internationale Siegeszug dieses Roten verbindet sich mit Großexporteuren wie Ruffino und Melini in Pontassieve, «Erfinder» der verkorkten Korbflasche. 1901 werden 4597200 *fiaschi* Chianti bis nach Ägypten, Brasilien und Indien exportiert. Weinbaufachschulen wie das k.u.k. Institut im trentinischen S. Michele sull'Adige (1874) oder die Scuola di viticoltura in Cagliari (1884) treiben die önologische Entwicklung voran. In Oleggio bei Novara wird 1901 die erste bäuerliche Weinbaugenossenschaft (*cantina sociale*) gegründet.

Paradoxerweise profitiert Italien zunächst vom Reblausbefall, der 1876 in Frankreich beginnt, teilweise die Produktion auf ein Viertel verringert, aber die Weinpreise steigen lässt. 1879 gelangt die *fillossera* nach Piemont, 1888 in die Toskana und richtet vor allem in den süditalienischen Latifundien schwere Schäden an. Eher verschont bleiben der Veneto und die südliche Adriaküste.

Ansätze zu stärkerer Klassifizierung aus der Zeit des Faschismus werden in der EU intensiviert. 1963 wird das Gütesiegel DOC (*di origine controllata*) an Marsala vergeben, Vernaccia di S. Gimignano erhält als erster Weißer 1966 das DOC-Prädikat. Seit 1960 dokumentiert die Enoteca Italiana in der Fortezza von Siena den anwachsenden Bestand italienischer Prädikatsweine. Zögerlich begannen Güter, Flaschen zu etikettieren und mit Jahrgängen zu versehen. Die *bordelesa* (0,75 Bordeauxflasche) verdrängt den bastumhüllten *fiasco*. Wenige gefällige Tropfen wie halbsüßer Orvieto, Verdicchio di Jesi, Kalterer See oder Soave dominieren. Erst in den 1980ern drängen Barolo (dessen Nebbiolo-Reben bis dato gern als süßer Schaumwein getrunken wurden) oder versekteter Prosecco auf den Markt.

Früher Indikator für den Qualitätsweinboom ist die 1967 in Verona gestartete Vinitaly, die längst auf Welttournee geht. 1987 beginnt Gambero rosso nach dem Methanolskandal (19 Tote) mit *Vini d' Italia Tre bicchieri* (Drei Gläser) ein international erfolgreiches Bewertungssystem aufzustellen – mittlerweile produzieren alle Regionen Spitzenweine, anstatt Lesegut billig als Verschnittwein zu exportieren. In den 1990ern wird die Top-Kategorie DOCG (di origine controllata e garantita) eingeführt. In den Fußstapfen des 1968 erstmals verkauften Sassicaia kreieren Winemaker wie Giacomo Tachis *Super Tuscans* wie Ornellaia oder Tignanello, die zunächst als Vino da Tavola, mittlerweile als IGT (*Indicazione geografica tipica*) klassifiziert werden. Seit die Barrique-Mode etwas abgeflaut ist, geht der Trend zur Wiederbelebung der autochthonen Sortenvielfalt Italiens, vom apulischen Negroamaro bis zum lukanischen Aglianico, vom ligurischen Pigato bis zum sardischen Cannonau.

Ein spannendes Kapitel sind die Trinkgewohnheiten der Italiener. Eine unverändert gültige Statistik behauptet 1884, dass im Norden doppelt so viel wie im Süden getrunken wird. *Libro contro litro* (Buch gegen Flasche), unter diesem Motto des Sozialistenführers Filippo Turati wurde damals in Italien ein Kampf gegen die Trinkstuben geführt. Auch das Bürgertum hält die Osterie für unhygienische Treffpunkte aufrührerischer oder tagediebischer Volkskreise, so dass viele behördlich geschlossen werden – allein 25 000 im Jahre 1927!

In Venedig versorgen *bàcari* ab 8 Uhr früh die Schauerleute mit den ersten *ombre* (die Weinhändlerstände lagen im «Schatten» des Campanile), im Mezzogiorno wird Wein strikt nur zum Essen gereicht. In Kalabrien ist es verpönt, ein Glas an der Bar zu trinken, während von Verona bis Viterbo eine Enoteca nach der anderen aufmacht. Dieser Modebegriff, 1934 von Arturo Marescalchi vorgeschlagen, inspirierte sich an altdeutschen Weinstuben! Die Vorstellung, nach dem Dessert, oder gar nach Grappa Amaro oder edelsüßem Friauler Piccolit noch eine «gute Flasche» zu entkorken, befremdet die meisten Italiener. Bezeichnenderweise hat sich die Wer-

bewirtschaft für solche Genüsse den hochgestochenen Begriff *vino da meditazione* ausgedacht. Viele Italiener, die Wein nur zum Essen konsumieren, schwören auf soliden *vino padronale* aus der Karaffe und brauchen keinen Glaskult. Neben internationaler Trinketikette haben sich volkstümliche Vorlieben erhalten. So erleben Schaumweine vom Typ Lambrusco wieder eine Renaissance, und im sommerheißen Apulien labt man sich an gutgekühltem schwarzrotem Primitivo.

Eine erstaunliche Erfolgsgeschichte hat im letzten Vierteljahrhundert der Grappa geschrieben. Der Tresterschnaps, verwandt mit französischem Marc, war vorher nur in wenigen alpennahen Regionen wie dem Trentino, Friaul und vor allem dem venetischen Voralpenland zu Hause. Er galt irgendwie als Billigschnaps, mit dem sich vor allem Holzfäller ihren morgendlichen Espresso zum *caffè corretto* aufpeppten. Eine nationale Institution ist die Grappa-Probierstube der Distilleria Nardini, die seit 1779 an der Alpini-Holzbrücke von Bassano *Aquavite di vinaccia* ausschenkt, teilweise mit Alpenkräutern wie Enzian aromatisiert. Über Mailand und Deutschland setzt dann in der 1980ern die internationale Grappa-Welle ein, die mit Ausdifferenzierung der Rebsorten (*monovitigni* aus Nebbiolo, Piccolit oder Moscato Giallo), Holzfassreifung und Murano-Phiolen den einstigen Rachenputzer zum Edeldestillat aufwertet. Mittlerweile sind auch Süditaliens Winzer auf den Grappazug aufgesprungen, immer populärer wird auch Edelbrand aus Trauben.

Historisch gesehen haben Brände im Rest Italien eher eine geringe Rolle gespielt – hochprozentiger Alkohol passt wenig zur *dieta mediterranea*. Die traditionellen Alkoholika nach dem Essen waren Liköre wie Rosolio, Ratafià, Limoncello oder dalmatinischer Maraschino (die sich bis zu arabischen Heiltränken und Klosterrezepten zurückverfolgen lassen) und vor allem Amari. Magenbitter wie Averna, Padre Peppe oder Amaro Lucano, deren adstringierende Wirkung nicht zuletzt bitteren unreifen Walnüssen zu verdanken ist, bilden nach wie vor den kanonischen Abschluss fast jeden Essens südlich von Rom. Manche Trattorien geben auch ein Gläschen selbstgemachten *nocino* (Walnußschnaps) aus. Aus der endlosen Liste lokaler Spezialitäten sei herber kalabresischer Lakritzlikör, giftgrüner 80%iger abruzzesischer Centerbe, sardischer Myrtenlikör und Amaro Braulio aus Bormio mit Almrauschetikett herausgehoben.

DIE DIÄT DER FRÜHEN CHRISTEN

Da sprach das Weib zu der Schlange: Wir essen von den Früchten der Bäume im Garten, aber von den Früchten des Baumes mitten im Garten hat Gott gesagt: Esset nicht davon, rühret's auch nicht an, dass ihr nicht sterbet. Da sprach die Schlange zum Weibe: Ihr werdet mit nichten des Todes sterben, sondern Gott weiß, dass, welches Tages ihr davon esset, so werden eure Augen aufgetan, und ihr werdet sein wie Gott und wissen, was gut und böse ist. Und das Weib schaute an, dass von dem Baum gut zu essen wäre, und dass er lieblich anzusehen und ein lustiger Baum wäre, weil er klug machte; und sie nahm von der Frucht und aß und gab ihrem Mann auch davon und er aß. Da wurden ihrer beider Augen aufgetan, und sie wurden gewahr, dass sie nackt waren.» Diese Schilderung des Sündenfalls aus der Genesis hat auch die Essensgewohnheiten des frühchristlichen Italien zutiefst beeinflusst. Denn die scharfsinnigsten Theologen waren sich bald einig, dass am Anfang der Ursünde offensichtlich das Essen stand. Der Kirchenvater und Bibelübersetzer Hieronymus konstatierte: «Der erste Mensch wurde aus dem Paradies gejagt, weil er mehr seinem Bauch als Gott diente.» Das uns Moderne eher maßvoll vegetarisch anmutende Verzehren eines Apfels wird zur Todsünde der *gula* (Völlerei) und zur Initiationssünde, die andere nach sich zieht: «Das war der doppelte dramatische Fehltritt Adams, gegessen zu haben und das mit einer Frau», formulierte süffisant Massimo Montanari.

Die theologische Folgerung aus dieser Exegese war, den Esstrieb (gleich dem Sexualtrieb) weitgehend zu unterdrücken, wenn aber schon Nahrungsaufnahme nötig war, dies möglichst lustfrei zu bewerkstelligen. Das Prinzip des Fastens prägt die frühe Kirche. Vorbilder sind Christus in der Wüste («Was Adam fressend verlor, gewann Christus fastend») und Johannes der Täufer, der von «wildem Brot» (Johannisbrot) lebte. Radikale Propagandisten der Fastenbewegung sind die ägyptischen Wüstenmönche, von denen wahre Wunder erzählt werden. Der Hl. Paulus teilt sich mit dem Hl. Antonius seine einzige Tagesmahlzeit, einen Brotlaib, der ihm von einem Raben zugetragen wird, und übertrifft damit noch den biblischen Elias, der dreimal täglich Rabenkost erhielt. Johannes der Zwerg

Durch die fünf Sinne, gleich als ob sie Fenster wären, finden die Laster Einlass in die Seele … ohne vier von ihnen (Gesichtssinn, Hörsinn, Geruchssinn, Berührungssinn) könnten wir doch leben; aber ohne den Geschmackssinn und ohne Speisen kann der menschliche Körper nicht überleben. Deswegen müssen wir darauf Acht geben, Speisen in solcher Quantität und Qualität zu uns zu nehmen, dass sie den Körper und die Freiheit der Seele nicht belasten.

HIERONYMUS, ADVERSUS IOVINIANUM II 10

Ist Apfelessen verwerflicher als Sex? Der erste Akt der Ursünde, von Tintoretto gemalt. Venedig, Accademia.

gab der eremitischen *gola* einen homosexuellen Effet: «Wer mit einem Knaben isst und plaudert, hat in seinem Geist schon Unzucht mit ihm getrieben.»

Auch in Italien fand dieses radikale Fastenideal Anhänger – der Umbrer Benedikt von Nursia, Vater des abendländischen Mönchstums, meditiert bei Subiaco in einer unzugänglichen Grotte bei Brot und Wasser – einmal am Tag lässt ihm ein Mitbruder einen Laib Brot an einem Seil hinab.

In diesen anachoretischen Kreisen wird auch das Verdikt über die Freude am Essen ausgesprochen. Ausgehend von den Gedanken der Wüstenväter Evagrius (346–399/400) und Johannes Cassianus (ca. 360–435) wird Völlerei als Todsünde stigmatisiert. Papst Gregor der Große stellt in seinen *Moralia* den geistigen Todsünden Hochmut, Habsucht, Zorn, Trägheit und Ruhmsucht die zwei körperlichen Todsünden Völlerei und *luxuria* (sexuelle Ausschweifung) gegenüber. «Zu schnell, zu fein, zu teuer, zu gierig, zu viel» zu essen sei die Initiationssünde, das Tor zur Sinnenlust, die allen anderen den Weg öffnet – deswegen auch die zentrale Rolle des Fastens: «Wie einer belagerten Stadt das Essen abgeschnitten wird, so den Lastern durch Fasten», folgert Hieronymus.

Im Mittelpunkt kulinarischer Betrachtung stehen nun spirituelle Bankette mit himmlischem Manna, göttliche Speise, nicht irdische. Das Frühchristentum kennt keine Kochbücher, aber erbitterte Diskussionen, ob die Hostie aus ungesäuertem oder gesäuertem Teig gebacken werden darf. Soweit der theologische Stand der Dinge, an den sich natürlich nicht jeder hielt, der aber die Essgewohnheiten konditionierte: Der Historiker Massimo Montanari spricht von einer *demonizzazione del cibo* – Essen verliert seine Unschuld, wird Teufelswerk!

Diese christliche Sicht des Fastens steht freilich ihrerseits stärker in antiker Traditionlinie, als es zunächst scheint. Die Vorstellung, dass kräftiges Essen die Potenz steigert, ist nicht neu. Oreibasios aus Pergamon (ca. 325–400 n. Chr.), Leibarzt des Kaisers Julian, empfiehlt in seiner Abhandlung *De victus ratione* Impotenten üppiges Essen, besonders Fleisch, kleiefreies Weizenbrot, getrocknete Hülsenfrüchte und Wein – getreu der galenischen Säftelehre, die im Sexualverkehr ein Übermaß an Heiß und Feucht zu erkennen glaubt, das durch gezielte Einnahme heißer und feuchter Speisen gefördert wird. In logischer Umkehr fordert radikale Mönchsdiät den Verzicht auf gerade diese Produkte zugunsten kalten rohen Gemüses mit Gerstenbrot, dazu viel Salz, um den Körper auszutrocknen. Diesen klösterlichen Veganismus goss im 14. Jahrhundert ein Biograf der hl. Katharina von Siena in geschmeidiges Latein: *Auferre proposuit carnes carni* – sie zog es vor, ihrem Fleische die Fleischmähler zu entziehen. Auch aus Tierfreundschaft plädieren viele Heilige für Fleischverzicht. So bekehrt der Hl. Franziskus den Wolf von Gubbio zum Vegetarismus, predigt der Hl. Antonius zu den Fischen und erweckt der Schutzpatron Kalabriens, der Hl. Franziskus von Paula, ein gebratenes Lamm wieder zum Leben.

Doch nicht nur die kirchliche Lehrmeinung war verfeinertem Essensgenuss abhold – auch die soziale Situation der populistischen Spätantike mit ihren Soldatenkaisern hatte für demonstrative Zurschaustellung von Speiseluxus wenig übrig. So ist bereits im 3. Jahrhundert n. Chr. ein Verfall der Landwirtschaft durch hohe Steuern, ruinöse Höchstpreisedikte und Landflucht festzustellen – außerdem reduziert sich durch die permanenten Bürgerkriege der mediterrane Delikatessenhandel.

Karge Tafel: Der Hl. Franziskus erweckt den Ritter von Celano. Fresko von Giotto, Oberkirche Assisi (um 1300).

Zur Zäsur herkömmlicher Speisegewohnheiten kommt es durch die Völkerwanderung. Grob schematisiert, prallte damals eine germanische (partiell auch hunnische) Jäger-, Viehzüchter-, Butter- und Fleischessergesellschaft auf spätantike Brot- und Gemüseverzehrer: «Die mediterrane Trinität von Brot, Öl und Wein hatte ihr barbarisches Pendant in Fleisch, Milch und Butter.» Sogar von vegetarischen Märtyrern erzählt Gregor der Große: Vierzig christliche Bauern begingen lieber Selbstmord, als vom heidnischen Opferfleisch der Langobarden zu essen.

Kriegerische Verheerungen und Zerstörungen der Wasserleitungen mit Versumpfungseffekten führen im 5. und 6. Jahrhundert zu einer dramatischen Reduktion der Landwirtschaft und periodischen Hungersnöten. So werden die aufwendigen Weizenfelder Norditaliens fast völlig aufgegeben, und die Ernährung wird von Brot stärker auf Körnerbreie aus Roggen, Gerste und Dinkel umgestellt, die gern mit Milchprodukten kombiniert werden. Nicht umsonst leitet sich *farina*, das italienische Wort für Mehl, von *farro* (Dinkel) her, der heute noch in der toskanischen Garfagnana kultiviert wird.

Die neue langobardische Oberschicht frönte hingegen exzessivem Fleischgenuss. Beim Studium germanischer Heldensagen trifft man immer wieder auf den Typ des fleischessenden Recken, der als Ausweis seiner Manneskraft Portionen für mehrere Männer, ja stellvertretend für sein ganzes Volk, verzehren kann – natürlich ohne dadurch dick zu werden, sondern eher, um seine überdurchschnittlichen Körperkräfte zur Schau zu stellen und sich schamanisch die Potenz der verzehrten Tiere einzuverleiben. Ein gewaltiger Gegensatz zur maßvollen mediterranen Esskultur: So tritt in griechischen Komödien Siziliens Herakles als prahlender Fresser auf – eine Witzfigur, die dem Zuschauer Lachen und nicht etwa Respekt abnötigt.

Der Arzt Anthimos, der am Hof Theoderichs in Ravenna lebte, folgert in seinem Brief *De observatione ciborum* (520 n. Chr.), dass Fleisch gesünder sei als Brot, da man im Notfall länger davon leben könne – heute im Wettbewerb der Diäten wieder aktuell. Sein ernährungsmedizinischer Text enthält ein ausführliches Kapitel über Speck, «für den die Franken eine unbezwingliche Vorliebe haben».

Ein Hündlein hilft dem Küchenpersonal des Abendmahls. Fresko von Pietro Lorenzetti, Unterkirche Assisi (1316–19).

Ein typischer Vertreter carnivorer Heldenkost war Karl der Große, der 800 in Rom zum Kaiser gekrönt wurde. Sein Biograph Einhard berichtet, dass Karl es liebte, wenn seine Jäger am Spieß geröstetes Wild hereintrugen, und dass er mächtig zürnte, als seine Ärzte ihm gegen die Gicht zu bekömmlicherem Kochfleisch rieten.

Einen schlagenden Beleg für die Distanz frühmittelalterlicher und spätantiker Essgewohnheiten stellt die *legatio Constantinopolitana* dar, ein Gesandtschaftsbericht des lombardischen Bischofs Liutprand von Cremona über den Besuch beim byzantinischen Kaiser Nikephoros Phokas. Der Kirchenmann schildert den Basileus des Ostens als schieres Monster und zeigt sich angewidert von den Speisen: «Ich saß als fünfzehnter neben dem Kaiser, und das ohne Tischtuch … dieses Essen … war ganz und gar widerlich und unsäglich, in Öl ertränkt wie das Gesudel eines Trunkenbolds und mit einer scheußlichen fischigen Flüssigkeit besprengt.» Außerdem empfand Liutprand es als knauserig, dass der Basileus Zwiebeln, Lauch und Porré aß – sein sächsischer Kaiser Otto der Große hätte als germanischer Fleischvertilger solche Armeleutekost nicht angerührt: Schisma auch in der Küche!

Doch das, was da 969 in Konstantinopel aufgetischt wurde, steht eindeutig in der gesunden Tradition antiker Olivenölküche mit Gemüseantipasti, gewürzt mit der fermentierten Fischsauce *garum*! Noch 1553 beschreibt der französische Naturforscher Pierre Belon in seiner *Voyage au Levant* Garum-Macher im Stadtteil Pera von Konstantinopel.

So stellt die Völkerwanderung einen tiefen Einschnitt in norditalienische Ernährungsgewohnheiten dar, an dem manchmal auch die romanischen Untertanen teilhaben durften: Das in Verona und im Veneto populäre Pferdeschmorfleisch *stracotto di cavallo* soll nach der Schlacht zwischen Theoderich und Odoaker kreiert worden sein, als die ausgehungerte Bevölkerung die zähen gefallenen Schlachtrösser stundenlang in Rotwein köchelte. Und ist es ein Zufall, dass ausgerechnet in Verona, der Residenz des Gotenkönigs Theoderich, *bolliti misti* von wikingerhaften Dimensionen aufgeschnitten werden, bei denen bis zu 20 Fleisch- und Wurstsorten auf dem *carrello* angerollt werden?

Zugleich prononciert sich die bis heute markante Distanz zwischen nord- und süditalienischer Kost, die weit stärker antiken Traditionen verhaftet bleibt. Kaum untersucht ist hier bisher der Einfluss der byzantinischen Küche – schließlich war Apulien bis 1070 ein wichtiges Exarchat Konstantinopels, in Kalabrien blieb die Kirchensprache sogar bis ins 15. Jahrhundert weitgehend griechisch. So behielt die byzantinische Elite eine spätrömische Vorliebe für Saueuter, Wildvögel, junge Tiere. Fisch galt als prestigereich, das Einsalzen von Kaviar (*bottarga*) könnte sich als oströmisches Erbe auf Sardinien erhalten haben. Die Feigenblätter, in die man in der Antike die Speisen einwickelte, werden durch junge Weinblätter (*dolmadakia*) ersetzt, die schon der kilikische Militärzt Dioskurides (1. Jahrhundert n. Chr.) in seinem Kräuterbuch als kühlend gepriesen hat. Die Küche der Byzantiner kennt Auberginen, Orangen, Mozzarella und vermittelt sogar arabische Ernährungsgewohnheiten.

Ein Teufel peinigt einen Schlemmer mit Tonsur: Fresko von Taddeo di Bartolo, Chiesa della Collegiata in S. Gimignano (um 1390).

Auf lange Sicht haben das radikale Essdenken der Wüstenväter und die fleischlichen Vorlieben der germanischen Einwanderer die mittelalterliche Küche Italiens zutiefst konditioniert. Denn es pendelte sich bald ein praktikables Gleichgewicht zwischen zwei Küchen heraus: eine mönchisch-fleischlose, die freilich schon in der Regel des Hl. Benedikt von extremer Strenge abgeht und mäßigen Weingenuss erlaubt, und eine weltliche, die durch das Vorhandensein von religiösen Tabus eingeschränkt wird. So wurden in weiten Teilen Italiens ca. 100 bis 150 Fastentage (bis 1491 mit veganer Strenge: kein Schmalz, keine Butter, keine Milchprodukte, keine Eier!) polizeilich überwacht, auch wenn es nicht jeder ganz so streng hielt wie der Hl. Nikolaus, der bereits als Baby an Fasttagen die Mutterbrust verschmäht haben soll. Im einzelnen waren dies Osterfasten, Adventszeit, drei Buß- und Fastentage zu Beginn der Jahreszeiten, ca. zwölf Vigilien am Vorabend von Kirchenfesten, außerdem alle Freitage, Samstage und für ganz Fromme auch jeder Mittwoch.

Dieses Regime führte zu einer scharfen Trennung von Fleisch- und Fischküche – noch heute finden die meisten Italiener, anders als die französische Haute Cuisine, kombinierte Menus als geschmacklos und tendieren dazu, Fisch nur am Meer zu essen. Ausnahmen wie *mare monti* (Pasta mit Meeresfrüchten und Pilzen) oder *regina in porchetta* (trasimenischer Königskarpfen in Schweineschmalz) bestätigen da nur die Regel. Reibekäse auf Nudelgerichte mit Fisch zu streuen ist auch im 21. Jahrhundert kraft christlicher Tradition ein Fauxpas – Archestratos von Gela hatte einst ungeniert karthagische Brasse mit Käse kombiniert.

Diese Speisediktate führten aber auch zu einem Rhythmus zwischen Fasten- und Feierküche, der durchaus den Keim zu kreativen Verfeinerungen und kulinarischer Experimentier-

Lässig auf die Kline gelagert. Jesus feiert liegend mit den Jüngern Abendmahl. Codex Purpureus, Rossano (6. Jh.).

freude in sich trug. So wurde die Schlemmerei nach vierzig Tagen Osterfasten oder am *giovedì grasso*, dem fetten Donnerstag der Karnevalszeit, à la longue zur heiterlässlichen Sünde, die das Land um eine Fülle an Festtagsgerichten bereicherte.

Außerdem ergaben sich Konsequenzen für die Wirtschaft. Auch wenn der Mittelmeerhandel nach der berühmten These Henri Pirennes mit dem Auftauchen des Islam stark reduziert wurde, so taten sich neue Bedürfnisse auf: Klosterküchen mussten nun für die Fasttage teures Olivenöl bereithalten, was auch in Norditalien verstärkten Anbau des Ölbaums auslöste. Der Salzfischhandel boomte mit Routen bis ins Baltikum – denn noch war der Transport von Frischfischen weg von der Küste wegen der schnellen Verderblichkeit der Ware kaum üblich.

Mit dieser Institutionalisierung des rechten Essens wird es freilich auch immer stärker zum Bildthema: *Jésus se plaisait à table,* behauptet Dominique Rigaux in seinem Porträt mittelalterlicher Abendmähler: Jesus gefiel's bei Tisch! Tatsächlich wird dieser Bildtyp erst ab dem 11. Jahrhundert richtig populär und verdrängt das Thema der Brotvermehrung und der in der frühchristlichen Ikonographie populären Hochzeit von Kanaa. Das Abendmahl mit seinem eucharistischen Brotbrechen symbolisiert auch den Schritt von der Verteufelung des Essens zur allmählichen Sakralisierung. Interessant für die tatsächliche Lockerung der Esssitten sind die meist unauffällig und bescheiden dargestellten Speisen. Der bärtige Christus in S. Apollinare in Classe bei Ravenna (6. Jahrhundert) teilt zwei dicke Fische mit den Jüngern, auf dem Mosaik in Monreale bei Palermo sind deutlich Lauchzwiebeln zu erkennen. Im 11. Jahrhundert liegt in S. Angelo in Formis (bei Capua) zum ersten Mal ein Osterlamm auf dem Teller, seit dem 14. Jahrhundert wird es zum kanonischen Ostermahl, allerdings meist nur angesehen und im Gegensatz zu den Fischen nicht verzehrt. Wie zwanglos dann das 14. Jahrhundert mit Essen umgehen konnte, zeigt das possierliche Abendmahl Pietro Lorenzettis in der Unterkirche von Assisi (1316–19), wo zwei Küchendiener am Feuerherd mit Hilfe von Katze und Hündlein die leergegessenen Teller reinigen. Überhaupt passen sich Italiens Abendmähler ab dem 14. Jahrhundert immer mehr signorilen Tafelsitten an. Nun erscheinen Obstkörbe, beliebtes Antipasto der Frührenaissance, wobei Orangen als Frucht der Erlösung und Birnen als Symbol Mariens deutbar sind. Optisch eindrucksvoll wirkt die Blutmetaphorik leuchtend roter Kirschen oder Flusskrebse. Besonders gediegen mit filigranen Karaffen und weißem Damasttischtuch ist z. B. Ghirlandaios Abendmahl im Refektorium von S. Marco in Florenz eingedeckt. Der Bogen wird schließlich von Veronese so sehr überspannt, dass die Inquisition ihn 1573 zwingt, seine höfische Komposition Fingerfood verzehrender eleganter Herren, die auf einer Loggia von Mohrensklaven bedient werden, diplomatisch in «Gastmahl im Haus des Herrn Levi» umzutaufen.

In herbem Gegensatz dazu steht Dantes disziplinierte Beschreibung der Völlerei im 6. Gesang seines Inferno, wo die Schlemmer in einem Eisregen (zu viel Essen ist nach antiker Säftelehre Überfluss an Hitze!) liegen, bewacht vom Erde und Menschenfleisch fressenden Höllenhund Zerberus:

«Zerberus, grausam missgestaltes Untier,
Bellt, einem Hunde gleichend, aus drei Mäulern
Die Leute an, die dort hineingeraten.»

In diesem Kreis der Hölle spricht Dante mit einem gewissen Ciacco aus Florenz, der aber mehr die notorische Uneinigkeit der Bürger beklagt als Details zu seiner Sünde zu liefern:

«Von wegen der verruchten Schuld des Schlundes
Muss ich, wie du hier siehst, im Regen liegen.»

Für einen Italiener hat sich Dante mit diesem knappen Statement das literarische Verführungspotential, das Laster der *gula* sinnlich auszumalen, völlig entgehen lassen und darüber lieber den theologischen Mantel des Schweigens gehüllt. Geistesgeschichtlich interessant ist, dass er die Sünde der Völlerei als schlimmer als die der Luxuria bewertet, da sie tierischer ist – beim Sexualakt kommt ja ein Element menschlicher Liebe dazu. Ein *disguised symbolism* liegt in der Figur des Wärters Zerberus vor – die mittelalterliche Etymologie deutete die griechische Wurzel des Namens korrekt als «Fleischverschlinger».

Der erste Schritt zur Hölle: Ein Mönch kehrt in der Taverne ein. Fresko von Luca Signorelli in Monteoliveto (1497).

Das Schweigen der Kochbücher: Insgesamt geben die Jahrhunderte des Frühchristentums wenig für die rezeptmäßige Dokumentation ihrer Kochkunst her. Dennoch vollziehen sich hier entscheidende Übergänge der antiken zur protoitalienischen Küche.

Dazu gehört vor allem der grundlegende Wandel der Tischsitten vom laxen Liegen zum disziplinierten Sitzen. In Griechenland und dem antiken Rom galten Speisesofas als Symbol für Reichtum, Bedienung und Speiseluxus oder für rituelle Essen zu Ehren der Götter. Frauen, Kinder und Sklaven, auch einfachere Bauern saßen beim

Essen. Cato von Utica schwor, so lange sitzend zu essen (und damit keine Freude am Essen zu haben), bis die Tyrannei Caesars beendet sei. So war mit dem Aufkommen des Christentums, das einfachere Volksschichten an die Macht spülte, diese aristokratische Essform tendenziell verpönt – das Argument, Fleischmassen seien vom Speisesofa aus schwieriger mit dem Messer herunterzusäbeln, während die antike Küche eher zierlich portioniert war, dürfte da nur wenig zählen. Aufschlussreich ist auch hier die Ikonographie des Abendmahls. Der auf dem Sinai entstandene Purpurcodex im kalabrischen Rossano (6. Jahrhundert) zeigt Christus und die Jünger auf einem sigma-förmigen Speisesofa liegend, ebenso das byzantinische Mosaik in S. Apollinare Nuovo in Ravenna, wobei Christus jeweils der Ehrenplatz links vorne zukommt – nebenbei bemerkt wird es bei so einer Tafelanordnung auch anatomisch leichter für den Lieblingsjünger Johannes, an die Brust seines Nachbarn Christus zu sinken, als auf modernen Stühlen. Das Fresko im kampanischen S. Angelo in Formis (11. Jahrhundert) scheint eins der letzten zu sein, das Christus liegend zeigt, doch bis ins 13. Jahrhundert behält er *all'antica* seinen randständigen Ehrenplatz, bevor er dann – wie bei Leonardos Abendmahl – in die Mitte der Tischrunde rückt.

Eine wichtige Kulturleistung der frühen Kirche ist, durch die Sakralisierung von Brot, Wein und Öl vegetarische Tendenzen der Antike durch Neuinterpretation zu bewahren. Christliche Kost emanzipiert sich bald von strengen jüdischen Speisevorschriften und nimmt einen mediterranen Charakter an – hier ist die Agape zu nennen, das schlichte «Liebesmahl», das frühchristliche Geheimgemeinden zum Andenken an den Opfertod Christi gemeinsam vor gottesdienstlichen Handlungen einnahmen.

Übrigens hat die frühchristliche Haltung zum Essen neue Aktualität im Diätdiskurs gewonnen: «Die heutige Schizophrenie macht nichts anderes, als die mittelalterliche Philosophie des Exzesses verschlechternd nachzubilden: Man martert sich bei Tische, verweigert sich Wein und Leckerbissen, mit dem Ziel, immer immuner und perfekter zu erscheinen. Das ist das Rezept des Essens als Arznei», klagt Slow-Food-Gründer Carlo Petrini. Und der venezianische Philosophieprofessor Umberto Galimberti folgert in seinem Essay über «Todsünden und neue Sünden»: «Nach der Entsexualisierung der Körper, heute mehr von der Hygiene als von der Lust bestimmt, sind wir auf dem Wege zur Beraubung des Geschmacks ... Alle Disziplinen, die einst zur Rettung der Seele dienten – Kasteiung, Abstinenz, Fasten – sind wieder-eingeführt unter der Form von Sportübungen, Diät, Mäßigung und Selbstmaßregelung, nicht sosehr um die Gesundheit des Körpers zu garantieren, als die Identität und die Möglichkeit, akzeptiert und begehrt zu sein zu retten, die die Fettleibigkeit kompromittiert.»

Eines also hat sich ins totale Gegenteil gedreht – heute wird gefastet, um sexuell attraktiv zu sein. Francine Prose kommt jedenfalls in ihrer hochaktuellen Todsünden-Monographie *Gluttony* zu deutlich anderen Ergebnissen als die Kirchenväter: «Nach sieben Cosmopolitan-Drinks ist den Leuten alles zuzutrauen. Aber versetzt ein gargantuahaftes Schlemmermahl wirklich in Rammellaune? Wahrscheinlicher führt es zu schläfriger Keuschheit.»

CONCIA
JÜDISCHE ZUCCHINI

Traditionell (Edda Servi Machlin), spätantik

Grüne Zucchini ☙ Olivenöl zum Braten ☙ Zerstoßener Knoblauch ☙ Zerzupfte frische Basilikumblätter ☙ Salz ☙ Pfeffer ☙ Weißer Weinessig

Die Enden der Zucchini abtrennen; dann jede in zwei Hälften schneiden. Jede Hälfte in lange dünne Streifen schneiden und die Streifen auf einer Serviette ein paar Stunden oder über Nacht trocknen lassen. In heißem Olivenöl in einer Schicht herausbraten, bis sie goldbraun auf beiden Seiten sind. In Schichten in ein Glass oder eine Schüssel geben und jede Schicht mit etwas Knoblauch, Basilikum, Salz und Pfeffer und einem Spritzer Weinessig würzen. Das Gefäß bedecken und an einem kühlen Platz zumindest einige Stunden vor dem Verzehren ruhen lassen. Das Aroma wird verstärkt, wenn man die *concia* möglichst als Ganzes während des Marinierens mehrmals wendet, so dass die Würzflüssigkeit überall hindringen kann.

Ariel Toaff, Sohn des römischen Stadtrabbiners, geht ebenso wie Edda Servi Machlin, in die USA emigrierte Tochter des jüdischen Stadtschlachters von Pitigliano (toskanische Maremma), davon aus, dass die jüdisch-italienische Küche, wie sie in den Zentren Livorno, Venedig und Rom gepflegt wird, neben aschkenasischen und sephardischen Einflüssen zumindest im römischen Ghetto auch autochthon italienisch-antike Rezepte bewahrt. So hat über die Jahrhunderte des Frühchristentums eine antike Traditionslinie in der jüdischen Küche überdauert. Z. B. kochen Roms fromme Juden zum Neuen Jahr süßsaure Karotten, die durch Mischung mit hellen Rosinen, Weißwein, Pinienkernen, Essig und Gänseschmalz eine glückverheißende Goldfarbe annehmen.

Obige Art der Zucchini-Konservierung könnte auch arabische *sikbag*-Gerichte angeregt haben, die in Süditalien als *scapece* populär wurden. Die kalten Zucchini werden als *contorno* zu Siedfleisch oder als *merenda* mit Brot verzehrt.

FISCH & FRUTTI DI MARE

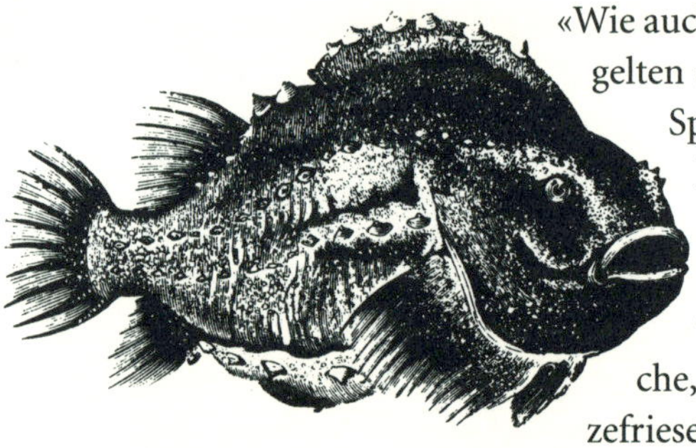

«Wie auch immer man die Fische des Meeres zubereitet, sie gelten als wenig gesund. Tatsächlich sind sie keine gute Speise und verursachen großen Durst … Fische aller Arten sind nur schwer verdaulich wegen ihrer Feuchtigkeit und Zähheit, und darüber hinaus verursachen sie kaltes und phlegmatisches Blut, wovon schwere Krankheiten wie Nervenschwäche, Neigung zu Lähmungen oder unnatürliches Hitzefrieseln ausgehen» – so warnt 1474 Platina noch ganz im Sinne antik-arabischer Säftelehre; inzwischen gelten Fische und Meeresfrüchte als bekömmliche Mittelmeerdiät.

Ichthyophagie (Fischessen) war zwar in vielen antiken Gesellschaften (wegen der schnellen Verderblichkeit?) mit Tabu belegt, aber schon die Griechen waren Virtuosen der Fischküche. Die römische Oberschicht spazierte in ihren Lustvillen am Golf von Neapel über Fischmosaiken mit Langusten und Seeigeln, die seit der Steinzeit roh geschlürft werden. Oppian wurde von Kaiser Marc Aurel persönlich für jede Zeile seines Anglergedichts *Halieutika* mit einer Goldmünze belohnt. In den vulkanischen Teichen um Bajae wurden Muscheln gezüchtet, im Lucrinersee Goldbrassen mit Austern gemästet. Der libysche Kaiser Septimius Severus lässt einen kapitalen Stör gleich einer Gottheit von bekränzten Sklaven und Flötenspielern auftragen.

Die Fastenregeln des Christentums fördern den Salzfischhandel im Binnenland, auch wenn bis ins frühe Mittelalter Diskussionen anhalten, ob Fisch das Fasten bricht. Die Prestige-Süßwasserfische waren Aal, der sich leicht lebendig transportieren lässt, und Stör, der früher in Po und Mincio lebte und wieder in Calvisano südlich des Gardasees gezüchtet wird. Der Anteil an Meerfischrezepten bleibt gering, da wegen permanenter Piraten- und Malariagefahr bis ins 19. Jahrhundert nur wenige Italiener in Küstennähe leben, und der Transport ins Landesinnere impraktikabel ist. Auch heute noch gilt trotz aller Kühlketten für die meisten Einheimischen: Fisch nur am Meer essen!

Waghalsigerweise bestimmt 1154 Kaiser Barbarossa, dass ligurische Untertanen ihm in Rom mit einem Schild voll Muscheln aufwarten müssen. 1261 etabliert Genua Kontore am Schwarzen

Meer, importiert Kaviar (türk. *havyar*) und gepökelte Störe. Norwegischer Stockfisch (*baccalà*, *stoccafisso*) wurde vor allem im stürmischen Winter beliebt, wenn die Fischer nicht ausfahren konnten. Erstmals beschrieb Pietro Querini aus Venedig, der 1432 Schiffbruch vor den Lofoten erlitt, wie der Trockenfisch mit Holzprügeln weich geschlagen wird. Inzwischen ist Stockfischcreme (*baccalà mantecato*) längst ein Snack venezianischer Weinstuben – und provençalischer Bistrots.

Das Geheimnis der Fischkonservierung im Tessin und in Oberitalien geht auf eine levantinische Methode zurück. Venezianische *sarde in saor* werden genauso mit ionischen Korinthen, Zwiebeln, Essig und Pinienkernen eingelegt wie *in carpione* eingesulzte Bratfische des Lago Maggiore. Früher wurde die hochgeschätzte schwere Seeforelle *carpione* mariniert an Fürstenhöfe geschickt; Martino da Como verrät ein Rezept für Bachforellen *al modo di carpioni*. Schon die Bagdader Kochbücher kennen Bratfischzubereitungen in Honigessig, die *zisam* am Gardasee oder *scapece* in Neapel gleichen.

Die italienische Fischerzunft mit ihrem harten naturverbundenen Beruf bietet eine malerische Projektionsfläche, um das Spektrum von romantisch bis rebellisch abzudecken. Bräuche werden in Venedig hochgehalten; dort wurde 1536 von acht alten Fischern ein Lagunenkolleg gegründet, um die *valli* (Fischzuchtgründe) zu kontrollieren. Die aufsässigen Seeleute Neapels, die unter Masaniello 1647 gegen Spanien putschten, vererbten den französischen Jakobinern die rote Revolutionärsmütze – noch Lenin schwärmte für die Caprifischer. Fotomotive liefern die extrem hohen Ausguckmasten der Schwertfischjäger im kalabresischen Scilla. Ein archaisches Spektakel mit punisch-maghrebinischen Wurzeln ist die *mattanza*, die Thunfischjagd mit Haken und Fangkammern, die in Favignana (Ägatische Inseln) und Carlofonte (Sardinien) unter Führung eines *rais* abgehalten wird. Feinschmecker zahlen für tyrrhenischen Thun im Glas bis zu zehnmal soviel wie für umweltbelasteten pazifischen.

Zentren industriellen Fischfangs sind S. Benedetto del Tronto in den Marken, Mazzara del Vallo auf Sizilien und Chioggia bei Venedig. Doch da Italiener bereit sind, für fangfrischen *pesce* mit glasklaren Augen viel Geld zu zahlen, kreuzen bis heute kleinste Fischerboote vor den Küsten – so dass Italiens Fischlokale den Fang der Nacht meerfrisch präsentieren können: *vongole* (Venusmuscheln), frittierte *calamari*, gegrillte *polipetti* (Kraken) oder *aragoste* (Langusten).

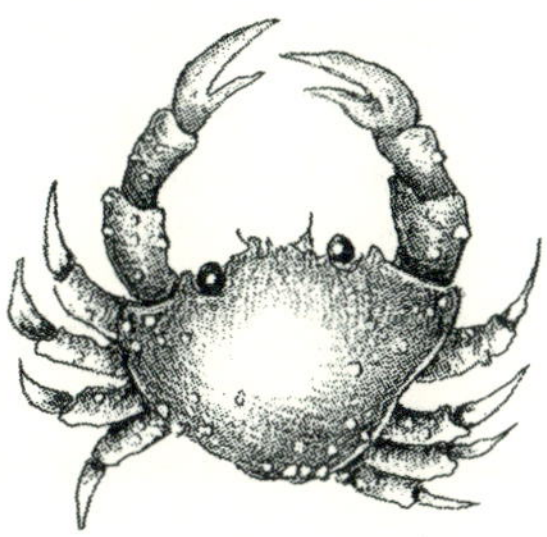

ARABIENS GENÜSSE

Mit Sesam bedecktes gelbes Hartweizenbrot, *pasta con le sarde* mit Pinienkernen und Rosinen, eine Cassata mit bunt-kandierten Früchten. Die Alltagsküche Palermos ist von der ein Jahrtausend zurückliegenden arabischen Periode Siziliens geprägt. 827 landet eine Armee von zehntausend Arabern, Berbern, Andalusiern und Persern auf der Insel. Wenige Jahre später entsteht ein Emirat mit der neuen Hauptstadt Palermo, die auch aus genießerischen Motiven gewählt wird. Der wasserreiche Talkessel der Conca d'Oro schien den arabischen Gartenbauingenieuren ideal für die Anlage ausgedehnter Apfelsinenhaine. Zehntausende maghrebinischer Fellachen reparieren die verfallenen Wasserleitungen und machen Sizilien zur «Großen Oase», bauen orientalische Gemüse wie Artischocken und Auberginen, Reis und Zuckerrohr an und produzieren die ersten Nudeln Italiens. Auch die Normannen schützen nach der Eroberung der Insel im 11. Jahrhundert die gewachsene Kultur, beschäftigen islamische Goldschmiede, Seidenweber und Köche. So soll die berühmte *cassata*, eigentlich eine mit kandiertem Obst verzierte Schafsquarktorte (die man auch einfrieren kann), vom arabischen Hofkonditor König Rogers erfunden worden sein. Eine hübsche Legende erzählt, dass zum Christentum konvertierte Haremsodalisken mit Rohrzucker gesüßtes Backwerk wie Krokant und buntes Martorana-Marzipan in den Klosterbackstuben einführten – ein Bestseller wie Serge Quadruppanis *Alla tavola di Yasmina* schwärmt von einer 1001-Nacht-Küche. Die noch von Thomas Mann kolportierte Legende, das Wort Marzipan komme vom «Brot» des Venedigpatrons Markus (*Marci panis*), ist längst widerlegt. Persische Grafen (*mauthaban, marzuban*) pflegten Getreuen mit Münzen oder Mandelkonfekt gefüllte Schatullen zu verehren …

Arab Revival *in Siziliens Küche. Zeitgeistiges Restaurantschild aus Marsala, dem «Hafen Allahs».*

Der Orient mit seinem Karawanenhandel repräsentiert damals die verfeinerte höfische Küche. Die Forschungen Maxime Rodinsons haben deutlich gemacht, dass die frühislamische Hochkultur auch in Sachen Kulinaristik das antike Erbe fortsetzt und weiterentwickelt. Im Gegensatz zum

Vergnügungen mögen in sechs Klassen geteilt werden, Geist, Essen, Trinken, Keidung, Sex, Duft und Wohlklang: Unter diesen ist das edelste und folgenreichste das Essen.

(MUHAMMAD AL-BAGHDADI)

Sirupmacher arbeiten mit der Fruchtpresse. Irakische Miniatur zu De materia medica *von Dioskurides (um 1220).*

christlichen Okzident mit seiner asketischen Grundskepsis bejaht der Islam – abgesehen vom Verbot von Wein, Schwein, Blut und unsachgemäß geschlachteten Tieren – die Freude am Essen: «Es ist nicht schimpflich, sich des Essens zu freuen, oder sich darin zu spezialisieren», konstatiert im 13. Jahrhundert Al-Baghdadi unter Berufung auf die 16. Sure: «Esst nun von dem, was Allah euch beschert hat, soweit es erlaubt und gut ist. Und seid dankbar für die Gnade Gottes.» Entsprechend malt ein Genueser Miniaturist im 13. Jahrhundert einen Tatarenkhan vor vollen Schüsseln inmitten von Musikanten, Esssäbelwetzern und bettelnden Schoßhündchen als Sinnbild der *gula*.

Bagdad entwickelt sich als Residenz der Abbasidenkalifen (762–1258) zum kulinarischen Zenit Eurasiens: «Während der ersten Jahrhunderte der Abbasidendynastie erblühte am Kalifenhofe zu Baghdad eine gastronomische Revolution, die für immer nicht nur das Essen in der arabischen und moslemischen Welt, sondern auch im mittelalterlichen Europa ändern sollte.» Die Fusion nomadischer (Trockenfrüchte, Kamelfleisch, Hammelfett), persischer (Mandeln, Aprikosen, Rosenwasser, Eis), indischer (Agrumen, Safran, Gewürze, Zuckerrohr) und byzantinisch-mediterraner Speisesitten (Gemüse, Olivenöl) führt zu gourmethafter Kennerschaft. Kalifen und Philosophen sind stolz darauf, Lehrgedichte und Kochbücher zu verfassen, ja Harun-al-Raschid nimmt auf einem seiner nächtlichen Spaziergänge eigenhändig Fisch aus, um sich als einfacher Koch auszugeben und so sein Inkognito zu wahren. Legendär ist das Bankett des Kalifen Mustakfī (944–46), wo jeder Gast Verse über Speisen machen muss:

«Hier zieren Kapern eine Sauce scharlachrot,
Ihr zarter Duft weht zu der Seele hin.
Hier fesselt Knoblauch den erfreuten Blick,
Mit scharfer Würze bald den Gaumen reizend.
Oliven machen schwarze Nacht aus hellem Tag,
Und Salzfisch rahmt in Scheiben schön die Schüssel …»

Wenn wir das Vorhandensein von Kochbüchern als Maßstab der Kulturverfeinerung anlegen, dann klafft damals ein Abstand von 500 Jahren zwischen Abendland und Morgenland: Die ersten islamischen Kochbücher erscheinen im 8. Jahrhundert, die ersten italienischen im 13. Jahrhundert!

Was bei der Lektüre des berühmten *Kitab al-tabikh* (Das Buch von den Lebensmitteln, 1226) Muhammad al-Baghdadis († 1239) ins Auge sticht, sind die verblüffenden Parallelismen

West meets East: Gotisch-arabisierende Loggien an der Ca' d'Oro am Canal Grande.

zu späteren europäischen Rezepten. So liebt es al-Baghdadi, die mit Hammelfett geschmorten Speisen süßsauer mit Essig, Granatapfel, Zitronen, herben Äpfeln, Aprikosen oder Orangen anzurichten und gibt reichlich Rosinen, Mandeln, Gewürze und Zucker zu. Viele seiner Gerichte wie *rummaniya* (Granatapfelbraten), *fustaqiya* (Pistazienmarzipan) und *itriya* (Pasta) finden sich (teilweise ziemlich entstellt) in europäischen Rezepten des Mittelalters wieder.

Ein literarisches Beispiel für orientalischen Kulturtransfer in der frühitalienischen Küche ist der *Liber de ferculis et condimentis* (Buch von den Gerichten und Gewürzen), den Jambobino aus Cremona im 12./13. Jahrhundert übersetzt. Vom Original des Bagdader Arztes Ibn Jazla († um 1100) belässt er die arabischen Namen der Gerichte – ein Indiz, dass arabische Speisen in kultivierten Kreisen des Westens bekannt waren.

Das belegen auch Rezepte, die in fast allen Kochbüchern des 13. und 14. Jahrhunderts auftauchen. So geht nicht nur die einst vielumrätselte *romania*, sondern auch das allgegenwärtige *blancmanger* auf Rezepte des von Al-Baghdadi beschriebenen persischen Mandeleintopfs *isfidbaj* zurück. Der im modernen Frankreich und England auf süßen Pudding reduzierte Begriff wird im Mittelalter wahllos für helle Speisen verwendet, ist in seinen ältesten Rezepten aber Schonkost aus Hühnerfleisch, Zucker, Reis und Mandelmilch. Weißes Chicken Curry der rajasthanischen Mogulküche (Safran, getrocknete Aprikosen und geschrotete Cashew-Nüsse) schätzt eine ganz ähnliche Aromenkombination.

Die ständige Verwendung gewiegter Mandeln und Mandelmilch ist neben den Gewürzen der wichtigste orientalische Kochtrend – und eine deutliche Neuerung gegenüber der Antike. Die Nachfrage nach den öligen *mandorle* war so groß, dass man neben den traditionellen Pflanzungen in Sizilien und Kalabrien selbst im subalpinen Piemont versuchte, Mandelbäumchen zu ziehen. Heute sind sie in der Küche selten: ein köstliches Crossover ist *pesto alla trapanese*. Im sizilianischen Fährhafen nach Tunis werden Spaghetti mit einem Sugo aus zerstoßenen Mandeln, ungekochten Tomaten, Knoblauch, Meersalz und Olivenöl angerichtet.

War Sizilien das direkte Einfallstor islamischer Kochkunst, so wurde die Seerepublik Venedig zum führenden Importeur orientalischer Gewürze. Ab dem 10. Jahrhundert erlebt der seit der Antike dahinsiechende Gewürzhandel einen Aufschwung – zunächst zu pharmazeutischen Zwecken. Im 13. Jahrhundert profitiert er von der *pax mongolica* und dem sicheren Seidenstraßenhandel. Auch mit den Mamelucken Ägyptens wusste sich die Serenissima zu Preisabsprachen zu arrangieren. Trotz Invektiven von Papst Innozenz III. (1198–1215), der in *De contemptu mundi* (Die Verachtung der Welt) wettert, dass man «neue Emulsionen, neue

Sirupe herstelle, weil den entarteten Menschen Gottes Natur nicht genüge», wird Gewürzgenuss bald theologisch abgesegnet: Gewürze kommen aus dem Land der vier Paradiesströme Nil, Ganges, Euphrat und Tigris; Legenden erzählen, der Vogel Phönix (ein Christussymbol) brenne in einem Zimtnest; und schließlich verspricht man sich ganz naiv von der Tatsache, dass Balsamierer Gewürze verwenden, lebensverlängernde Wirkung.

Granata dulcia: «himmelsnahe» Granatäpfel sind bei Mensch und Vögeln begehrt. Veroneser Tacuinum sanitatis (14. Jh.).

Unwahrscheinlich ist hingegen die oft geäußerte Theorie, man habe mit Gewürzen «Gammelfleisch» übertünchen wollen – denn die Oberschicht, die sich Gewürze leisten konnte, konnte sich erst recht frisches Fleisch leisten und verspeiste hauptsächlich frischgeschlachtetes Geflügel.

Der Siegeszug der Gewürze ist eng verknüpft mit der Rezeption arabischer Naturwissenschaften und Heilkunde. Ein Vorposten arabischer Medizin ist die Schule von Salerno, die im Machtbereich der orientfreundlichen Seerepublik Amalfi ab dem 10. Jahrhundert ihre Blütezeit erlebt und auch Kreuzfahrer verarztet. Hier übersetzen unvoreingenommene Naturwissenschaftler wie der ehemalige maghrebinische Kräuterhändler Constantinus Africanus (der auch eine medizinische Abhandlung über den Penis verfasste) die wichtigsten diätetischen Schriften aus dem Syrischen und Arabischen ins Lateinische. Über die Übersetzung Avicennas wird das Abendland mit der Säftelehre des kaiserlichen Leibarztes Galen von Pergamon erneut vertraut: Die sog. Humoralpathologie unterteilt die Menschen entsprechend den vier Elementen Luft, Feuer, Wasser, Erde in vier Säfte (Blut, Galle, Schleim/Phlegma, Schwarze Galle) bzw. Temperamente (Sanguiniker, Choleriker, Phlegmatiker, Melancholiker) und ordnet ihnen in komplizierten Definitionen passende Speisen und Getränke zu. Ziel ist es, Defizite der eigenen Körpersäfte auszugleichen und durch gesunde Nahrung den idealen Mischzustand (Eukrasie) zu erreichen. So soll der Choleriker nicht auch noch scharf essen, während feuchtes warmes Huhn für kalte trokkene Greise ideal ist. Doch wirkt dieses eher deduktive als empirische System trotz Analogien zu Ayurveda und chinesischer 5-Elemente-Lehre heute teilweise skurril – so sind Früchte (kalt und feucht) für Kinder nicht geeignet! Generell werden Gewürze positiv bewertet, denn als heiß und trocken fördern sie die Verdauung, während Wassertrinken wie bei moderner Trennkost sie verzögert. Vermutlich beginnt Europas Gewürzküche mit Apotheker-Dragees; wie heute in Indien reichte man nach dem Essen Anis oder Koriandersamen in Zucker.

Orientalischen Pharmazeuten ist auch die Entdeckung der Liköre (und der in Alkohol gelösten Arzneien) zu verdanken. Der Anisschnaps Sambuca ist nach sarazenischen Gewürzschiffen (*sambuco*) benannt, und das Urrezept aller *limoncelli* findet sich im *Traktat der Le-*

Einst Kreuzzugsdelikatesse, heute Palio-Souvenir: Panforte aus Siena wird nach 800 Jahre altem Rezept gebacken.

bensmittel des ägyptischen Juden Ishaq Ibn Suleyman al-Israeli. Bis ins 15. Jahrhundert bleibt Alkoholverkauf ein Privileg von Klöstern und Apotheken.

So wird in Salerno der richtige Speiseplan zur Krondisziplin ärztlicher Kunst: Wer richtig isst, lebt länger. Diese Salerno-Diät hat bis in die Neuzeit hinein durch die Kategorisierung der Lebensmittel die Küche Italiens geprägt. Die der Legende nach gemeinsam von einem Araber, einem Griechen, einem Juden und einem Römer gedichteten lateinischen Merkverse des *Regimen sanitatis* oder *Flos medicinae* wurden von Autoritäten wie dem aragonesischen Hofarzt Arnaldo da Villanova (1235–1315) kommentiert und blieben bis ins 18. Jahrhundert populär:

«Birne, Apfel, Pfirsich, Käse, Milch dazu
Gepökeltes und Ziege, Hase, Reh, Fleisch von der Kuh
Macht schlechtes Blut nur und Melancholie,
Und bist du krank, so iss es nie.»

Minne geht durch den Magen: Ein Ritter knackt für seine Dame Flußkrebse. Tacuinum sanitatis (Mitte 15. Jh.).

Einem modernen Gesundheitskochbuch mit Tabellen kommt das *taqwim as-sihha* («Ärztebankett») des Ibn Butlan (11. Jahrhundert) am nächsten, das auch in Umberto Ecos *Der Name der Rose* gelesen wird. Der in Bagdad geborene christliche Arzt wirkte in Kairo, Konstantinopel, Aleppo und Antiochia und setzte auf Vorbeugen, sprich richtige Lebensführung. Spektakulär wurden gerade seine Nichtbehandlungen, wenn er erkannte, dass die Natur den Patienten von selbst heilen würde. Richtig populär wurde das Werk in Europa vom 14. Jahrhundert bis zum 16. Jahrhundert als *Tacuinum* oder *Theatrum sanitatis*, nachdem man den Text stark gekürzt und dafür fast lexikalisch um jede Menge Abbildungen von Kräutern und Lebensmitteln erweitert hatte. Zwar stehen eigentlich die medizinischen Wertigkeiten der Speisen im

Enigmatische Komposition: Artischocke, Falter und Madrigalhandschrift «Arie diverse» (15./16. Jh.).

Vordergrund, doch sind immer wieder Kommentare zur Zubereitung zu finden, so etwa Senf zu Kamelfleisch. Noch heute heißt nach diesem frühen Bestseller der Taschenkalender in Italien *taccuino*.

Nicht nur durch Bücher, sondern auch durch direkte Kreuzzugserfahrung gelangen neben Glaspokalen und Seidenstoffen auch Speisen und Rezepturen nach Italien. Wie das palästinische Kochbuch *kitab al-wusla* (vor 1261) einen fränkischen Braten mit Sauce erwähnt, so ist umgekehrt der umbrische Blutwurstpudding *mazzafegato*, der mit Pinienkernen, Orangenschale und Sultaninen gefüllt ist, orientalisch inspiriert. Süßspeisen aus dem teuren und neumodischen Zucker sind oft Kreuzzugserinnerungen, wie Panforte und die pantoffelförmigen Marzipan-*ricciarelli* Sienas, die der Ritter Ricciardetto della Gherardesca aus Jerusalem mitbrachte.

Wenig herausgearbeitet ist schließlich die Verknüpfung zwischen orientalischer und jüdisch-italienischer Küche, die antiken, sephardischen, maghrebinischen und aschkenasischen Einflüssen unterliegt. So tauchen die wahrscheinlich aus Äthiopien stammenden, in der Antike seltenen Artischocken (*carciofo*, arab. *kharshuf*) früh auch in der venezianischen und römischen Ghettoküche auf. Erst seit den 1930ern nennt man sie herausgebacken explizit *carciofi alla giudea*. Fenchel und Auberginen galten in Norditalien als jüdisch – eventuell wurden sie von den 1492 aus dem spanischen Süditalien vertriebenen *judíos* mitgebracht. Denn die aus Indien oder China stammende Aubergine wurde zuerst im sarazenischen Sizilien heimisch. Der italienische Name *melanzana* (*mela insana*, ungesunder Apfel) bezieht sich auf Bitterstoffe des rohen Gemüses, derjenige der deutschen Eierfrucht auf weiße rundovale Ur-Auberginen (wie sie heute wieder aus Ägypten importiert werden). Auch Reis-Safrangerichte aus Ferrara und Kuskus aus Livorno mit seiner bedeutenden jüdischen Minorität wären hier zu nennen.

Bis weit in den Barock hinein hält sich die Mode orientalischer Gerichte und mit «indischem Salz» gezuckerter Fleischspeisen. Manchmal werden dabei sogar durch arabische Vermittlung antike Rezepte wie *scapece* (pers. *sikbag*, essigmarinierter Fisch bzw. Gemüse mit Minze und Knoblauch) wiederbelebt oder durch die Hinzufügung von Korinthen bzw. Pinienkernen (*zisam*, süßsaure Bratfischchen) neu interpretiert.

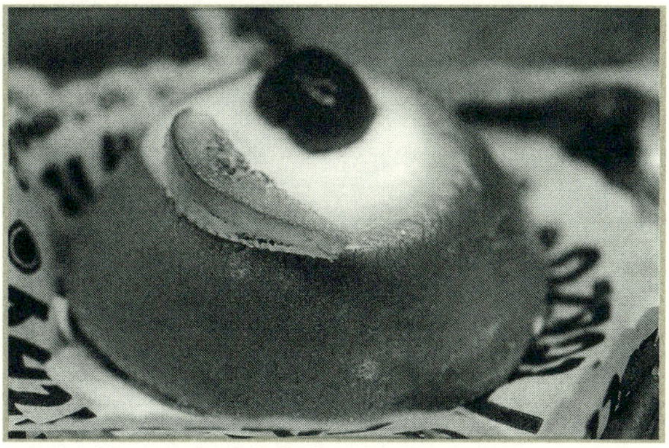

Sizilianische Cassata wird all'araba *mit Schafsricotta und kandierten Früchten zubereitet.*

Auch wenn die byzantinische Mittlerstellung und die orientalische Präsenz Venedigs nicht zu unterschätzen sind, so ist es doch offensichtlich die Berührung mit der arabisch-islamischen Kultur, die Italiens Küche nach Jahrhunderten des Schweigens wachküsst.

DE ALBO CIBO
BLANCMANGER ODER WEISSSPEISE

Liber de Coquina, 13. Jahrhundert

Für die Weißspeise nimm Brüste gekochter Hühner und schneide sie so fein in Streifen, wie du kannst. Dann wasch Reis, mahle ihn zu Mehl und siebe ihn. Dann misch dieses Reismehl mit Ziegen- oder Mandelmilch, bring es in einem sauberen Topf zum Kochen, und wenn es zu kochen beginnt, schütte die geschnipselten Hühnerbrüste mit weißem Zucker und Speck hinein, gib acht, dass kein Rauch dazukommt und lass es auf schwacher Flamme ohne die Wut des Feuers köcheln, und es soll fest werden, wie Reisbrei zu sein pflegt, und schütte darüber zerdrückten Ingwer und gebratenen weißen Speck, und du kannst es auch mit ganzen Reiskörnern und Ziegenmilch auf ultramontane Art zubereiten. Wenn es serviert wird, gib geröstete Mandeln darüber, Zucker und ganzen hellen Ingwer, und man nennt es auf französisch *blanc manger*, d. h. weiße Speise.

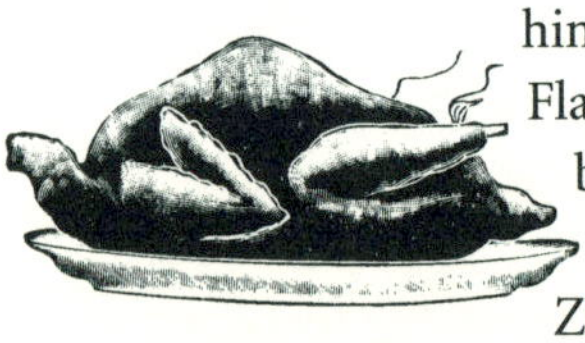

Offensichtlich schwankt dieses exotische Rezept aus der neapolitanischen Kochbuch-Kladde (das vermutlich von einem Bearbeiter ergänzt wurde) zwischen dem original orientalischen Mandelaroma und iberisch-französischer «ultramontaner» Milchpuddingzubereitung. Ein aktueller Querverweis: In Istanbul bereiten traditionelle Milchläden *göğsü kazandibi* zu, eine Süßspeise aus Reismehl, Milch und geschabter Hühnerbrust.

LIMONEN & ORANGEN

«Kennst Du das Land, wo die Zitronen blühn, im dunklen Hain die Goldorangen glühn» – nicht erst seit Goethes Versen ist Italien sprichwörtlich das Land der Agrumen. Duft und Geschmack der kostbaren Früchte zählten zu den betörendsten Reiserlebnissen, bis in die 1960er waren die bunt eingewickelten Apfelsinen Weltmarktführer im Export.

Wie gemalte Zitronenblüten in der Villa del Frutteto in Pompeji belegen, kannten bereits die Römer die Zierpflanzen, gegessen wurden allerdings nur die warzigen Schalen der aus Persien stammenden *cedri* (Zitronatzitronen). Der Mythos von den goldenen Hochzeitsfrüchten, die Herakles aus dem Garten der Hesperiden stahl, wird seit der Renaissance auf Orangen gedeutet, so 1513 in dem georgischen Poem des neapolitanischen Humanisten Pontano *De hortis Hesperidum sive de cultu Citriorum*. Bis heute zieren Agrumenblüten süditalienische Brautsträuße.

Im 9. Jahrhundert führen die Araber Bitterorangen in Sizilien ein und verwenden Blütenöl (*zagara*) und kandierte Schalen für Küche und Kosmetik – auch in Moscheenhöfen blühten die bunten Früchte. Die ältesten Limonenpflanzungen Europas entstehen ab 1000 in Amalfi mit seinen Orientkontakten, ab dem 12. Jahrhundert folgt die ligurische Steilküste. Im Mittelalter gelten Limonenliköre als Medizin. Ibn Jamiya, der Leibarzt Saladins, lobte *limonata* als desinfizierendes Allheilmittel gegen Pest, Würmer und Schwangerschaftsübelkeit. Michele Savonarola (1384–1468), Hofarzt der Este, empfiehlt Zitronenwasser gegen Fieber und erwähnt eingesalzene Limonen, wie sie in Indien und Arabien gegessen werden. Bis heute schätzt die Volksmedizin die sauren Früchte – 1973, während der Cholera in Neapel, stiegen die Zitronenpreise.

Exportiert werden zunächst fast nur kandierte Zitrusfrüchte. Die dicke Schale der *cedro*-Frucht hat der deutschen Zitrone den Namen geben, denn man kannte bei uns eher Zitronat als frische Limonen. Eine süße Schleckerei war das Menü für Giuliano de Medici 1513 auf dem Kapitol, wo zum Staunen des Volkes riesige Körbe mit kandierten Früchten aufgefahren wurden.

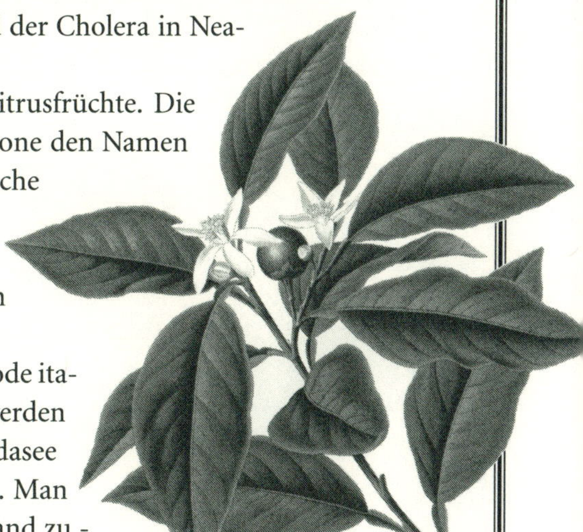

Ab dem 15. Jahrhundert breitet sich die Zitronenmode italienweit aus. Im Kreuzgang von S. Chiara in Neapel werden Agrumen gepflanzt, während man an Brenta und Gardasee holzbefeuerte Gewächshäuser (*limonaie*) konstruiert. Man verschenkt Zitronen, ja geht mit der Frucht in der Hand zu -

Festen, um parfümiert zu sein. Zitronen in Terrakottavasen sind häufig auf Heiligenbildern und Terrakotten Botticellis, Mantegnas und der Della Robbia zu bewundern. Bartolomeo Bimbi (1648–1730) , der Zitronenmaler Cosimos III., gibt an die hundert Sorten auf Ölgemälden wieder – die Agrumenleidenschaft der Medici geht auf die Ehe Cosimos I. mit Eleonora Toledo, Tochter des Vizekönigs von Neapel zurück. Platina erwähnt Zitronensalat mit Salz, Öl und Essig, und Costanzo Felici konstatiert 1565: «Zitrone wird für sich alleine und mit vielen anderen Lebensmitteln gegessen, am meisten mit gebratenem Fleisch.»

Im 16. Jahrhundert bringen die Portugiesen die ersten Süßapfelsinen aus Indien mit, erst jetzt beginnt man, frische Orangen zu verzehren! Im 18. Jahrhundert verlangen Parfumeurs verstärkt nach Agrumenölen, 1795 führt die britische Marine Zitronensaftrationen gegen Skorbut ein. Die Produktion steigt, Agrumen werden auch fürs Volk erschwinglich, das sich regelmäßig an Zitroneneis labt. Sorrents Orangen werden bis nach Amerika exportiert. Grottenreifung und die schon von dem spätantiken Agrarschriftsteller Rutilius Palladius erwähnte Abdeckung der Orangenhaine mit Strohmatten (*pagliarelle*) ermöglicht praktisch ganzjährig Lieferungen.

Heute spezialisiert sich Süditalien nach tiefen Krisen und Erntevernichtungen auf ökologische schmackhafte Sorten wie sizilianische Blutorangen (*moro*), süße *brasiliane* aus Ribera und Amalfizitronen, aus denen der beste *limoncello* gewonnen wird. Nischenprodukte sind Ätnamandarinen, kalabrische Bergamotten und vor allem kindskopfgroße Zitronatzitronen: Die warzigen *etrog*-Früchte aus S. Maria del Cedro bei Scalea werden von Rabbinern aus aller Welt für das Laubhüttenfest aufgekauft.

STORIA DELLA PASTA

Keine Frage zur Geschichte der italienischen Küche ist so populär wie die nach Marco Polo (1254–1324). Hat der Venezianer nun die Nudeln von China nach Italien gebracht (oder gar umgekehrt)? In seinem Reisebericht, den die Zeitgenossen wegen der märchenhaften Schilderungen *Il milione* (Der Millionenschwafler) nannten, erzählt der in Konstantinopel aufgewachsene Weltenbummler von den Sitten der Chinesen, die er in 17 Jahren am Kaiserhof Kublai Khans kennenlernte (vielleicht aber auch nur aus Erzählungen arabischer Seidenstraßenhändler aufschnappte). Dabei erwähnt er, dass sie in heißem Wasser gekochte *pasta* (Teig) verspeisen. Folgenschwerer ist, dass sein Drucker den Satz hinzufügte, Marco Polo habe Nudeln nach Italien mitgebracht. So kamen ausgerechnet die Venezianer, die lieber Risotto oder Gnocchi essen, in den Ruf, die Nudeln in Italien eingeführt zu haben.

Doch die Frühgeschichte der italienischen Pasta ist viel zu verwickelt, um sie mit einer romantischen Erfinderlegende lösen zu können. Die 2000 erschienene bahnbrechende tausendseitige wissenschaftliche Abhandlung *La Pasta. Storia e cultura di un cibo universale* von Silvano Serventi und Francoise Sabban («Nudeln. Geschichte und Kultur einer globalen Speise») zeigt, welch universale Bildung und welch fast kriminalistischen Scharfsinn man braucht, um dem Ursprung der Spaghetti nahezukommen. Was die Sache so vertrackt macht, ist, dass weder das Lateinische noch das Italienische sprachlich einen Unterschied zwischen Nudel und Teig machen – so muss man für jede historische Nennung am Kontext prüfen, ob es hier um Brotartiges oder wirklich um Nudeln geht.

Fest steht für das Autorenteam, dass die Griechen und Römer keine Nudeln kannten. Spekuliert wird, dass Brotteig und Mehl beim Opfer an die Götter und in der Gastfreundschaft eine sakrale Rolle spielten. Deswegen wurden sie nur dem rituell heiligen Feuer ausgesetzt, unterlagen aber einem Kochtabu. Das etruskische Tuff-Relief in der Tomba dei rilievi in Cerveteri (4. Jahrhundert v. Chr.) mit Tisch, Rolle, Messer und Mehlschüssel beweist nicht viel mehr, als dass Teig gemacht wurde. Das gern zitierte *laganon*, das der modernen Lasagne den Namen gab, dürfte ein Fladenbrot bzw. eine blätterteigartige Deckschicht auf Aufläufen gewesen sein, die in den Ofen geschoben, aber nicht gekocht wurden. Wer sich ernsthaft mit Nudelgeschichte beschäftigt, muss sich sogar en passant durch unendliche Kirchenväterstreitigkeiten, ob man für die Abendmahlshostie gesäuerten oder ungesäuerten

Es werden die Maccaroni sein, ich schwöre es Ihnen, die Italien vereinen.

GARIBALDI 1860 IN NEAPEL

Nudelmachen unter blauem Himmel. Tacuinum Sanitatis (Mitte 15. Jh.).

Teig verwenden sollte, hindurcharbeiten. Rein bäckertechnisch ist zumindest die katholische Hostie aus Mehl und Wasser nichts anderes als *pasta*, während die Ostkirche nach dem Schisma 1054 weiter an Sauerteighostien festhält.

Ex oriente lux, ex oriente pasta. Der erste hieb- und stichfeste Beleg für mediterrane Nudeln ist jüdisch! Im 3. Jahrhundert n. Chr. fragt in einem Talmudkommentar eine Frau den Rabbi, ob sie den für die Priesterschaft vorgesehenen göttlichen Anteil (*hallal*) auch abgeben muss, wenn sie den Teig in Wasser kocht und nicht verbäckt. In der jüdisch-arabischen Mischkultur des Vorderen Orients ist also der Ur-Ursprung aller mediterranen Nudeln zu suchen, vielleicht begünstigt durch eine neue Getreidesorte. Im 1. Jahrhundert n. Chr. ist in Ägypten erstmals aus Emmer weitergezüchteter Hartweizen (*triticum durum*) nachweisbar, der wegen seines hohen Kleber- und Eiweißgehaltes ideal zur Nudelherstellung ist. Auch frühe Chinaeinflüsse (wo man wohl seit 3000 v. Chr. nudelartige Teigtaschen kochte) sind in diesem Stadium nicht ganz auszuschließen: So beschreiben frühmittelalterliche persische Kochbücher eine Wildeselsuppe mit Nudeln, deren Rezept vielleicht über die Seidenstraße in den Iran gelangte.

Globale Nudelforscher sehen die verzwickte Pastageschichte mittlerweile eher im Lichte des neapolitanischen Philosophen Giambattista Vico (1668–1774), der mit seinem Hauptwerk *La Scienza Nuova* als Erfinder antidiffusionistischer Kulturtheorien gilt. Kurz gesagt, die Chinesen haben die Nudeln erfunden, aber im Mittelmeerraum sind sie auch erfunden worden – die Kulturen sind unabhängig voneinander darauf gekommen, Mehl mit Wasser zu Teig zu formen und dann zu kochen.

Die ersten palästinensischen Nudeln (*itriyya*) waren eine Art getrockneter Graupenersatz, vergleichbar den reiskorngroßen griechischen *kritharakia*-Nudeln. Das 1350 belegte Wort *maccheroni* soll ebenso wie süße Makronen auf eine griechische Körnersuppe zurückgehen, die zu Ehren der Verstorbenen gereicht wurde – *makarios* ist das griechische Wort für «selig».

Den ältesten hieb- und stichfesten Beleg für italienische Nudeln liefert 1154 der maghrebinische Moslem Al-Idrisi in seiner *Reise des Sehnsüchtigen um die Horizonte zu durchqueren*, die dem Normannenkönig Roger II. von Sizilien gewidmet ist: «Im Westen von Termini (heute Termini Imerese) gibt es einen Ort, der Trabia heißt, ein bezaubernder Aufenthalt mit ewig fließendem Wasser und vielen Mühlen. Trabia besitzt eine Ebene und ausgedehnte

Landgüter, in denen man viel *ytria* produziert und überallhin exportiert, speziell nach Kalabrien und in andere islamische und christliche Länder schickt man sehr viele Ladungen übers Meer.»

Eindeutig ist das arabisch geprägte Sizilien die Mutter aller italienischen Nudeln. Orientalische Begriffe für Pasta haben sich italienweit in verballhornter Form erhalten: Aus *ytria* wurde ligurisch *tria*, aus *fidaws* (lange Nudeln) *fedelini*, nach denen sich 1574 die Genueser Nudelmachergilde *fidelari* benannte. Die meisten Nudeln wurden wie Körner in wenig Wasser gekocht, um sie dann breiig aufquellen zu lassen – noch Martino da Como lässt im 15. Jahrhundert seine sizilianischen Maccheroni zwei Stunden lang sieden!

Während Süditalien früh transportable Trockennudeln entwickelt – besonders Schiffsmannschaften schätzten die leichte nahrhafte Ware –, produziert man in Norditalien ab dem 13. Jahrhundert aus Weichweizen geknetete Eiernudeln wie *lasagne* (1300) oder gefüllte Ravioli (1350) für den sofortigen Verbrauch. Die dottergelben Flachnudeln, die Vorläufer von *tagliatelle*, *fettuccine* und *pappardelle*, sind teure frischgemachte Festtagspasta, die in den meisten frühen Rezepten nicht trocken (*pasta asciutta*), sondern in Kapaunbrühe serviert wird. Jahrhundertelang bleiben Makkaroni das Synonym für Nudelgenuss – 1279 erwähnt sogar ein Genueser Soldatentestament eine *bariscella plena de macaronis*, einen Korb voller Nudeln. Boccaccio träumt in seinem Schlaraffenland *paese della cuccagna* von einem Makkaroniberg. *Vermicelli* (Würmchen), Vorläufer der heutigen *spaghetti*, tauchen ab dem 14. Jahrhudert auf. Besagter Martino da Como liefert das Pionierrezept für diese zwei bis drei Jahre haltbaren Trockennudeln, die er in Mandel- oder Ziegenmilch kocht und mit Safran und Zucker anrichtet – schon Walther von der Vogelweide überliefert, Kaiser Friedrich II. habe süße Makkaroni geschätzt.

Im Schnitt kosten Teigwaren im 16. Jahrhundert dreimal mehr als Brot. Immer wieder wird bei drohenden Hungersnöten die Pastaherstellung verboten, um billiges Brot zu garantieren, etwa 1509 durch den neapolitanischen Vizekönig. Es bleibt ein langer Weg, bis Spaghetti zum erschwinglichen Volksnahrungsmittel werden. Archaische, um 1630 in Neapel erfundene Nudelknet-

Streetfood auf neapolitanisch: Lazzaroni beim Nudelschlingen.

maschinen und Bronzepressköpfe machen das Produkt billiger – früher wurde der Teig teilweise mit Füßen gewalkt. Erst um 1760 verdrängen *maccheroni* die Gemüsesuppe *minestra maritata* als Volksnahrung der Vesuvstadt. Neapel wird zur Nudelmetropole. Die ergiebigen apulischen Hartweizenfelder des Königreichs Beider Sizilien, die Getreidemühlen an der wasserreichen Amalfitana und um den Vesuv und die virtuose Technik des Nudeltrocknens im Freien bei glühender Sonne und fächelnder Meerbrise bilden die Grundlage dieser einzigartigen Erfolgsgeschichte. Bis heute ist der Mezzogiorno Heimat der *pasta secca*, der trockenen Pasta, die aus Hartweizen mit hohem Glutenanteil hergestellt wird, der für die kompakte Verklebung der Nudeln sorgt. Sie ist auf die Dauer bekömmlicher und ursprünglich aufwendiger zu erzeugen als die in Norditalien verbreitete *pasta fresca*, die wegen besserer Haftung meist mit Eiern geknetet wird.

Wenn Neapolitaner Fremden zeigen wollen, was richtige *pasta* ist, dann fahren sie mit ihnen nach Gragnano mit den uralten Hartweizenmühlen. Kein Ort repräsentiert die jahrhundertealte Tradition handwerklichen Nudelmachens so wie das labyrinthische, chaotisch verstädterte Vesuvdorf, wo Touristen noch eine bestaunte Seltenheit sind. Echte Handwerkskunst ist der Drahtseilakt, ohne Zusatzstoffe endlos lange dünne Nudeln zu erzeugen, die nicht brechen oder faulen. Dazu bedarf es einer doppelten Trocknung, die bis in die 1920er noch im Freien, meist auf der Straße oder direkt vor der Werkstatt stattfand. 7000 Nudelmacher arbeiteten hier im 19. Jahrhundert in über 100 Manufakturen, die ab 1830 Teigknetmaschinen und ab 1870 hydraulische Pressen einsetzten. Nostalgiefotos in Trattorien erinnern an verschwundene Süditalienimpressionen: Bis zu 30 Tagen dörrten die meterlangen Hartweizenfäden, wie Wäsche aufgehängt, im heißen Schatten, umschmeichelt und geschmeidig gehalten vom Meerwind – manchmal trockneten in den Fischerhäfen Netze und Nudeln nebeneinander. Ein internationales Lesepublikum ist 1996 mit dem Thema durch den Erfolgsroman *Die Pastakönigin – Roman einer neapolitanischen Nudeldynastie* (*Francesca e Nunziata*, 1996) von Maria Orsini Natale bekannt geworden, der mit Sofia Loren, der schönsten Spaghettiesserin aller Zeiten, verfilmt wurde: «Der Müller hatte alle seine Frauen in seine Kunst eingeweiht, aber nur Francesca hatte er, zum Zeichen, dass sie die Tradition weiterführen sollte, die kleinen Hände mit Korn gefüllt, ihre Stirn mit dem mehlbestäubten Daumen bekreuzigt und ihr eine fast religiöse Einstellung zu ihrer Arbeit vermittelt.»

Heute wird Pasta di Gragnano, die vorher durch Bronzeköpfe getrieben wird, langsam in Wärmekammern getrocknet. Kenner schwören auf diese Pasta, denn die so entstandenen porösen Nudeloberflächen sind ganz anders in der Lage, den *sugo* aufzusaugen und geschmacklich zu intensivieren, als turbogetrocknete Industrieprodukte und *pasta fresca*. Und immer noch wird hier eine verwirrende Fülle von Nudelformen gepresst, von riesigen *paccheri* bis hin zu winzigen *stelline*, von an die Kolonialgeschichte erinnernden *tripolitane* bis hin zu den Hochzeitsnudeln *zite*. Interessant ist, dass der Name *spaghetti* (Fädchen) sich erst im 20. Jahrhundert durch den USA-Export richtig eingebürgert hat, die Neapolitaner bis vor kurzem lieber *maccheroni* oder *vermicelli* aßen.

Pulcinella, Neapels Symbolfigur, hat fast immer ein Bündel Fadennudeln zwischen den gierigen Fingern, Erinnerung an die *mangiamaccaroni* auf den Hafenkais von S. Lucia: Verwegene verwilderte *lazzaroni*, barfuß und mit zerrissenen Hosen, die sich von den Fremden einen Teller *vermicelli* oder *spaghetti* kaufen ließen, um die unfassbar langen Nudelfäden gierig mit einer Technik zu schlürfen, die seit den Zeiten des hygienewütigen Faschismus unwiderruflich dahin ist. Denn gleich den Dionysosstatuen im Museo Archeologico Nazionale, die an der Weintraube knabbern, hebt der echte Spaghettischlinger mit der Faust ein Bündel verwirrter Nudeln hoch über den Kopf und lässt die leckeren Fäden in die Kehle gleiten. Eine Methode, die dadurch praktikabel ist, dass die *spaghetti* als *pastasciutta* meist nur mit Öl und Reibekäse geschmälzt waren – ganz wie die *tonnarelli* mit *cacio* und *pepe*, die in römischen Trattorien wieder en vogue werden. Auch Neapels populärster König, Re Nasone (Ferdinand IV./I., 1759–1825), dessen Lieblingsvergnügen darin bestand, auf dem Fischmarkt in breitem Dialekt selbstgefangene Fische zu verschachern, scheute sich nicht, die *vermicelli* zu königlichen Weihen zu erheben. Unter dem Beifall der verblüfften Zuschauer verzehrte er in der Königsloge des Teatro S. Carlo seine Nudeln mit der Hand. Die Dichterin und Journalistin Matilde Serao hat in *Il ventre di Napoli* (Der Bauch Neapels, 1884) mit veristischer Feder *quello che mangiano* (was sie essen) beschrieben:

Potenzierung eines Klischees: Neapels Komödienfigur Pulcinella als Makkaroni-Akrobat. Keramik von Giuseppe Ferrigno.

> «Kaum hat es zwei Soldi, kauft das neapolitanische Volk einen Teller gekochter und gewürzter *maccheroni*; alle Straßen der vier Volksquartiere haben eine dieser Osterien, die unter freiem Himmel ihre Kochtöpfe aufstellen, wo die *maccheroni* immer kochen, die Pfannen, wo der Tomatensugo köchelt, die Berge von geriebenem Käse, ein pikanter Käse, der aus Crotone kommt.»

Tatsächlich dürfte die Verbreitung der Gabel den gegen Ende des 19. Jahrhunderts Mode werdenden Tomatensaucen zur Pasta zu verdanken sein. Die frühesten Hinweise auf dieses Nationalsymbol der *cucina italiana* stammen aus der sizilianischen Hafenstadt Trapani im 17. Jahrhundert, ein Rezept für Tomaten-*culì* verrät 1797 Francesco Leonardi, der Koch der Zarin, in der 2. Auflage seines *Apicio moderno*, Ippolito Cavalcanti empfiehlt 1835 *vermicelli* mit Tomatensugo und Olivenöl als Fastenspeise. Authentischer Kampanien-Export scheint auch die deutsche Sitte zu sein, zu den Spaghetti Gabel und Löffel aufzudecken – in Vesuvorten wie Torre del Greco greifen bis heute Einheimische gern zum Löffel, um die oft meterlangen Spaghetti leichter aufzudrehen.

Der Neapolitaner Giuseppe Marotta (1902–1963), der lange Jahre als Journalist in Mailand lebte, hat die Spaghetti seiner Heimatstadt eindeutig in den Kontext der oralen Bindung an die *Mamma* gestellt. In seiner 1947 veröffentlichten Liebeserklärung *L'Oro di Napoli* (Das Gold von Neapel) geht es um Babynahrung auf Neapolitanisch:

> «Wer das Paradies durch eine Tür betritt, ist nicht in Neapel geboren; wir halten unseren Eintritt in den Palast der Paläste, indem wir einen dünnen Vorhang aus Spaghetti behutsam beiseite schieben. Wir wurden in Eile gestillt, während die Spaghetti kochten; rasch nahmen unsere Mütter uns von der Brust und steckten uns ein abgebrochenes Spaghettistück in den Mund; vorher hatten sie mit ihren Lippen das *ragù* abgeleckt oder es auch nur geküsst. Was hinterlasse ich wohl meinen Kindern, wenn nicht die Spaghetti, die ich erbte?»

Die hygienische Entwicklung weg von der Sonnentrocknung hin zu patentierten Heizöfen mit langsamer Trocknung (ab 1889) bricht auch das süditalienische Monopol für *pasta secca*. Transportfähige trockene Pasta ist nun überall herstellbar – zum Pionier der industriellen Trockenpasta steigt Pietro Barilla auf, der 1877 in Parma seine erste Nudelwerkstatt eröffnet hatte. Hartweizen wird neben der süditalienischen Produktion zunächst aus der Ukraine, heute vor allem aus Australien zugekauft. 1933 wird in Parma die erste vollautomatische Nudelmaschine vorgestellt. Durch die zunehmende Mechanisierung und Schnelltrocknung entwickelt sich trockene Pasta zum Volksnahrungsmittel und zum kanonischen Ersten Gang (*primo piatto*) des Menüs. Erst im Boom der Nachkriegsjahre ist Pasta wirklich überall in Italien angekommen – eine 50er-Jahre-Karikatur im sehenswerten Pastamuseum wenige Schritte vom Trevibrunnen in Rom zeigt eine Hausfrau, die sich ganz zeitgeistig aus einer Spaghettinudel einen Hoola-Hop-Reifen geschlungen hat. Mittlerweile ist (wie bei uns in Deutschland) in Norditalien der Trend zu beobachten, reine *spaghetterie* zu eröffnen, die nur Nudelgerichte anbieten. Pasta ist endgültig zum *piatto unico*, zum Hauptgericht der italienischen Küche geworden.

Natürlich bietet jede Region Italiens irgendwelche Nudelspezialitäten an, doch bleibt festzuhalten, dass sie z. B. in der klassischen toskanischen Küche höchst selten waren: In der Garfagnana werden bis heute geschnittene Pfannkuchen (*testaroli*) vorgezogen. In der Südtoskana mit ihren *pici* und in Südumbrien mit den *strangozzi* ist man dann schon in der süditalienischen Hartweizenkultur.

Unter den Hunderten Pasta-Spezialitäten, deren eifersüchtig gepflegte lokale Namen ein ganzes Lexikon füllen, sind einige historisch besonders bemerkenswert. Apulien und Abruzzen sind die Regionen, wo die Hausfrauen noch am häufigsten selbst mit der *chitarra*, dem traditionellen Nudelschneidbrett mit saitenähnlichen Stahlfäden, Pasta zubereiten. In weißgekalkten apulischen Altstadtgassen trocknen im Sommer *orecchiette* in hölzernen Flachkästen in der Sonne. Die runden «Öhrchen» werden einfach mittels Fingerkuppendruck geformt. Das mineralreiche Bergwasser des Maiellamassivs in den Abruzzen gibt den langsam getrockneten Nudelspezialitäten von De Cecco in Fara S. Martino ihren besonderen Geschmack, während das Pastificio Rustichella d'Abruzzo in Pianella für Penne wieder proteinhaltige alte Hartweizensorten anbauen lässt. Die Engelshaarnudelmacher in Campofilone in den Marken erzeugen seit der Renaissance die feinen *capellini*.

Norditaliens Nudelparadies bleibt Ligurien mit den kleinen spindelförmigen *troffiette*, die ideal zu Basilikumpesto munden, und einer großen Raviolitradition. Die Teigtaschen wurden angeblich in dem 1000 Meter hoch gelegenen Dorf Fascia in der ligurischen Valtrebbia erfunden: In der altväterlichen Trattoria des Ortes wird das köstliche Hausmacherrezept gepflegt. Mit Ricotta oder Spinat, Schabefleisch oder Schinken gefüllte Nudeln sind das Flaggschiff der lombardischen und emilianischen Küche. Ein kulturhistorisches *Must* ist das lombardische Valeggio sul Mincio mit seiner bombastischen spätgotischen Visconti-Ziegelbrücke, auf der alljährlich am dritten Dienstag im Juni ein endloser Tortellini-Schmaus stattfindet. In der Mantuaner Küche werden die mit Hackfleisch oder Kürbis und Senffrüchten gefüllten Teigbonbons gern in Brühe geschlürft, in die man beherzt einen Spritzer Lambrusco gibt. Verwandte der Ravioli sind die im Winter mit Trockenbirnen gefüllten Südtiroler Schlutzkrapfen und die *casunzei* Cortinas, während deftige Veltliner *pizzoccheri* aus Buchweizen, der auch in Höhenlagen reift, geknetet werden.

Aus Pasta gemacht, aber nicht wie Nudeln geformt, werden Gnocchi: Nockenbällchen wie sardische *malloreddus* lassen sich bis ins Mittelalter zurückverfolgen. Die Erfindung der Veroneser Gnocchi wird einer Hungersnot 1530 zugeschrieben – die Maske des Papà del Gnocco regiert bis heute den Karneval der Stadt Romeos und Julias.

Eigene Bücher könnten über die fantastische Vielfalt der *sughi* zur Pasta geschrieben werden, die die unterschiedlichen Essgewohnheiten der Regionen widerspiegelt. Ziemlich einig ist man sich nur darin, dass zu *pesce* wie Venusmuscheln, *frutti di mare* oder schwarzer Tintenfischtinte Trockenpasta passt, weil sie Fischsud besser aufsaugt. Während sizilianische *Norma* (mit Auberginen und Basilikum, zu Ehren des catanesischen Opernkomponisten Vincenzo Bellini getauft) noch immer arabische Essgewohnheiten widerspiegelt, hat sich Kampaniens Küche ganz auf ihre Sarno-Tomaten eingeschworen – ob als *arrabbiata* mit Peperoncino-Schoten, als *ragù* mit stundenlang in Tomatensud gekocheltem Rindfleisch oder pur mit geschälten Tomaten (*pomodori pelati*). Kalabrien gibt feuerscharfes *'nduja*-Wurstbrät oder Rosa-Marina-Glasaale auf die *maccheroni*, während in Apulien Sugo aus Eselsfleisch oder Rübenkraut zu *orecchiette* gekocht wird.

La Bella Abruzzese als moderne Korngöttin: Pastawerbung mit Mezzogiorno-Appeal.

Deftig würzen die mittelitalienischen Regionen: In Latium schätzt man pikante *puttanesca* «auf Hurenart» mit Sardellen und schwarzen Oliven oder *amatriciana* mit luftgetrockneten Schweinebacken aus Amatrice, während Umbrien köstliche Wildschweinsugos zaubert. Historisch aufschlussreich ist, dass das klassische Rezept der Bolognese ohne Tomaten auskommt und statt dessen gestiftelte Karotten und Stangensellerie verwendet. Bis heute geht man in den Kochlandschaften nördlich von Rom sparsam mit

Tomaten um und zieht Pilze, Sahne oder andere «weiße» Saucen wie ligurisches Walnusspesto vor. Für die Vielfalt der gefüllten Teigtaschen Norditaliens hat sich ohnedies Butter und Salbei als perfekte Ergänzung bewährt, während als Krönung piemontesische *tagliatelle* mit darüber gehobelten weißen Trüffeln gelten.

VERMICIELLI CO LA MOLLICA
VERMICELLI MIT BRÖSELN

Ippolito Cavalcanti, 1835

Reibe drei *quarti* (1 quarto = ca. 80 g) altbackenes Brot, schütte es in eine große Kasserolle mit einem halben *quarto* geputzter und entgräteter Sardellen, Salz, reichlich Pfeffer und zwei *misurelle* (ca. 0,2 l) gutem Öl, stell es auf den Herd und bräune die Brösel mit wenig Hitze, indem du sie immer mit dem Löffel wendest und das Öl einziehen lässt, und lass sie blond und trocken werden, und dann schütt sie auf einen großen Teller. Inzwischen lass Wasser in einem Kessel hochaufwallen und erhitze darin zwei Bündel schöner Vermicelli, und «ganz grün» lass sie abtropfen und gib sie in eine Schüssel vermengt mit den Bröseln, und ich sage Dir, dass sie sehr schmackhaft sind.

Der adlige Dilettant empfiehlt diese Fastenspeise als Heiligabendessen – *vierd' vierdi* (ganz grün) gilt als früher Beleg für Nudelkochen *al dente*. Der Ausdruck Spaghetti war damals noch unbekannt. Brösel (oder in Sardinien geriebener Meeräschenrogen) ist ein beliebter süditalienischer Käseersatz der *cucina povera*.

LA VERA PIZZA

«Wir haben die Pizza erfunden … und was haben uns die Amerikaner dafür gegeben? Die Schachtel um sie einzupacken!» Obwohl längst ein globales Netz von Pizzerien die Erde umspannt, gibt es *la vera pizza* nur in Neapel, wo seit Jahrhunderten über 500 *forni* Tag und Nacht brennen. Der erste *pizzaiuolo*, der 1884 versuchte, fernab von Neapel in Rom Pizza zu backen, ging sofort Pleite – keinem schmeckte der mit Tomaten belegte Kuchen.

Pizzologen führen das 997 erstmals erwähnte Wort auf indogermanisch *peis* (schlagen, kneten) zurück. So soll die Kultscheibe in einer direkten Traditionslinie mit indoarischem *japati*, griechisch-orientalischem *pitta* und homerischen Heroenfladen (sie aßen ihre »Tische«) verbunden sein. Ganz Italien verzehrt Flachgebäcke wie *focaccia*, ligurische *sardenaira*, umbrische *schiacciata*. Sie haben nur alle etwas gemeinsam, sie sind keine richtige Pizza und vor allem nicht rund. Und sie biegen sich, wenn man sie anschneidet, nicht so grazil wie die neapolitanische Pizza, die weich und doch leicht knusprig, hell und doch mit dunklen Brandbläschen bedeckt sein muss.

Die Urpizza soll die österliche *mastunicola* gewesen sein, getränkt mit teurem Schweineschmalz, bedeckt mit Reibekäse und Basilikum. Doch la *vera pizza Napoletana* entsteht erst Mitte des 18. Jahrhunderts. Denn da entdeckt man, dass die aus Amerika eingeführten Tomaten nicht giftig und nicht nur in medizinischen Dosen genießbar sind. In der Sarnoebene werden neue, süße Sorten entwickelt: *I pomi d'oro sono di piacere*, rühmt 1733 Vincenzo Corrado sie in seinem Klassiker *Il cuoco galante*. Tomaten schmecken vor allem dem einfachen Volk von Neapel, das sie als willkommene Abwechslung zu den ärmlichen Gemüsesuppen empfindet und sich die teuren *maccheroni* nur selten leisten kann. Die mit geschälten Tomaten bedeckte Pizza wird zur Alltagsnahrung der Volksmassen. Viele essen sie dreimal am Tag, früh, mittags und abends, wie ein Taschentuch *a quadretto* zusammengeschlagen. Dass die Fischer sie als Bordproviant mitnahmen, hat der Urvariante den Namen verliehen: *Marinara*, mit Tomaten, Knoblauch, Oregano und ein paar Tropfen Olivenöl.

Bald verbreitet sich ihr Ruf derartig, dass Neapels Monarch neugierig wird. 1772 betritt Ferdinand, genannt König Nase, die billige Pizzabäckerei von *'Ntuono* an der Salita S. Teresa und will bald seinen eigenen Pizzaofen haben. Passender Ort: Capodimonte, neben den Öfen für die königliche Porzellanmanufaktur.

1860 werden die Bourbonen von dem Pizzaesser Garibaldi vertrieben, Neapel ist keine Hauptstadt mehr, verarmt zusehends. Schlechte Karten für die neue Dynastie Italiens, die Savoyer – bis Königin Margherita bei einem Neapelbesuch auf einen genialen Publicity-Einfall kommt. Demonstrativ lässt sie sich von dem *pizzaiolo* Raffaele Esposito Pizza im Palast backen *Don Rafè*, der im Eselskarren anfuhr, hatte die Idee, die Königspizza mit weißer Mozzarella, grünem Basilikum und roten Tomaten in den Farben der italienischen Trikolore zu belegen und diese Komposition der Königin zu widmen. Neapels Pizzaklassiker, die Margherita, war entstanden.

Heute findet die Weltmeisterschaft im Pizzabacken in Salsomaggiore bei Parma statt. Neapelemigranten und die Nachfrage der deutschen Rimini-Generation nach «typisch italienischer Pizza» haben ab den 1960ern ein italienweites Netz von Pizzerien (1918 erstmals lexikalisch erwähnt!) aus dem Boden schießen lassen. Doch auch in Neapel werden die gekachelten Backöfen eher mehr als weniger. Denn die schicken Szenekneipen auf dem Vomero oder in S. Lucia haben *The first fast food in the world* wiederentdeckt. Pizza in Neapel schmeckt immer noch anders als im Rest der Welt, ist eine Lebensform, die von über die Generationen ererbtem Handwerksstolz geprägt ist. Ein Muss für Pizzapuristen ist *Michele* in der Forcella, vielleicht die letzte echte neapolitanische Pizzeria, in der man ab 8 Uhr Pizza frühstücken kann, und die noch nicht der Mode des üppigen Belags verfallen ist. Hier gibt es nur *Marinara* und *Margherita* und dazu kanonisch Bier, denn für Weinausschank brauchte man früher eine Lizenz, für Bier in Flaschen nicht.

GEWÜRZE ÜBER ALLES – AROMEN DES MITTELALTERS

In den letzten Jahren lichtete sich der Schleier über Italiens ersten Kochmanuskripten. Schließlich entzifferten Philologen früher die Handschriften meist nicht um der Rezepte willen, sondern um in diesen volkstümlichen Texten Belege für Vulgärlatein («Küchenlatein») oder Frühitalienisch zu finden.

Jetzt, da ein besserer Überblick über die verstreuten Zeugnisse gewonnen ist, zeichnet sich Neapels Rolle als erste Metropole der europäischen Kochkunst ab. Das älteste Kochbuch *Liber de coquina* ist ab Ende des 13. Jahrhunderts am verfeinerten Anjou-Hof notiert worden –

Störvision beim Edelpicknick im Pinienwald von Classe: Der Geist einer Eheverächterin wird von Doggen zerfleischt. Botticelli, Nastagio degli Onesti, Madrid, Prado (1482–83).

Speisen für Karl von Anjou, Karl II. und Robert den Weisen, den Mäzen Boccaccios, Petrarcas und Giottos! In Italiens einziger Königsresidenz werden arabische, byzantinische, normannische und französische Einflüsse zur Grundlage moderner Spitzenküche verschmolzen. Auch ein Nachhall der innovativen Stauferzeit ist spürbar, etwa durch Rezepte für Friedrichs II. Sohn Manfred, Kohlsuppe *secundum usum imperatoris* und eine Art Kaiser-

> *Die mittelalterliche Kochkunst ist also nichts weniger als eine von damaligen Snobs importierte Mode.*
>
> BRUNO LAURIOUX

schmarrn mit Pinienkernen. Die apulische Germanistin Anna Martellotti plädiert dafür, Friedrich II. nicht nur als Begründer der italienischen Literatur, sondern auch der italienischen Küche zu entdecken – höchst plausibel, wenn man bedenkt, wie der staufisch-normannische Hof auch sonst zum Brückenkopf orientalischer Kultur im Abendland geworden ist.

Vom lateinischen *Liber de coquina* gibt es im 14. Jahrhundert zahlreiche freie Bearbeitungen in italienischen Dialekten, z. B. von einem Anonimo Veneziano (*Libro per cuoco*) oder Anonimo Toscano (*Libro della cocina*). Dieses neu erwachte Interesse korrespondiert mit der Wirtschaftsmacht der prosperierenden italienischen Städte, die ihr frühkapitalistisches Budget in Kunst, aber eben teilweise auch in die Küche investieren. So geistern Geschichten einer Seneser *brigata spendereccia* von zwölf reichen Jünglingen herum, die 200 000 Goldflorins für Essen verprassten – und die ersten Mengenangaben der Kochbuchgeschichte auslösten, denn das in toskanischen Manuskripten häufige «nimm für 12» soll jedenfalls nicht vom Abendmahl herrühren. Protzrezepte sind durchaus typisch für das aufstrebende Bürgertum des *Dolce stil nuovo*, das den alten Adel an Tafelluxus übertreffen will – die eleganten, ja affigen Jünglinge, die man aus der Tafelmalerei kennt, liebten bei ihren Festmählern überreichlich mit Gewürzen parfümierte Gerichte.

Auch in der Literatur wird Schlemmen zum burlesken Thema. Die meistzitierte mittelalterliche Essszene ist sicher Boccaccios Vision vom Schlaraffenland, auf italienisch *Paese di Bengodi* oder *Paese di cuccagna* (siehe Vorsatzblatt):

> «Hier bindet man die Weinreben mit Würsten hoch … und es war dort ein Berg ganz aus geriebenem Parmesan, auf dem standen Leute, die nichts anderes machten als Maccheroni und Ravioli zu kneten und sie in Kapaunbrühe zu kochen, und dann warfen sie sie hinunter, und je mehr man fing, desto mehr hatte man; und dort in der Nähe floss ein Flüsschen von Vernaccia, der besten Sorte, die man trinkt, ohne einen Tropfen Wassers.»

Die Marktszenen der zeitgenössischen Malerei sprechen eine deutliche Sprache – mit der expandierenden Geld- und Bankwirtschaft wächst auch das Lebensmittelangebot. Gerade die Städte als Handelsplätze des umliegenden agrarischen *contado* werden nun mit Speisen assoziiert – Begriffspaare wie *aceto balsamico di Modena* oder *radicchio di Treviso* bürgern sich ein. Deutliches Indiz erwachender Speiselust sind die zunehmenden Luxusgesetze, die weniger aus Eiferei erlassen werden, sondern eher, um reiche Bürger in Schranken zu weisen. So verbietet Siena 1343 mehr als drei Gänge bei Hochzeiten, und 1415 droht der Stadtrat von Florenz: «Hiermit wird erklärt, dass man auf einem Teller mit Gebratenem nicht mehr servieren darf als einen Kapaun mit einer Pastete, oder ein Gänseküken mit einer Pastete, oder zwei Rebhühner oder Rothühner mit Pastete, oder zwei Hähnchen und eine Taube, oder zwei Tauben und ein Hähnchen, oder eine Ente mit zwei Tauben, oder zwei Hähnchen, nicht mehr, unter Androhung jeweils derselben Geldbuße.»

«Ein mittelalterliches Kochbuch ist wahrscheinlich niemals das Resultat einer individuellen Arbeit.» Betrachtet man das Corpus unserer Küchenkladden, so stellt man fest, dass fast alle einen ähnlichen Rezeptfundus aufweisen, der spanische, französische, moreske und ungarische (die Anjou waren 1308–95 auch Könige von Ungarn!) Rezepte umfasst. Ähnlich wie in der Tafelmalerei hat die Forschung von einem internationalen Stil mittelalterlicher Kochbücher gesprochen, der Überschneidungen mit englischen und französischen Werken wie Taillevents *Viandier* aufweist. Durch die Kreuzzüge hatte sich eine internationale, französisch geprägte Ritterkultur entwickelt. Auch dass die Anjou bzw. später die Aragonesen fast den gesamten okzitanischen, katalanischen und westitalienischen Teil des Mittelmeers beherrschten, trug zum Rezeptaustausch bei.

Kohl und Käse – Marktszene im Aostatal. Fresko im Kastell von Issogne (15. Jh.).

So empfiehlt der *Liber de coquina* Bouillons im Stil verschiedener Völker: *De brodio provincialico, theotonico, gallicano, yspanico*, Erbsensuppe *ad modum gallicorum* mit Brie verfeinert oder *gratonea* (katalanische Creme). Arabienmode spricht aus Rezepten wie *limonia* (legierte Mandelhühnersuppe mit Agrumensaft) und *festigia* (der allerdings die namengebenden Pistazien abhanden gekommen sind), *alla saracinesca* werden reichlich Mandeln, Rosinen und Datteln verwendet.

Bonbons aus der Apotheke. Ein Pharmaziegehilfe bereitet Spezereien wie süße Gewürzdragees und Confetti-Zuckermandeln zu. Gemälde von Paolo Antonio Barbieri (1603–49).

Durchgängig herrscht auch die *folie des épices* (Braudel), die überreiche Verwendung von Gewürzen; so enthält eine Suppe für zwölf Personen eine fast schon giftige Dosis von drei Muskatnüssen. Während antike einheimische Kräuter wie Petersilie und Liebstöckel fast verschwinden, wird ständig mit Muskatnuss, Gewürznelke, Macisblüte, Kardamom, Safran und Zucker hantiert – die Platten dürften wie in Indien in allen Ockerschattierungen gefunkelt haben. Durch die insulare Isolation haben sich auf Korfu und Zakynthos Reminiszenzen an diese Gewürzküche erhalten: Ionisches Kaninchen, venezianisch *stifado* (*stufato*) genannt, wird mit reichlich Zimt und weißen Zwiebeln geschmort. Der *liber coquine* der Bona von Savoyen nennt 1428 sogar ein *pulvis ducalis*: War das «herzogliche Pulver» eine curry-artige Gewürzmischung?

Oft gleichen Rezepte eher Gewürzlisten als Kochanleitungen – lediglich Pfeffer taucht relativ selten auf, obwohl man schätzt, dass 75 Prozent der von Venedig importierten Gewürzsäcke Pfeffer enthielten. Doch das «Gewürz der Armen» (Arnaldo da Villanova) galt wegen seines relativ erschwinglichen Preises als wenig prestigereich, ein klares Indiz, dass mittelalterliche Kochbücher selten die Küchenrealität abbilden, sondern den Snobismus auf die Spitze treiben – ganz wie in dem Volksbüchlein *Fortunatus* der Held kurzerhand Gewürze zum Feuern nimmt, als seine Neider alles Holz aufkaufen ließen. Ein paar grobe Preisvergleiche: Dörrfeigen waren teurer als Schweinefleisch, aber billiger als Mandeln und Pinienkerne, Safran kostete bis zu zwölfmal mehr als Ingwer. Immerhin hilft der *liber de coquina* mit einem Spartipp: Wenn du keine Mandeln hast, nimm Dotter!

Zum Modegewürz des ausgehenden Mittelalters wird der teure Zucker, im 11. Jahrhundert von dem Byzantiner Simeon Seth in Europa dokumentiert. Trotz arabischer Felder auf Sizilien und venezianischer Versuche, Zuckerrohr auf Zypern zu pflanzen, kommt bis zum Beginn der Plantagenwirtschaft auf Madeira um 1450 (und später Brasilien) das Hauptkontingent der «durch die Sonnenhitze süßen Stengel» aus dem Orient. Hingegen wurde kalabresischer und hybläischer Honig aus Sizilien seit dem 9. Jahrhundert in den Orient exportiert. Seit die Staufer die Bienenzucht staatlich organisierten – so schrieb König Manfred (1254–66) für jede *masseria* (Staatsgut) einen Bienenzuchtexperten vor – war Honig deutlich billiger als Rohrzucker und deswegen für die Prestigerezeptbücher eher uninteressant.

Antike und Orient verpflichtet sind die Saucen, die frei von Fett, Öl und Butter oft eher Senfsauce, Kräutervinaigrette oder pikantem Fruchtmus gleichen. Bindung erfolgt nie durch Mehlschwitze, sondern mit Bröseln, Nüssen oder Eigelb, z. B. bei einer Knoblauch-*alleata* mit Mandeln, Ingwer und Brühe, die zu Fleisch gereicht wird. Abgeschmeckt wird mit dem Saft unreifer Trauben (*agresto*), Wein, Essig, Zitrusfrüchten und seit dem 11. Jahrhundert auch mit *aceto balsamico*, der das antike Süß-Sauer-Aroma in sich vereint. Der erste Deutsche, der Balsamessig kostete, könnte der Salierkaiser Heinrich III. gewesen sein, dem um 1050 der toskanische Herzog Bonifacio III. eine Phiole des sauren Edelmostes in einer silbernen Miniatur-Kutsche zusandte.

Süditalienisches Lokalkolorit ist in der Vorliebe des *Liber de coquina* für Meeresfisch- und Gemüsegerichte zu spüren: Kichererbsen mit Kastanien, Fischwürste (heute auf Panarea), Krabben mit Essig, Tintenfische mit *salsa verde* oder Bitterorangensaft und zartem Gemüse. Als Vorläufer französischer *crêpes* gelten *crispellas*, mit Speck, Zucker, Safran und Honig angerichtete Pfannkuchen. Der toskanische Rezeptschreiber wird die Gemüse- und Fischspeisen weitgehend weglassen – sein bürgerliches Publikum schwor eher auf Fleischluxus, und die meisten Meeresfrüchte waren nur in Hafenstädten frisch zu bekommen. Der venezianische Anonymus setzt Akzente mit levantinisch gegarten Weinblättern, gebakkenen Holunderblüten, einem geknofelten Tatarendressing mit Mandeln zum Spanferkel und einer paprikafreien ungarischen Torte – noch wuchs die rote Capsicum-Schote nur in Amerika.

Auffallend ist das Fehlen italienischer Lokalrezepte – lediglich die politisch opportune Lavagna-Torte geistert durch viele Manuskripte. Aus dem ligurischen Küstenort kam der Fieschi-Papst Innozenz IV., der Friedrich II. exkommunizierte. Heute wird an jedem 14. August in Lavagna ein 1400 kg schweres Dolce gebacken, während das Originalrezept eine Hühner-Speck-Quiche mit grüner Kräuterkruste war.

Historische Hochzeitstorte. Seit 1949 wird jedes Jahr in Lavagna die Torta dei Fieschi nachgebacken.

«Wenn du Ravioli machen willst, nimm Käse und nimm Salz, und verrühr trockenen geriebenen Käse und koch's»: Die ersten Kochbücher sind eher knappe, praxisorientierte Gedächtnisstützen für Profis oder Abrisse für Haushofmeister, doch gerade dadurch lösen sie sich vom medizinisch-diätetischen Lehrbuch mit seinen Ernährungstipps. Offiziell kochen nur Männer – öffentlich kochende Frauen und Kellnerinnen stehen unter latentem Prostitutionsverdacht, Kleriker sollten Tavernen nicht besuchen.

Die Hofküche Neapels bleibt auch nach der Einnahme der Stadt durch die Aragonesen kulturell tonangebend. Ein europaweiter Erfolg war das von Ruperto de Nola (Maître Robert), dem Hofkoch von König Ferdinand I. von Neapel (1458–94), um 1477 auf katalanisch geschriebene *Lo Llibre de Coch*, das im frühen 16. Jahrhundert zahlreiche katalanische und kastilische Auflagen erlebte. Auch Ferdinand sprach damals wohl eine Mischung aus Spanisch und Neapolitanisch.

Aus Miniaturen und Epen geht hervor, dass die snobistische Adelsküche des Trecento (14. Jahrhundert) einen ausgeprägten Hang zum *banchetto-spettacolo* entwickelte, also mehr Sorgfalt auf Zeremonie als auf Wohlgeschmack legte. Oft überdufteten Blütenarrangements den Eigengeschmack der Speisen. Vögel (die himmelnächste und deswegen edelste Kost, Pfauenfleisch galt als unverweslich!) wurden gespenstisch drapiert, nach dem Braten wieder mit Federkleid bedeckt und mit brennendem Werg im Schnabel auf glühenden Kohlen als Phönix hereingetragen. Oft waren die Speisen bloße Schaustücke, aber auch die Zähigkeit manchen Fleisches lud dazu ein, es erst zu kochen oder zu frikassieren und dann zu braten. Besonders beliebt waren blattgoldbelegtes Wild und Geflügel.

Eine «Luxusmedizin» postulierte die Bekömmlichkeit sündteurer Speisen.

So empfiehlt der *Liber de coquina*, Blattgold in Pasteten einzuarbeiten (doch soll der Bäkker vorsorglich nichts erfahren!). Der Anonimo Toscano rät, kostbare Steine in Saucen oder Brühen für Kranke zu schütten: Ein katastrophaler Tipp, denn Lorenzo il Magnfico soll an den geschroteten Diamanten gestorben sein, die ihm sein Leibarzt eintrichterte. Da nützten auch die Natternzungenkredenzen und Einhornhörner wenig, mit denen man gewöhnlich bei Fürstenessen Gifttests durchführte.

Stätten solider Alltagsernährung waren die Spitalküchen. Das Kloster S. Maria della Scala in Siena reicht im 14. Jahrhundert gekochtes Geflügel, Dinkelmus, in Suppe geriebenes Brot (*panzanella*), aber kaum Nudeln. Man bereitete reichlich Kräuter und Gemüse wie Zwiebeln, Knoblauch, Kohl, Broccoli und Kürbis, der angeblich Herz und Magen kühlt, also gut für Fiebernde ist. Frische Obstkörbe mit Äpfel, Mandeln, Wassermelonen und Birnen standen in den Krankenzimmern.

Diese relativ großzügige Kost lenkt den Blick darauf, dass auch einfachere Menschen des Mittelalters nicht in trister Ausschließlichkeit von Hülsenfrüchten und Gerstenbrei lebten. Die Landwirtschaft machte technische Fortschritte: Der römische Saatwechsel (immer nur die Hälfte des Feldes wird bestellt) wird abgelöst von der Dreifelderwirtschaft. Über China und den Orient gelangt im 10. Jahrhundert das Kummet nach Italien – nun kann man Pferde statt Ochsen anschirren und tiefer pflügen. Die weitverbreitete kleinbäuerliche *coltura mista* (verschiedene Gemüsesorten, Wein, Oliven auf einem Feld) garantierte Abwechslung. Zwar war das Gleichgewicht der Ernährung stets durch Missernten und Hungersnöte gefährdet, doch war es leicht, sich aus dem nicht bebauten Land Zukost wie Pilze, Kräuter, Beeren, Kastanien, Frösche zu besorgen – die freie Jagd auf Wild wird ab dem 11. Jahrhundert eingeschränkt. 1346 führt die Pestkatastrophe zu einer Reduktion des Ackerbaus, aber im Prinzip ist mehr für den einzelnen da. So gibt es im Spätmittelalter überraschend große Fleischportionen – vor allem das meist zähe Rind war billig: Die Patrizier von Florenz aßen nur zweimal Rind, am Faschingsdienstag und am Tag der Unschuldigen Kindlein, wenn verkehrte Welt gespielt wurde. Die weniger betuchten Menschen des 14. Jahrhunderts dürften im Schnitt besser als die des 19. gespeist haben.

Die Differenzen zwischen Kochbüchern und Alltagsküche belegen aber auch die soziale kulinarische Schere, die sich auftut. «Die Idee einer Parallelität von Essen und Gesellschaft, von einer Hierarchie der Nahrungsmittel und einer Hierarchie der Menschen hatte sich tief in der Kultur und dem Bild der Macht verwur-

Betuchter Kunde kauft feines Weizenbrot bei einem Packesel in Denkmalspose. Tacuinum sanitatis (Mitte 15. Jh.).

zelt.» Im Spätmittelalter diktiert mehr der Stand als die Religion oder Nation den Speisezettel. Ein spöttisches Benimmbuch des 13. Jahrhunderts wie Bonvesin de la Rivas *De quinquaginta curialitatibus ad mensam* («50 Höflichkeiten bei Tische») ist voll von tölpelhaften Bauern, die sich bei feiner Adelskost blamieren (z. B. grober Knoblauch mit edlem himmelsnahem Huhn!). Giacomo Albini, Hofarzt in Savoyen, postuliert im 15. Jahrhundert schlichtweg: «Wer sozial falsch isst, wird krank!»

Ein Fischer fischt unter dem Sternbild der Fische (März). Monatsrelief der Fontana Maggiore in Perugia.

Es herrscht eine Art veröffentlichter Konsens über das Analogieprinzip, wer grob arbeite, solle auch grob essen: «Das nächste mal lass die Finger von Früchten für Leute wie mich und iss die, die dir zukommen, nämlich Rüben, Knoblauch, Lauch, Zwiebeln und Schalotten», wird einem bäuerlicher Pfirsichklauer beschieden, denn die oben an Bäumen wachsenden «himmelnahen» Früchte werden Privileg der Reichen und Gebildeten: *cibus convertitur in substantiam animi* – du bist, was du isst, oder du isst, was du bist? In diesem Zusammenhang gewinnt auch Boccaccios berühmte Falkennovelle eine zusätzliche Dimension. Darin serviert der völlig verarmte Ritter Federigo degli Alberighi seiner Geliebten Monna Giovanna das einzige, was er noch zu Hause hat, seinen Lieblingsfalken – nach dem damaligen Stand der Ernährungstheorie kann es keine edlere Speise geben, denn kein Vogel fliegt höher und ist dem himmlischen Äther näher als der Falke.

Aus der Arbeit, einst Gottes Fluch, zieht vor allem das bürgerliche Nord- und Mittelitalien seine ständische Identität und betont sie immer wieder. So wird der astrologische Rhythmus der Monatsdarstellungen und der zugehörigen Werke fest mit der theologischen Bildsprache verknüpft. Als Kanon sind sie omnipräsent an Kirchenportalen – das Baptisterium von Parma schmückt ein Wurstmacherrelief aus der Schule Antelamis (12. Jahrhundert). Das bekannteste Beispiel ist die Fontana Maggiore in Perugia (1277/78). Nicola und Giovanni Pisano haben auf ihren Reliefs Weinstampfen und Schlachten, Säen und Dreschen als *artes mechanicae* in den göttlichen Heilsplan eingefügt.

Saisonale Kost stand mit Sicherheit am Anfang der menschlichen Ernährung.

Doch im Mittelalter gewinnt die jahreszeitliche Küche, das Ernten, Verarbeiten und Essen der Lebenmittel zur rechten Zeit, eine tiefe theologische, ikonographische und gesellschaftspolitische Verwurzelung, die bis in die Gegenwart die Selbstverständlichkeit der *cucina stagionale* Italiens mitprägt.

TORTA DE FAVE FRESCHE OPTIMA BONA
SAUBOHNENTORTE
NACH ART VON KÖNIG MANFRED

Anonimo Veneziano, 14. Jahrhundert

Torte des Königs Manfred aus frischen Saubohnen. Nimm die Saubohnen und entkerne sie. Dann koch die Kerne in guter Milch. Dann gieße sie ab, dann nimm gekochten Bauchspeck vom Schwein und wiege ihn mit dem Messer, und dann tu die Saubohnen und das Fleisch zusammen, nimm süße und kräftige Gewürze und Safran und tu sie in die Schüssel und füge guten frischen Käse dazu und verknete alles, und dann mach den (Torten)-Teig und tu das Knetgut zum Backen hinein, und dann schichte in der Mitte und oben drauf Scheiben von «süßem» und fettem Käse.

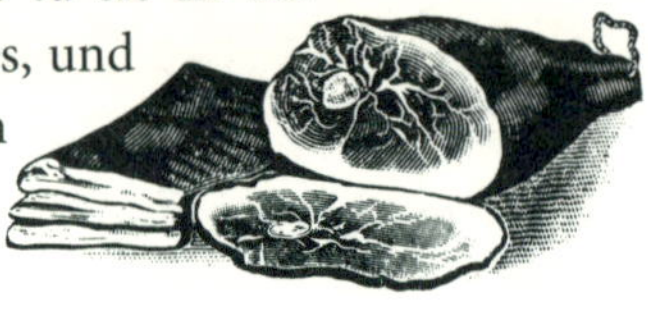

In dem Stauferrezept wird das Prinzip orientalischer Gewürzküche auf süditalienische Saubohnen und relativ teures fettes Schweinefleisch übertragen. «Süße und kräftige Gewürze» – offensichtlich verwendeten viele Köche geheime Mischungen, etwa aus Nelken, Ingwer, Zimt, Muskat und Macisblüte. Süßer Käse steht vermutlich für ungesalzenen Frischkäse.

LIMONIA DE PESCIE
FISCHSUPPE MIT MANDELN

Anonimo Meridionale, 14. Jahrhundert

Um Suppe aus großen Meeresfischen zu machen, wasch den Fisch, schneid ihn und brat ihn mit wenig Öl an. Nimm ganze Mandeln und stampfe sie durch ein Sieb. Lass die Mandelmilch mit den genannten Fischen aufkochen. Misch Gewürze ohne Safran hinein, bevor du es vom Feuer nimmst, und misch Saft von Bitterorange und Zitrone darunter. Diese Speise heißt *limonia de pescie.*

Limonia-Gerichte beziehen sich auf die arabisch-griechische Zubereitung in Zitronensauce – sie sind auch für Hühnerfleisch populär. Kurios ist, dass der süditalienische Autor der italienischen Kochkladde ausgerechnet auf den in der Marseiller Bouillabaisse unersetzlichen Safran verzichtet.

SALAMI & MORTADELLA

Die Wiege der Wurst könnte in der Basilikata stehen. Seit den Tagen des Römischen Reichs weiß dort jeder Dorffleischer zwischen Venosa und Matera, dass das beste *salsiccia*-Rohmaterial, ob zum Braten oder Lufttrocknen, nicht durch den Wolf gedreht wird, sondern mit gewetztem Messer geschnetzelt wird. Der Ruf lukanischer Wurstmacher drang bis nach Venedig, bis in die Levante – *lukanikó* auf griechischen Speisekarten heißt nichts anderes als Bratwurst, und am Rialtomarkt kaufen die letzten Venezianer ihre Kalbsleber nicht beim *macellaio*, sondern beim *luganegher*.

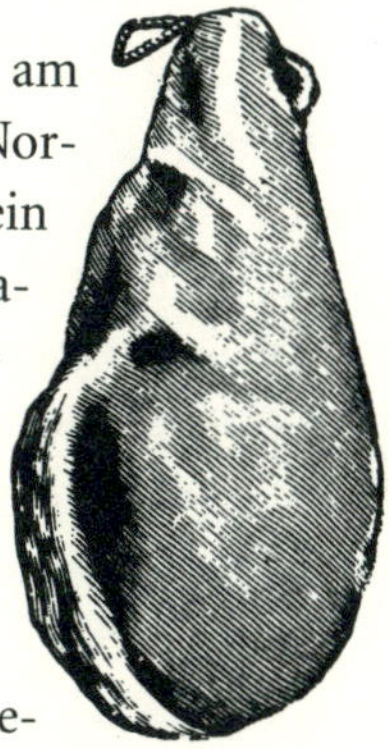

Wurst- und Schinkenmachen ist eine uralte Konservierungsmethode am Schlachttag. Seit dem 12. Jahrhundert zogen die *norcini*, die Einwohner von Norcia, als Sauschneider (Kastrierer) und Wanderschlachter durch die Lande – ein schwarzer Mantel (*tabarro*) gab ihnen ein wildromantisches Aussehen. Das Ladenschild *norcineria* verheißt in ganz Mittelitalien eine gutsortierte Salamitheke. Norcia, die umbrische Heimat des Hl. Benedikt von Nursia, ist ein Schlaraffenland für Liebhaber handwerklich erzeugter, in apenninischer Bergluft getrockneter Fleischwaren. In den nach Trüffeln duftenden *macellerie* hängt der Himmel buchstäblich voller Schinken.

Fast alle italienischen Salamis reifen durch Einsalzen und Lufttrocknung. Lediglich in der feuchten Poebene bettet man Würste in Schweineschmalz ein, während Räuchern nur als Anleihe alpiner Nachbarn üblich ist. Die Technik der Rohwürste wurde ab dem 15. Jahrhundert perfektioniert, vorher war gekochte Ware üblich. 1436 wird erstmals der Begriff *salami* nicht für Salzfisch, sondern Salzfleisch verwendet. Für fürstliche Haushaltungen verfasste Rezeptsammlungen der Renaissance und des Barock weihen die Leser auch in die Wurstmacherkunst ein. Selbst Leberwürste firmieren unter dem Oberbegriff *mortadella* – mit Myrtenbeeren gewürzt oder im *mortaio* gemörsert.

Die Königskarte des Bologneser Tarocks von Mitelli ziert 1712 die Wurstkönigin Mortadella – auch Italiens Ministerpräsident Romano Prodi empfindet lokalpatriotisch seinen Spitznamen Mortadella als Auszeichnung. Die schieren Speckwürfel, mit denen die über 100 kg schwere *mortadella gigante* gespickt ist, wurden einstmals teurer als Schinken bezahlt. 1660 empfahl Vincenzo Tanara ein Drittel Speckanteil.

Die griechisch-orthodoxen Konzilsväter von Florenz zeigten sich 1443 von der Qualität italienischen Schweinefleisches so entzückt, dass sie den Schweinebraten *arista* (das Beste!) tauften. Alte Schweinerassen wie die schwärzliche, nur 80 Kilogramm wiegende *cinta senese* (Sieneser Schwarzgürtelschwein), die bereits auf den Fresken im Palazzo Pubblico herumtrottet,

liefern die Grundlage für teure Weltklassewurstwaren. Fast jede Salami schmückt sich mit dem Etikett *puro suino* (reines Schweinefleisch). Das rührt daher, dass in Süditalien Schweinefleisch selten und relativ teuer ist, es erinnert aber auch an die streng schmeckende Eselswurst der armen Leute. Da Arbeitsesel aus der Apenninenhalbinsel verschwunden sind, ist Eselssalami zur raren Delikatesse mutiert, die fast nur noch im Trentino erzeugt wird. Toskanische Wildwürste haben den Sprung auf die Weltmärkte geschafft, während jüdisch-venezianische Gänsesalami oder lombardische Pferdebratwurst lokale Raritäten bleiben.

Den potentiellen Volkszorn «beruhigende» Höchstpreistabellen (*calmieri*) dokumentieren, dass auch pfeffergewürzte fette Salami weit teurer als oft zu trockener Schinken war – auf Stilleben wird sie schräg angeschnitten als Pretiose inszeniert. Erst als der Pfefferpreis im 19. Jahrhundert sinkt, wird Salami erschwinglich – die fenchelgewürzte *soppressata* des Veneto behalf sich mit einem Ersatzgewürz. Edelste Salami reift in den Trockenhallen von Felino bei Parma. Neben der halbindustriellen Produktion vom Typ Salame Napoli, Salame Milano und der von Casanova gepriesenen pikanten Salame Calabrese hält sich in den meisten Bergregionen eine handwerkliche Salamiherstellung.

DIE EHRBARE LUST – DER KOCH UND SEIN HUMANIST

Trattoria dell'Alba, ein unscheinbarer Bau an der Ausfallsstraße von Piadena, einem verschlafenen lombardischen Landstädtchen zwischen den Flüssen Po und Oglio. Ein Schankraum, der so aussieht, als ob hier Don Camillo und Peppone Stammgäste wären. Aber jede Menge gerahmte Auszeichnungen an den Wänden – einmütig überschwängliches Lob von den großen Guides.

Höhepunkt einer Humanistenkarriere: Sixtus IV. bestellt Platina (ganz l.) zum päpstlichen Bibliothekar. Fresko Melozzo da Forlìs (1475).

Die Speisekarte wird mündlich vorgetragen, und jedes Mal ist mindestens ein Gericht vom berühmtesten Sohn der Stadt dabei: Bartolomeo Sacchi, in schwungvollem Humanistenlatein Platina getauft, veröffentlichte 1474 mit *De honesta voluptate* («Von der eerlichen, zimlichen, auch erlaubten Wollust des Leibs», Augsburg 1542) das erste gedruckte Kochbuch Italiens.

Schon der Titel war Provokation und Programm. Denn Platina, der als Bibliothekar am Papsthof wirkte, zielte damit bewusst gegen die mittelalterliche Verdammung der Völlerei. Stattdessen wappnet er sich mit den Autoritäten Apicius, Cato, Varro, Plinius, aber auch mittelalterlichen Ernährungsbüchern wie den 1471 gedruckten *Ruralia commoda* Pier de Crescenzis und Arnaldo da Villanuova, um «jene heilsame Methode der Ernährung, die die Griechen Dieta nannten», zu propagieren. Für Platinas ganzheitlich-aristotelische Säftelehre hat Essen die Funktion, die Harmonie des Körpers permanent wiederherzustellen und Mängel auszugleichen: z. B. jahreszeitliche Kost – im Winter viel heißes Kochfleisch, Brot, wenige Gemüse, im Frühjahr mäßig Fleisch und viel Gemüse, im Frühsommer

Wer ist so töricht, nicht nach dem Vergnügen des Geistes und des Körpers durch maßvolles Essen zu streben?
PLATINA, *DE HONESTA VOLUPTATE*

Kaltes, im Spätsommer Pikantes. Im übrigen plaudert er in seiner Wellnesstheorie auch über Betten, Häuser und Sex, der nachts gesünder als tagsüber sei.

Der Humanist, dem man heidnische Neigungen und verbotenes Fastenbrechen nachsagte und der wegen einer arbeitsrechtlichen Affäre kurzfristig im Kerker saß, legt Wert darauf, altrömische Bescheidenheit zu betonen. Inspirationsquelle und geistige Heimat ist dabei die Accademia Pomponiana, eine Tafelrunde, die laut Selbstaussage Reichenkost wie Pfauen zugunsten von Zwiebeln und Knoblauch verschmähte – schon Leon Battista Alberti spricht sich in den *Libri della famiglia* (1432–34) gegen *cibi elettissimi* wie Pfauen, Kapaune und Rebhühner aus und plädiert für *mensa cittadinesca* (bürgerliche Küche).

Überhaupt spielt «pythagoräische» Gemüsekost bei Platina eine wichtige Rolle. Ein ideales Abendessen (wie heute die wichtigste Mahlzeit!) sieht vor:

1. Gang: Äpfel, Birnen, Salat, gekochtes oder rohes Genüse (Gemüseantipasti).
2. Gang: Suppen, Fleisch mit Saucen, Torten, Fritelle, Eier.
3. Gang: Mandeln, Nüsse, Kastanien, Granatapfel, abgelagerte Käse.

Quem coquum, dii immortales, Martino meo Comensi conferes? – Welchen Koch, oh unsterbliche Götter, könntest Du mit meinem Martino aus Como vergleichen – so stellt Platina den Mann vor, auf den praktisch alle seine Rezepte zurückgehen. Martino di Rossi (de Rubeis) stammte wahrscheinlich aus dem Blenio-Tal im Tessin und verfasste um 1450 für Lodovico Trevisan (1401–65), den prachtliebenden Patriarchen von Aquileja und Camerlengo des Heiligen Stuhls, ein italienisches Kochbuch (*Libro de arte coquinaria*), das in drei verschiedenen Manuskripten erhalten ist. Auch wenn er reichlich aus dem mittelalterlichen Rezeptfundus schöpft, so tut sich doch ein neuer, selbstbewusst-individueller Zugang zur Küche auf. Martino da Como ist der erste moderne Koch, dessen Rezepte man wirklich lesen kann, der eine in sechs Kapitel geordnete Kochlehre präsentiert, statt brav Anweisungen in einem Manual zu notieren.

Es lohnt sich, sein bahnbrechendes Kochbuch detailliert zu besprechen:

Noblen Fleischspeisen gilt das erste Kapitel. Dabei wird die Frage Braten oder Kochen gestellt und die zum Produkt passende Technik erläutert (z. B. Abschäumen der Brühe). Rind und Kalb, schwer zu kon-

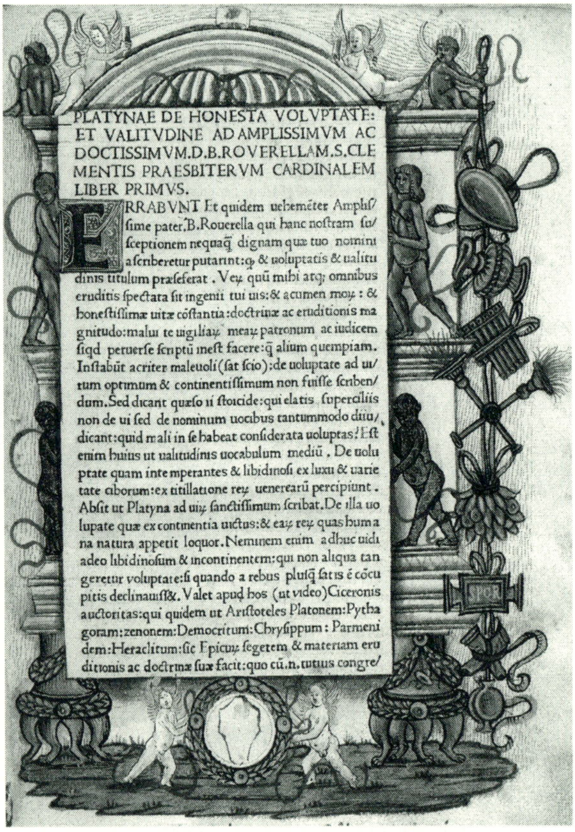

PLATYNAE DE HONESTA VOLVPTATE: ET VALITVDINE AD AMPLISSIMVM AC DOCTISSIMVM.D.B.ROVERELLAM.S.CLEMENTIS PRAESBITERVM CARDINALEM LIBER PRIMVS.

ERRABVNT Et quidem uehemēter Ampliſſime pater.B.Rouerella qui hanc noſtram ſuſceptionem nequaq̄ dignam quæ tuo nomini aſcriberetur putarint:q̄ & uoluptatis & ualitudinis titulum præſeferat. Ve⁊ quū mihi atq; omnibus eruditis ſpectata ſit ingenii tui uis:& acumen mo⁊:& honeſtiſſimæ uitæ cōſtantia:doctrinæ ac eruditionis magnitudo:malui te uigilia⁊ mea⁊ patronum ac iudicem ſiqd peruerſe ſcriptū ineſt facere:q̄ alium quempiam. Inſtabūt acriter maleuoli (ſat ſcio):de uoluptate ad uitum optimum & continentiſſimum non fuiſſe ſcribendum. Sed dicant quæſo ii ſtoicide:qui elatis ſuperciliis non de ui ſed de nominum uocibus tantummodo diiudicant:quid mali in ſe habeat conſiderata uoluptas? Eſt enim huius ut ualitudinis uocabulum mediū. De uoluptate quam intemperantes & libidinoſi ex luxu & uarietate ciborum:ex titillatione re⁊ uenerearū percipiunt. Abſit ut Platyna ad ui⁊ ſanctiſſimum ſcribat. De illa uolupate quæ ex continentia uictus:& ea⁊ re⁊ quas humana natura appetit loquor. Neminem enim adhuc uidi adeo libidinoſum & incontinentem:qui non aliqua tangeretur voluptate:ſi quando a rebus pluſq̄ ſatis ē cōcupitis declinauiſſ&. Valet apud hos (ut video) Ciceronis auctoritas:qui quidem ut Ariſtoteles Platonem:Pythagoram:zenonem:Democritum:Chryſippum:Parmenidem:Heraclitum:ſic Epicu⁊ ſegetem & materiam eruditionis ac doctrinæ ſuæ facit:quo cū.n.tutius congre/

Das erste gedruckte Kochbuch der Welt: illuminiertes Frontispiz von Platinas De honesta voluptate (1474).

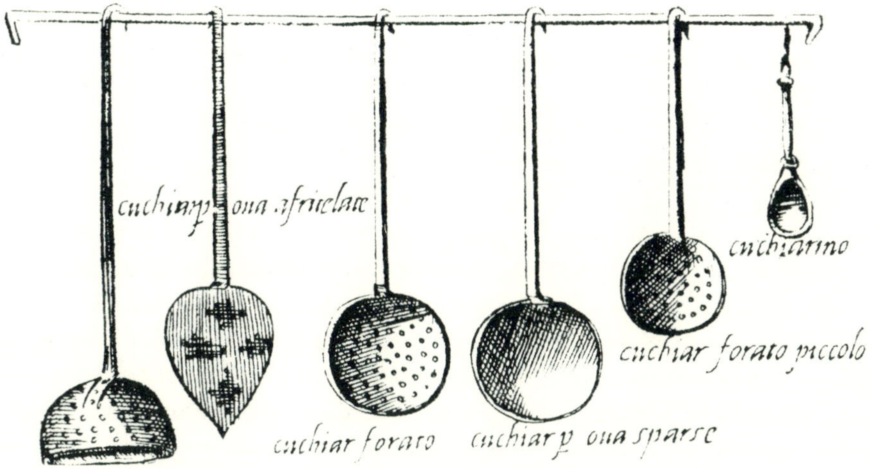

Systematik in der Renaissance-Küche. Ein Set handgeschmiedeter Kochutensilien ist eine Frage des Prestiges: Bratschieber, großer und kleiner Lochlöffel, Rühreierlöffel und «Kaffeelöffel».

servieren, werden wenig geschätzt: Da praktisch nur zähe Arbeitsrinder geschlachtet werden, wird nur Kochen angeraten.

Carne de porco non è sana in nullo modo – Schweineleisch ist in keiner Zubereitung gesund, konstatiert Martino in salernitanischer Tradition, lässt aber Pökelfleisch zu. Stattdessen empfiehlt er Hahnenkämme und Hühnerleber, die bis heute Ragouts wie die piemontesische *finanziera* und den seltenen toskanischen *cibreo* bereichern. Zicklein wird in einem interessanten Rezept mit Safran, Essig und Knoblauch angemacht. Martinos hochadlige Auftraggeber liebten die Jagd: Er bereitete Wildschwein als *peverata* (Pfefferfleisch mit Rosinen, Rotwein, Most, in Essig getunktem Brot, Nelken, Zimt und Wildblut) oder mariniertes *civiero* zu – zu den Vorzeigegerichten heutiger toskanischer Trattorien gehört ein ganz ähnlich gesimmertes *cinghiale in dolceforte*. Bär hingegen schmecke am besten in Pasteten!

Beim Geflügel, dem edelsten Fleisch, erweist sich Martino als Virtuose. Er zaubert zwei Tauben aus einer (gefüllte Haut), richtet den scheinbar lebenden Pfau in einem Trionfo an und legt paniertes Geflügel wie heute *alla palermitana* auf den Rost. Sein Brathuhn mit Zukker, Zimt, Pomeranzensaft und Rosenwasser dürfte Pate für *canard à l'orange* oder *orange duck* gestanden haben.

Das zweite Kapitel umfasst «alle Arten von Speisen». Auffallend viele Nudelrezepte lassen (neben katalanischen Gerichten wie Ziegenmilchcreme) einen Aufenthalt in Neapel vermuten. Jedenfalls wird die meiste Pasta nicht mehr frittiert, sondern *per spazio de duy paternostri* (für den Zeitraum zweier Vaterunser) in Fleischbrühe gekocht, so z. B. *vermicelli* oder mit Mangold und Parmesan gefüllte Ravioli. Mit Rosenwasser aromatisierte *macheroni ciciliani* ziehen zwei Stunden! Aber auch Schlichteres wie frittierter Kürbis mit Fenchelblüten, Knoblauch und Safran oder eine Kräutersuppe mit Mangold, Borretsch, Minze und Petersilie steht auf dem Küchenzettel. Eine wunderbar einfache Petersilwurzelsuppe (mit Fleischbrühe, Pfeffer und Safran) kontrastiert mit einer gezuckerten Hanfsuppe in Hühnerbrühe. Mühselig mit

Mandeln gefüllte Saubohnen erinnern an den Persertrick, die Kerne in Aprikosen durch Mandeln zu ersetzen. Wie jede italienische Hausfrau bereitet Martino in der Pfanne *soffritto* aus Öl und Zwiebeln zu, das er mit Safran und Essig würzt und mit frischer Petersilie überstreut, und er kreiert das erste Erbsen-Schinkengericht der Weltgeschichte.

Das 3. Kapitel ist den *sapori* gewidmet. Moderne Saucen aus Bratenfond werden erst ab dem 17. Jahrhundert durch die französische Küche populär, hier geht es eher um parfümierte chutneyartige Beigaben, die mit Phantasienamen wie *sapor celeste d'estate* (himmlisches Sommeraroma) oder *fior de persico e de ginestra* (Pfirsich-Ginsterblüte) getauft werden. Basis ist oft Wein, Essig und Granatapfelsaft, dazu kommen zerstoßene Weinblätter, Brösel, Mandeln, Senfpulver und Gewürze. Gerade bei den *sapori* tut sich eine hochkreative, der Antike verhaftete Aromenküche auf, die in den Gegensätzen der Geschmäcker brilliert. Auch im 21. Jahrhundert sind die Kräuteressigsauce *salsa verde*, die Knoblauchrouille *agliata*, die Martino *all'araba* mit Mandeln zubereitet, und Senffrüchte (*mostarda*) populär.

Einfallsreiche Fastenkost (*magro*) füllt das vierte Kapitel: Torten mit Kastanien, Dinkel, Kichererbsen, Rüben, Birnen und Krabben, *caso in patellecte* (eine Art Fondue). Für raffinierten Fastenluxus steht Datteltorte mit Mandeln oder Aalpastete. Eine Trouvaille ist Martinos spätmittelalterlicher Butterersatz aus Mandeln oder Hanfsamenöl, lange bevor 1872 Henri Mèges-Mouriès die Margarine erfand.

Obst und Chianti für die Wöchnerin Elisabeth. Fresko Ghirlandaios in S. Maria Novella in Florenz (um 1490).

Im 5. Kapitel empfiehlt der Patriarchenkoch Holunderblütenfritelle mit Käse, aber auch Mandel-Hühnerbrustklopse mit Rosenwasser – dabei sorgsam Schmalz oder Öl je nach Fastenzeit als Bratfett alternierend. Verlorene Eier verfeinert er mit Orangensaft und Reibekäse, Rätsel geben die Eier am (filigranen?) Bratspieß auf. Heute werden seine mit Rosinen und Gewürzen gestopften Dörrfeigen im südumbrischen Amelia als Souvenir verkauft.

Fische sind als Kardinalskost eminent wichtig. Das abschließende 6. Kapitel beschreibt Süßwasserfische wie Neunauge und Stör, der offensichtlich in Norditalien so häufig war, dass Martino derbe Kaviaromeletts mit Zwiebeln oder am offenen Feuer gerösteten Störrogen empfiehlt. Ganz modern wirkt Hecht auf drei Arten: gekocht, gebraten und frittiert. Wie die Venezianer schätzt er Calamari mit schwarzer

Sauce und prunkt zum Abschluss mit dreifarbiger Gelatine und *pastelli volativi*, wo *all'antica* Singvögel aus der Pastete flattern. Ein ähnliches Kabarettstückchen ist der nur einmal erwähnte lebende Fisch, der in einer Karaffe zwischen Aspikschichten eingeschlossen wird. Genau diese überkandidelten Rezepte wird Platina übrigens als unklassisch auslassen.

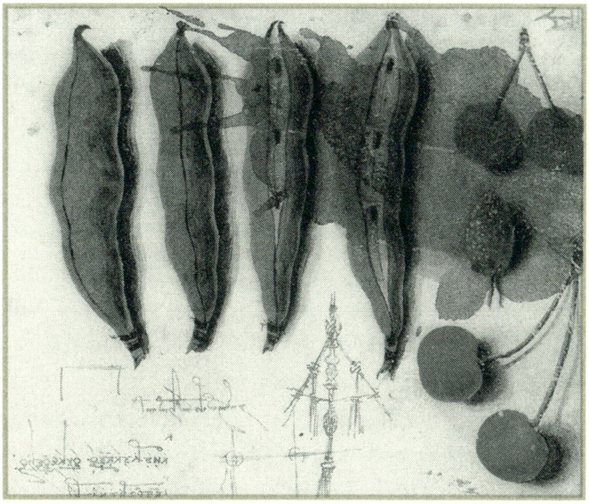

Leonardo da Vinci als Früchtemaler: Erbsschoten, Kirschen und eine wilde Erdbeere (ca. 1487–89).

Martino basiert auf einem Sockel spätmittelalterlicher Gerichte, aber er erweitert, verschlankt, ja italianisiert sensibel die affektierte internationale Küche des Trecento: «Martinos Rezepte und Verfahren stellen tatsächlich den beginnenden Bruch mit der gemeineuropäischen Tradition mittelalterlicher Küche dar.» Erkennbar ist das an seiner italienischen Terminologie, die weitgehend auf exotische Namen verzichtet und stattdessen Trends aus ganz Italien überblickt: Damit setzt die nationale Ausdifferenzierung der Küchen ein.

Aus Martinos alpiner Heimat stammen Milchreis und gepökelte Forellen, Pilze tauchen ebenso auf wie Artischocken und Spargel, die Modegemüse der italienischen Renaissance. Zunehmend ersetzen einheimische Kräuter wie Rosmarin, Lorbeer, Petersilie, Minze die fast unerschwinglichen Gewürze – die Eroberung Konstantinopels 1453 durch die Türken versetzte dem venezianischen Gewürzhandel einen schweren Schlag: «Die Italiener waren die ersten, die aus dem mittelalterlichen Morast von Soßen und Gewürzen auftauchten.» Stattdessen macht Martino aus der Not eine Tugend und arbeitet lieber den Eigengeschmack der Speisen heraus. Pietro Aretino hat die Rückkehr zur neuen Natürlichkeit mit seinem Bonmot eingefangen: «Nicht kitzeln den Appetit die bianchi mangiari oder die Wachteln mit Zucker und Rosenwasser, aber die Koteletts und die Bratwürste sehr wohl!»

Das Modearoma des Quattrocento (15. Jahrhundert) bleibt Zucker, der in den Rezeptbüchern den billigeren Honig ablöst. Nudeln, Schinken und Fleischspeisen werden mit einer Selbstverständlichkeit gesüßt, mit der man heute salzt: «Keine Speise, der man Zucker beifügt, ist ungewürzt», doziert Platina. Heute erschließen süße Mantuaner Kürbistortelli vergleichbare Geschmacksnuancen. Doch trotz seiner vielen Agrodolce-Rezepte mit Most, Zukker und Mandeln kommt Martino langsam weg vom Übersüßen.

Innovativ ist Martinos didaktisch-empirischer Ansatz: Er begnügt sich nicht damit, die Zutaten in den Topf zu schütten, sondern studiert vorher ihre Natur, Kocheigenschaften und Verträglichkeit. Der Tessiner gibt erste Tipps zu Dosierung und Kochzeit, die ältere Autoren gern als professionelles Geheimwissen verbargen. Und er nimmt sich die Freiheit, augenzwinkernd zu scherzen: «Wenn's Gelb aussehen soll, kannst du Safran hinzufügen.» Nicht mehr um Generationen weitergegebenes Handzettelwissen, sondern ein eigenständiges, logisches, behutsam kreatives System der Kochkunst macht Martino da Como zum Protagonisten moderner Kochbücher: «Die *Kunst des Kochens* ist für die Renaissance, was Auguste Escoffiers *Le guide culinaire* für die gegenwärtige französische Küche ist.»

Mit Martino tauchen Italiens Köche zum erstenmal aus der Anonymität ihres meist niederen Standes auf. Nicht nur enger, ja lebenswichtiger Kontakt (Köche können Fürsten vergiften!) zu den Mächtigen hebt sie aus der Zahl der Domestiken heraus, auch ein neues «intellektuelles» Selbstwertgefühl, die «neue Sensibilität des Renaissancemenschen». Wenn Martino gebratene Vögel arrangiert, als lebten sie noch, so tritt er damit in einen Dialog mit der zeitgenössischen Kunst, die – wie z. B. Raffaels Grabinschrift zeigt – *imitatio naturae*, die Nachahmung der Natur über alles schätzte.

«Existiert auf dem gastronomischen Sektor eine Wiederentdeckung der Antike, die vergleichbar ist mit der, die die Literaten auf allen Gebieten des humanistischen Wissens betreiben?» fragt Alberto Capatti. Interessant ist, dass in der Küche die Antikenverehrung nicht so ausgeprägt ist wie in Kunst und Literatur. Platina beruft sich auf Martino, nicht auf Apicius – den *paragone* (Wettstreit) der Küchen gewinnt die Gegenwart: «Auch wenn uns die Alten in fast allen Diziplinen übertroffen haben, so sind doch in Fragen des Geschmacks wir heute unübertrefflich», postuliert Platina voller Stolz. Der erste 1455 von dem Humanisten Enoch von Ascoli in Fulda wiederentdeckte Apicius-Text schlug nicht wirklich ein und wurde teilweise missverstanden. So macht Platina aus der Fischwürze *liquamen* Schweineschmalz! Und als der sizilianische Gelehrte Antonio Beccadelli seinen Kollegen Giovanni Aurispa um den Text bittet, warnt der, zu viel zu erwarten – sein eigener Koch sei weit besser als Apicius!

Martino und Platina waren das Team, das die öffentliche Wahrnehmung von Essen und Rezepten grundlegend änderte. Die Nobilitierung der Kochkunst durch den wissenschaftlichen Überbau eines medizinisch-philosophischen Traktats und die Verwendung des gelehrten Latein war Platinas Leistung, die handwerkliche Intelligenz hingegen diejenige des «Principe der Köche seiner Zeit.» Kochtraktate werden zu einem beliebten Sujet des noch jungen Buchdrucks. Plagiate wie Giovanne de Rossellis *Opera nova chiamata Epulario* (Venedig 1516) bedienen sich aus Martinos Rezeptschatz – originell sind im *Epulario* eigentlich nur die griechischen Gewichtsangaben (*dragme*) zu den Gewürzen. Martinos Urtext hingegen wird erst im 19. Jahrhundert gedruckt werden.

Nun bemächtigt sich auch die Renaissanceliteratur des Modethemas Essen. Drei wichtige Autoren seien abschließend herausgegriffen:

Der Mantuaner Benediktinermönch Teofilo Folengo alias Merlin Cocai (1491–1544) gilt als Erfinder der sog. Makkaroni-Dichtung: «Diese poetische Kunst heißt Ars Macaronica, das kommt von den Macaroni, denn Macaroni sind ein aus Mehl, Käse und Butter gemischter Brei, grob und bäuerlich» (offensichtlich glichen sie eher Gnocchi). Seine Nonsensedichtung oszilliert bewusst anarchisch zwischen den Stilebenen *genus humile* und *nobile*, vermischt lateinische und italienische Brocken zu lustigem Küchenlatein – doch ermöglicht gerade der Deckmantel des Küchennarren virtuos verdeckte Zeit- und Religionskritik. In seiner komischen Dichtung *Baldus* findet sich auch ein Rezept für Nektar, den Trank der Götter!

Eine manierierte Kuriosität ist Ortensio Landos *Commentario delle piu notabili & mostruose cose d'Italia & altri luoghi di lingua Aramea in Italiano tradotto Con un breve catalogo de*

Die Obsthändlerin. Vincenzo Campi hat sein Marktfrauenporträt zu einer eleganten Allegorie auf den Reichtum der Natur erweitert. Kirchheim, Sammlung Fugger (1580).

gli inventori delle cose che si mangiano & beveno, novamente ritrovato («Kommentar der merkwürdigsten und abstrusesten Dinge Italiens und anderer Orte, aus dem Aramäischen ins Italienische übersetzt mit einem kurzen Katalog der Erfinder der Dinge, die man isst oder trinkt, kürzlich wiederaufgefunden», Venedig 1533). Der Autor bedient mit diesem Werk, das er fälschlich als Übersetzung ausgibt, zwei rhetorische Genera: Die panegyrische Aufzählung der Wunder, wie sie bei Pilgerberichten über die Heilige Stadt üblich war (*mirabilia urbis Romae*), wird nun mit ironischem Unterton auf ein vulgäres Thema übertragen, auf die Speisen Italiens. Die antike Stilfigur vom *primus inventor* (erster Erfinder) inspiriert Lando zu der Fleißaufgabe, endlose Listen mit fiktiven ägyptischen, antiken und mittelalterlichen Personen zu dichten: So erfanden Phantasiegeschöpfe wie Cocolina aus Lucca das Melonenessen und Meluzza aus Como di Lasagne.

Eine spannende Ergänzung zu Platinas Thesen ist hingegen die makrobiotische Abhandlung *De vita longa* (1489, Erstdruck 1503) des Neuplatonikers Marsilio Ficino. Ihm verdanken wir die durchdachteste Ernährungsdoktrin der Renaissance: Gemüse und Obst seien gekocht und mit Brot bekömmlicher, Fleisch, täglich genossen, verursache Fäulnis, hingegen sei Mandelöl, weißer Zucker und Rosenwasser ideal, um das Blut olivenölgleich zu schmieren. Gepökeltes Schweinefleisch mit Nelken ist nur gut für hart arbeitende Leute mit «schweineähnlichen Körpern» (schon Avicenna hatte eine Analogie zwischen Schweine- und Menschenblut konstatiert). Esoterische Gesundheitstipps streben kosmologische Verschmelzung mit dem Rhythmus der Schöpfung an: Kein Schlaf noch Beischlaf sofort nach dem Essen, stattdessen «Bewegung des Körpers, so kontinuierlich, so moderat und so abwechslungsreich wie die Bewegung der himmlischen Gestirne, der Luft, des Feuers und des Wassers». Bis heute gilt Ficinos Credo: «Alle Tiere müssen mit reinen und ausgewählten Lebensmitteln ernährt werden, bevor wir sie essen!»

PER FARE UNA VENTRESCA DI VITELLO PIENA
GEFÜLLTE KALBSBRUST

Maestro Martino, um 1450

Nimm die Kalbsbrust und schneide an der Seite eine Tasche hinein, so groß, dass man die Füllung hineingeben kann, die aus den nachfolgend beschriebenen Zutaten bestehen muss, nämlich aus etwas gut abgelagertem Hartkäse, Safran, Rosinen, etwas Petersilie, Majoran und gut gewiegter Minze, und mische alle diese Zutaten zusammen, dann füll sie in die Kalbsbrust und lass sie gar kochen.

Das Rezept ist bis heute als ligurische *cima alla genovese* (auch kalt gegessen) oder *punta di vitello ripiena* in der Emilia beliebt. Typisch für die Frührenaissance ist die Zugabe von Safran und süßen Rosinen zu Fleisch. Natürlich kann die Kalbsbrust auch im Ofen gebacken werden.

REIS & RISOTTO

Schon der botanisierende Philosoph Theophrast beschreibt um 300 v. Chr. die zuerst in China domestizierte Pflanze *oryza sativa*, doch wurde das teure Produkt in der Antike aus Persien und Indien importiert. Man verwendete die gemahlenen Körner meist für Salben oder als extravagantes Saucenbindemittel.

Mit den Arabern gelangte Reis über Syrien und Ägypten in den Mittelmeerraum: Italiens längst aufgegebene erste Reisfelder blühten auf Sizilien. Im 13. Jahrhundert erwähnen norditalienische Dokumente *riso*, der wahrscheinlich in Klostergärten kultiviert wurde, als Krankenkost, Süßspeise und Schminke.

Als Promoter des Reisanbaus gilt Gian Galeazzo Sforza: 1475 schenkte der Herr von Mailand dem Herzog von Ferrara Reiskörner mit dem Hinweis, dass sie den zwölffachen Ertrag des Ernteeinsatzes brächten, doppelt so viel wie damaliges Getreide.

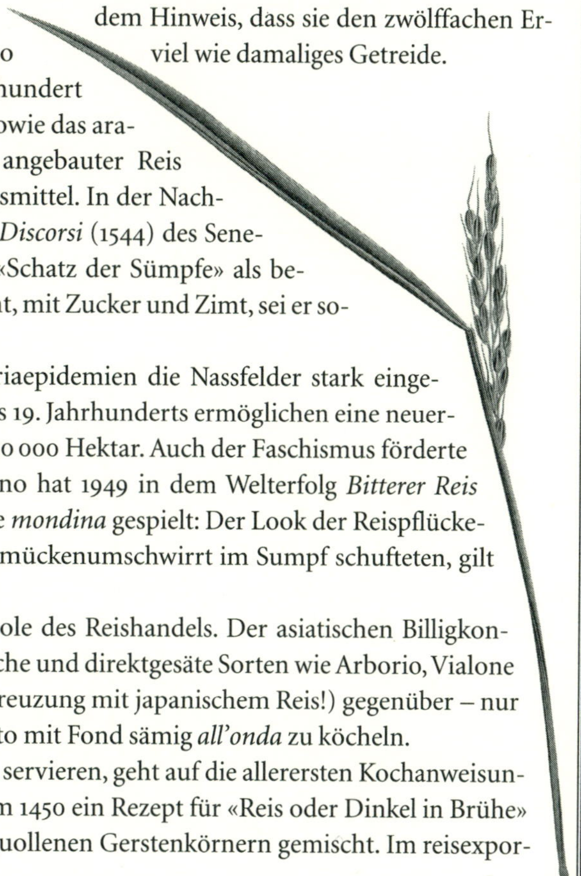

Der Boom der *risaie* erfasst im 16. Jahrhundert die Poebene vom Piemont bis ins Veneto sowie das aragonesische Kampanien. In Monokultur angebauter Reis entwickelt sich ab 1550 zum Volksnahrungsmittel. In der Nachfolge Galens empfehlen Bestseller wie die *Discorsi* (1544) des Senesers Pier Andrea Mattioli (1500–77) den «Schatz der Sümpfe» als bekömmlich und kräftigend. In Milch gekocht, mit Zucker und Zimt, sei er sogar ein Aphrodisiakum.

Im 17. Jahrhundert werden nach Malariaepidemien die Nassfelder stark eingeschränkt, erst die Bewässerungssysteme des 19. Jahrhunderts ermöglichen eine neuerliche Steigerung der Anbaufläche auf ca. 250 000 Hektar. Auch der Faschismus förderte die nationale Produktion. Silvana Mangano hat 1949 in dem Welterfolg *Bitterer Reis* (oder *Bitteres Lachen*?) höchst erotisch eine *mondina* gespielt: Der Look der Reispflückerinnen, die mit hochgekrempelten Shorts mückenumschwirrt im Sumpf schufteten, gilt z. Z. als letzter Modeschrei.

Das piemontesische Vercelli ist Metropole des Reishandels. Der asiatischen Billigkonkurrenz stellt man hochwertige, proteinreiche und direktgesäte Sorten wie Arborio, Vialone Nano oder Carnaroli (seit 1937 bzw. 1945 Kreuzung mit japanischem Reis!) gegenüber – nur sie enthalten genug Stärke, um einen Risotto mit Fond sämig *all'onda* zu kÖcheln.

Die italienische Methode, Reis feucht zu servieren, geht auf die allerersten Kochanweisungen zurück. So liefert Martino da Como um 1450 ein Rezept für «Reis oder Dinkel in Brühe» – bis nach 1600 wird Risotto meist mit gequollenen Gerstenkörnern gemischt. Im reisexportierenden Venedig zelebrieren die Dogen am Markustag (25. April) *risi e bisi* – Risotto mit jungen Lagunenerbsen (im Idealfall eine Erbse pro Reiskorn!) und frischgeernteten weißen Zwiebeln. Die Mailänder Dombauhütte stärkte sich hingegen an mit Mark geköcheltem Risotto, den ein abruzzesischer Zimmermann mit Safranfäden aus seiner Heimat «golden getauft» haben soll, wie es der Romancier Carlo Emilio Gadda (1893–1973) formuliert – so partizipierten auch die Steinmetzen und Zimmerleute an der spätgotischen Gewürzmode. Renaissancefürsten ließen das Safrangericht überdies mit Goldfolie überziehen.

Es geht auch schlichter: Vorarbeiter-Risotto *alla pilota* (mit Wurstbrät) oder – fast verschwunden – Risotto mit Fröschen aus den nassen Reisfeldern.

Sizilianische *arancine* sind keine Zwergorangen, sondern panierte Reisbälle mit Erbsen-Hackfleischfüllung. Sie stehen ebenso wie *supplì al telefono*, Reisfritten mit Käsefüllung, die sich wie eine Telefonschnur zieht, für Qualitätsfastfood des Mezzogiorno.

Daneben hält sich vor allem im Veneto die mittelalterliche Tradition süßer Reispuddings (*budini diplomatici*) und Reistorten.

CATERINAS GABEL – TISCHSITTEN DER RENAISSANCE

Als Schlüsselereignis in der Entwicklung europäischer Kochkunst gilt die Hochzeit, die die vierzehnjährige Caterina de' Medici, Tochter des Herzogs Lorenzo II. von Urbino und Nichte Papst Clemens VII., 1533 mit dem gleichaltrigen späteren französischen König Henri II. in Florenz feiert. Zu diesem Anlass ließen die steinreichen, aber erst vor wenigen Jahrzehnten in den Adel aufgestiegenen Medici alles auffahren, was die verfeinerte italienische Renaissanceküche zu bieten hatte.

Besonders ein Utensil fesselte damals die Aufmerksamkeit der französischen Gesandtschaft – die Gabel Caterinas. Schon ein halbes Jahrtausend früher hatte die byzantinische Prinzessin Theodora, die den Dogen Domenico Selvo (1071–84) heiratete, mit ihrer goldenen Gabel (venezianisch *piron*) die Gemüter erregt, denn man hielt die Miniaturausgabe des Poseidon- bzw. Shiva-Dreizacks schlichtweg für eine Teufelsforke. Doch bald setzte sich die manierierte Hofmode aus Konstantinopel in Venedig durch: «Diese Seigneurs nehmen, wenn sie essen wollen, das Fleisch mit einer silbernen Gabel auf», notiert der französische Seidenhändler Jacques de la Saige 1518 über ein Dogen-Bankett. Aber auch toskanische Novellen des 14. Jahrhunderts erwähnen schon die Gabel zum Nudelwickeln. In der Antike hatte übrigens nur einer eine Gabel, der *scissor* (Aufschneider) – da die Speisen wie heute in Italien eher lauwarm serviert wurden, konnte man sie leicht mit den Fingern aufnehmen, ohne sich zu verbrennen.

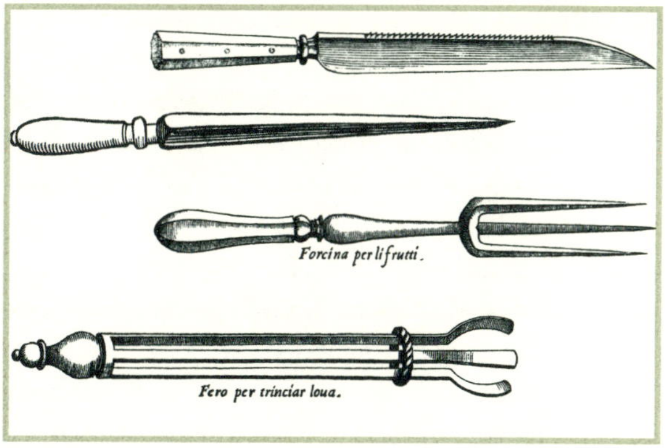

Tranchiergerät: Messer, Tischspieß, Obstgabel und Eierschneider. Vincenzo Cervio (1581).

Tatsache ist, dass Caterina nicht nur den Damensattel in Frankreich einführte, sondern einen gastronomischen Hofstaat mit nach Paris nahm. Wir kennen die Namen des sizilianischen Eismachers Buentalentis wie des ligurischen Zuckerbäckers Piero da

Vor jene Personen, denen eine besondere Ehre erwiesen werden soll, stellen sie große silberne Platten. Darüber liegen eine vierfach gefaltete Serviette, Brot, Messer, Löffel und Gabel.

MICHEL DE MONTAIGNE,
JOURNAL DU VOYAGE EN ITALIE, 1580/81

Kochhistorisches Denkmal. Die monumentale Renaissance-Küche der Kartause von Padula (Salerno).

Recco, der Sommeliers Arnolfo della Stufa und Luigi Montecuccoli (der später enthauptet wurde, weil er den Dauphin vergiftet haben soll). Caterina, die schon als kleines Mädchen in Klosterobhut die Spezereien kennengelernt hatte, liebte es, persönlich das Kochen zu überwachen. So hat die *Reine*, die über 120 Kilogramm wog, als sie 1589 starb, die Speisegewohnheiten des französischen Hofs entscheidend geprägt. Sie schätzte toskanische Speisen wie *carabaccia* (Zwiebelsuppe), *crostini di Caterina*, *zuppa di Caterina*, Kressesalat, Backgemüse (*fritto*), ließ gegarte Artischocken, Brokkoli oder Wirsing auf einem Sockel von olivenölgetränktem Brot servieren. Die adlige Leidenschaft der Pomeranzenzucht (die Medici in Florenz beschäftigten später mit Bartolomeo Bimbi einen eigenen Agrumenmaler) führte sie in der Provence ein – lieferte der Arzt und Wahrsager Nostradamus, den sie in Salon-de-Provence aufsuchte, dazu Kandierrezepturen?

Lange tobte eine Querelle, ob die französische Kochkunst eigentlich aus Italien stamme – auch in Architektur und Malerei stand ja das 16. Jahrhundert Frankreichs im Banne Italiens. Caterinas Sohn Henri III. (1551–89) betonte jedenfalls bei seinem Venedigbesuch seine italienischen Tischsitten: Löffel für Erdbeeren, Obst mit Gabel aufgespiest, Teller nicht mit Hand berühren! Die literarische Übersetzerin Alice Vollenweider unterstreicht den «bedeutenden Einfluss, den die verfeinerte, von der mittelalterlichen Tradition emanzipierte italienische Kochkunst nach Frankreich ausstrahlte und der in einer großen Zahl von Lehnwörtern seinen sprachlichen Niederschlag fand.» Ein paar Beispiele: *artichaut*, *bergamotte*, *brocoli*, *cervelas* (Zervelatwurst), *chou de Milan* (Wirsing), *fenouil de Florence* (Fenchel) – bis heute bedeutet *à la florentine* mit Spinat.

Doch trotz der Zwiebelsuppe und getrüffelten Lammnüsschen *Médicis* – die Neuerungen Caterinas scheinen nicht sofort Anklang gefunden zu haben. Montaigne (1533–92) schreibt, dass er sich vor Gier manchmal fast in die Finger beiße, und selbst am Hofe Ludwig XIV. war die Gabel noch nicht *de rigeur*. Überhaupt rügten die Italiener des 16. Jahrhunderts die rüden französischen Esssitten. Der venezianische Gesandte Geronimo Lippomano notiert 1577 in Paris eine in italienischen Augen proletarische Angewohnheit: «Sie sind … sehr ordnungslos in ihrer Art zu essen, denn sie essen vier oder fünfmal am Tag ohne Regel und feste Stunde.» Ein italienisches Sprichwort behauptete hingegen: «Die Engel essen einmal, die Menschen zweimal täglich, was darüber ist, ist tierisch.»

Umgekehrt mokiert sich Montaigne (bekanntlich ein großer Liebhaber deutscher Küche) über den italienischen Haushofmeister des Kardinals Caraffa: «Ich ließ mir von seinem Amte vorerzählen. Er hielt mir eine Rede über diese Gaumenwissenschaft mit einem so ernsthaften Ratsherrengesichte, als ob er mir über ein theologisches Dogma vorgepredigt hätte.»

Platinas *De honesta voluptate* wird zwar 1505 in Lyon (*Platine en francoys*) gedruckt, aber die populärsten französischen Kochbücher, wie der Taillevent († 1395!) zugeschriebene *Viandier* (1489, 1508) und *Livre fort excellent* (1546), schreiben bis Anfang des 17. Jahrhunderts eine Verwurzelung in mittelalterlicher Hofküche fest. Der barocke Höhenflug setzt erst ein Jahrhundert später mit Pierre Francois de la Varennes *Le cuisinier francois* (1651) ein. Der Hofkoch Maria de' Medicis folgt noch italienischen Diätprinzipien, wenn er aufruft, täglich Gemüse zu reichen und Gewürze zu reduzieren. Doch Caterinas kulinarische Leistung wurde auch deshalb so überhöht, weil sie wunderbar zur nationalen Ideologie vom Primat der Toskana passt, der neben der *lingua di Dante* nun auch die Erfindung der Kochkunst zugeschrieben wird.

Pfannen im Gürtel, Topfhut und Herdglutfackel: Allegorie der Küche von Arcimboldo (um 1527-1593).

Feste werden in der Renaissance zunehmend wichtiger für die Inszenierung des Individuums. Besonders die Hochzeit wird zur öffentlichen Selbstdarstellung des sozialen Rangs und der Bildung der Brautleute, die sich im feinen Benehmen während des Banketts abbildet. Dementsprechend gewinnt auch das Speisen Prestige und hohen sozialen Stellenwert. Durch Chroniken und Epithalamien (Hochzeitsgedichte) werden wir detailliert über prunkvolle Speisefolgen informiert. 1469 feiert Lorenzo il Magnifico seine Vermählung mit Clarice Orsini in nicht weniger als fünf Banketten, lässt 150 Kälber und 2000 Paar Geflügel schlachten und dem Volk schenken – so macht man sich auch in der Republik Florenz Anhänger. Kaiser Karl V., der triumphierend von der Eroberung Tunis' zurückkehrte, brieten die Mönche in der gigantischen Küche der gigantischen Kartause von Padula (Südkampanien) ein ebenso gigantisches 1000-Eier-Omelett.

Dabei haben die Renaissancekochkünstler analog zur Literatur ein Faible für ikonographisches Styling. Vergoldete Wappenbrote bei Hochzeiten und heraldische Torten sind ebenso beliebt wie Einhornköpfe – das essbare Fabeltier und Keuschheitssymbol war gewöhnlich ein Kalbskopf mit angeklebtem Horn. In Florenz bilden zwölf Dichter und Künstler um Andrea del Sarto den gelehrten Kochclub Compagnia del Paiolo und entwerfen Spielereien wie einen Wursttempel mit Parmesangiebel auf Gelatinesockel. Purer Esskitsch ist ein Modell im Museum von Felino, in dem ein Bauernpaar mit Zuckersäge einen Salamistamm bearbeitet, wobei Holzspäne von kaltem Rindfleisch herabrieseln. Auch die surrealistischen Obstporträts und Gemüsepuzzles, die der Mailänder Arcimboldo (1527–93) als Hofmaler Kaiser Rudolfs II. in Prag schuf, stehen in dieser Geisteshaltung.

«Geometer beim Auswählen und Anrichten der Stücke, rund, viereckig, hell und dunkel, je nach Gericht und Platte. Mathematicus beim Berechnen all der Schüsseln und Töpfe; mit den Augen des Malers bereitet er die Braten, Saucen und Tunken; Arzt sei er, denn da er wisse, was

Die Kunst des Eindeckens: Muranogläser, Karaffen, Damasttücher. Gerolamo Romanino, Abendmahl, Montichiari.

leicht und was nur schwer verdaulich, lasse er in rechter Reihenfolge nur servieren, und Chirurgus sei er außerdem, der gut tranchieren kann. Und schließlich Philosoph, der die Natur der Speisen kennt, die Jahreszeiten, die Feuerelemente.» In dieser Eloge des gelehrten Paduaner Juristen Sperone Speroni (1500–88) wird der Küchenmeister zum *cuoco universale* stilisiert, der selbstbewusst zum *paragone* (Wettkampf) der Fertigkeiten und der Wissenschaften antreten kann.

Das Gastmahl als Gesamtkunstwerk: Das war das Metier des wohl aus flandrischer Familie stammenden Cristoforo Messi detto Sbugo (da Messisbugo † 1548). Er organisierte in Ferrara als *scalco* – frei übersetzt Bankett-Marschall – die Tafel Ippolito d'Estes, des Bauherrn der Villa d'Este in Tivoli, und wurde 1533 von Karl V. zum Pfalzgrafen geadelt. Sein Aufgabengebiet umfasste auch die Buchführung der Hofküche einschließlich Hundefutterrationen. Cristoforos Vermächtnis *Banchetti, composizioni di vivande et apparecchio generale* wurde 1549 in Ferrara gedruckt: Das erste große Fürstenkochbuch erlebte in den nächsten achtzig Jahren ein Dutzend weitere Auflagen. Messisbugo beginnt mit einem Memorial, in dem er die für ein Festmahl nötigen Utensilien und Lebensmittel überliefert, darunter Messer- und Gabellisten, Servietten und genug Tischwäsche, um nach jedem Gang das Tischtuch zu wechseln.

Es folgen minutiöse Listen der von ihm zwischen 1524 und 1548 ausgerichteten Bankette, die z. T. mehr als 140 Speisen umfassen. Schließlich notiert der oberste Küchenchef Ferraras über 300 Rezepte, darunter Austernpastete und gefüllte Tortelli, aber auch deutsche Apfeltorte und eine mit geriebenen Äpfeln und Zwiebeln angedickte ungarische Fischsuppe. Obwohl er sich brüstet, keine Zeit auf Gemüsesuppen, «die jede schlichte Unterschichtsfrau (*vile feminuccia*) bestens zubereiten kann», zu verschwenden, findet sich trotzdem eine Fülle reduzierter Renaissancegerichte: So ziehen Fische in einem einfachen Sud aus Wein, Wasser und Kräutern und wird der Eigengeschmack von Spargel und Schwarzwurzeln nicht durch Gewürzmengen übertüncht.

Heute wieder großen Anklang findet seine Idee, die Speisefolge in ein Programm aus musikalischen, theatralischen und akrobatischen Darbietungen einzubetten – Tafeln im Palazzo-Stil. Schon unter seinem Vorgänger Francesco Colle kamen die Gäste in Ferrara in den Genuss, Komödien Ariosts mit Gaumenfreuden zu kombinieren.

Ein Meilenstein in der Geschichte der Tischdisziplin und des Arrangements ist Domenico Romolis *La singolar dottrina* (Venedig 1560). Der auch den Spitznamen Il Panunto (geöltes Brot) tragende Florentiner erweist sich als geschwätziger manieristischer Hofmann, der Hintergrundinformationen zur sozialen Stellung von Geheimköchen liefert, aber auch Etikettfragen wie das richtige Verhalten gegenüber den Dienern der Eingeladenen anspricht. Die Ausdifferenzierung späterer Kellnerbrigaden beginnt mit Hofämtern wie dem *credenziere* (Einschenker), dem *bottigliere* (Flaschenwart und Öffner) und dem *coppiere* (Gläserausteiler). Eng mit diesem öffentlichen Tafeln verknüpft ist die Verfeinerung der Tischsitten, für die Mennell das Schlagwort von der Kultivierung des Essens geprägt hat. Waren mittelalterliche Benimmbücher wie Bonvesin eher burleske Schelten, so wird nun die Kunst zu speisen in das ganzheitliche Erziehungskonzept des *cortigiano* einbezogen – des Hofmannes, der weniger durch militärische Potenz als durch die Eleganz seiner Sitten zu gewinnen weiß. Bis heute in Italien als Begriff so populär wie Knigge in Deutschland ist Giovanni della Casas ergötzlicher *Galateo* (um 1540): Der florentinische Kirchenmann, der Bischof von Benevent war, verbietet Kellnern, sich am Kopf zu kratzen und rügt das öffentliche Herumstochern in den Zähnen – weder mit den Fingern, noch mit dem Tischtuch ist es korrekt, und wer seinen Zahnstocher um den Hals trägt (eventuell eine Orientmode, wo feine Herren Zahnhölzchen besaßen), benimmt sich auch daneben. Andere Hygiene wird hingegen öffentlich betrieben: «Vor den Mahlzeiten tust du recht daran, dir, ob es nötig sei oder nicht, vor aller Augen die Hände zu waschen, damit jene, die ihre Finger mit dir zusammen in eine Schüssel tauchen, die Gewissheit haben, dass du die deinigen gereinigt hast.»

Biblische Geschichte in venezianischem Prunk. Veroneses «Hochzeit von Kanaa» im Louvre.

Dass demonstrative Eintauchen der Finger in mit Rosen- oder Zitronenwasser gefüllte Schälchen wird fester Bestandteil des Renaissancezeremoniells. So lässt Messisbugo nach dem ersten Service Goldschalen zum Händewaschen reichen und das Tischtuch wechseln, aber auch auf gemalten Abendmählern schimmern immer häufiger Handwaschschüsseln. Bis jetzt lebt im Wort *cameriere* (Kellner) der gewandte Kammerdiener der Fürstenbanketts fort.

Andererseits werfen Texte wie der *Galateo* ein Licht darauf, dass die überwiegende Mehrzahl der Bevölkerung sich mit den Fingern (oder Holzlöffeln) aus gemeinsamen Schüsseln bediente. Eigene Teller blieben ein Luxus der Vornehmen und der Feste – meist schöpfte man auf eine Brotschnitte. Offensichtlicher Alltag war das Mitfüttern von Hunden und Katzen – sie sind auf den meisten Abendmählern, aber auch auf dem Frontispiz von Platinas *De honesta voluptate* dargestellt. War es Mildtätigkeit oder Großmannssucht, dass man das Essen lieber den Tieren als den Armen vorwarf? Benvenuto Cellinis Vater fertigte jedenfalls «einst eine sehr große Vase an, die für die Tafel des Papstes Clemens bestimmt war und in die während des Essens Knochen und Obstschalen geworfen wurden. Sie wurde mehr zur *pompa* gemacht denn aus Notwendigkeit.» Buntschillernde Muranogläser oder die *saliera*, das mit einem goldenen Meeresgötterpaar bestückte Salzfass Cellinis, das kürzlich aus dem Kunsthistorischen

Neptun thront mit Gefährtin als Spender des Meersalzes auf Cellinis Saliera (1540-1543).

Museum in Wien entwendet wurde und inzwischen wieder aufgetaucht ist, dokumentieren den Prunk des Tafelgeräts.

Einen Einblick in die Volksküche gibt das in den Ziegelöfen von Impruneta geschmorte *peposo* (Pfefferrindfleisch), das der Architekt Filippo Brunelleschi (1376–1446) den Arbeitern der Dombauhütte von Florenz oben auf dem Kuppelbaugerüst servieren ließ. Es belegt, dass in der Frührenaissance Pfeffer auch für Handwerker erschwinglich war (weswegen er ja aus den Luxuskochbüchern verschwindet) und dass es praktisch täglich Fleisch gab, das aber oft zäh war und durch stundenlanges Köcheln weich geschmort wurde. Ein wenig erinnert der *peposo* an die *stracotto*-Rezepte für die gefallenen Pferde der Odoaker-Schlacht – vom frischen Wind der Renaissance ist in der Volksküche zunächst wenig zu spüren.

Denn die bahnbrechende Tendenzwende der Renaissance hin zu modernen Rezepten geschieht schleichend und zögerlich durch die Entdeckung Amerikas: Kartoffeln, Reis, Mais, Tomaten, Schokolade, Peperoncino (Chili) gelangen im 16. Jahrhundert auch nach Italien. Viele der neuen Pflanzen werden erst misstrauisch beäugt, gelten als heidnisch und giftig. Wenn man sie doch verzehrt, dann oft als Ersatzprodukt, wie man überhaupt Schwierigkeiten hat, sie in die Nomenklatur und kulinarische Vorstellungswelt einzuordnen. Die Kartoffel wird zunächst als *tartufo* (Trüffel) bezeichnet, Mais mit der Kichererbse verwechselt und dann wie Mehl als Polentabrei verzehrt. Erst im Barock werden die amerikanischen Pflanzen vom italienischen Speisezettel nicht mehr wegzudenken sein. Schneller populär wurde der nach seinem Gegurre im Italienischen *tacchino* getaufte karibische Truthahn. Er war eine der Leibspeisen Caterina de' Medicis – so ließ sie sich 1549 für ein Festmahl sechsundsechzig Truthähne senden, denn für die fromme Katholikin und Anstifterin der Bartholomäusnacht sollten alle Speisen durch die Trinitätszahl Drei teilbar sein.

FRITELLE CON FIORE DI SAMBUCA
HOLUNDERBLÜTENKÜCHLEIN

Cristoforo da Messisbugo, 1549

Nimm 4 Unzen Mehl, drei Blöcke tagesfrischen Quark (oder ein Pfund Frischkäse), vom harten Käse ein halbes geriebenes Pfund und vom Salzkäse drei Unzen und Hefe in der Menge eines halben Eis und zerstoße alles gut im Mörser und tu dazu sechs geschlagene Eier und ein Glas Milch und drei Unzen Rosenwasser, und vermische alles gut. Und wenn dir scheint, dass die Masse zu hart ist, füge ein wenig Milch dazu, bis es gut ist, dann drei Unzen Korinthen, und im Sommer fügst

du eine Unze Holunderblüten bei, um sie mit zu zermörsern. Und dann machst du mit dem Löffel deine Fritelle groß oder klein, je nachdem es dir gefällt, dann brätst du sie in Öl oder Butter oder ausgelassenem Speck, und wenn sie gar sind und gut zum Auftragen, dann streue vier Unzen zerstoßenen Zucker darüber.

Quark, Parmesan und eventuell Salzlakenfeta geben diesen Blütenpfannkuchen den charakteristisch pikanten Geschmack. Das Ausbraten in Speck weist auf das lombardische Umfeld Cristoforos hin. Sein Rezept ist für 6 Personen berechnet: Eine Unze entspricht 1/12 Pfund, das damals auf ca. 300 g veranschlagt wurde, also ungefähr 27 g.

SALSICCIA DI PETTI DI PAVONI O ALTRI SIMILI
PFAUENBRUSTWURST

Domenico Romoli, 1560

Nehmt das gesamte Fleisch von Kapaunen, Pfauen, Fasanen oder von welchem Geflügel ihr wollt; dann nehmt zum Nierenfett eines wilden jungen Schweins ein Drittel des Geflügelfleisches, und schneidet es zusammen mit Messern fein, so dass die Wurst zart wird, tut Salz nach Belieben, gestoßenen Pfeffer, zermahlene Fenchelsamen von zartem Geschmack, etwas Zimt und Nelken dazu und mischt alles zu einem Brät, und lasst es zwei Stunden ruhen. Wenn die Schweinsdärme sauber gereinigt und fein abgeschabt und ca. 8 Tage in Salzlake gewesen sind, dann nehmt sie heraus, wascht sie zwei oder dreimal mit frischem Wasser, blast sie auf, dass sie trocknen. Dann füllt man sie mit obigem Brät und bindet die Würste ab, lang eine halbe Hand (ca. 6 cm) oder wenig länger. Macht, dass die Därme zart sind, lasst sie trocknen in einem Ofen bei schwachem Feuer, und so getrocknet bratet sie. Aber damit sie nicht auf dem Spieß platzen beim Erhitzen, lasst sie kurz in einer nicht fetten Brühe ziehen, und dann bratet sie auf dem Rost bei schwachem Feuer. Und das wird eine edle Wurst, und man isst sie mit frischen Trauben oder (gepfefferter) *peverone*-Sauce oder süßer Mostarda.

Die Köche der Renaissance machten auch ihre Bratwurst selber. Ein handwerklich aufwendiges Luxusrezept (Wo bekommt man Wildschweinnierenfett her?), das dennoch Parallalelen zur Gegenwart aufweist. Grobe Fenchelsamen sind immer noch Würze der *finocchiona*-Salami, und Mostarda mit Senffrüchten wird zwischen Vicenza und Cremona zur Schwartenwurst *cotechino* gereicht.

MAIS & POLENTA

«Besonders missfiel mir die bräunliche bleiche Farbe der Weiber … Ich glaube die Ursache dieses krankhaften Zustandes in dem häufigen Gebrauch des türkischen und Heidekorns zu finden. Jenes, das sie auch gelbe Blende nennen, und dieses, schwarze Blende genannt, werden gemahlen, das Mehl in Wasser zu einem dicken Brei gekocht und so gegessen … Notwendig muss das die ersten Wege verleimen und verstopfen, besonders bei den Kindern und Frauen, und die kachektische (blutarme) Farbe deutet auf solches Verderben.» Was Goethe am 14. September 1786 südwärts vom Brenner notierte, war medizinisch korrekt: die Menschen litten an der schweren, durch ausschließlichen Maisgenuss ausgelösten Vitaminmangelkrankheit Pellagra («rauhe Haut»), die erst im 20. Jahrhundert erforscht wurde.

Kolumbus brachte 1493 die ersten Kolben dieser Kulturpflanze, von der kein wilder Prototyp bekannt ist, nach Europa mit: Statt des Indianerworts *mahiz* setzte sich in Italien bald die undifferenziert exotische Bezeichnung Türkenkorn (*gran(o)turco*) durch. Mais galt zunächst als botanische Kuriosität, vermutlich erstmals in Italien auf der Insel Murano von dem Humanisten und Hobbybotaniker Andrea Navagero angepflanzt. Bald schon bildet um 1550 Francesco Scarpagnino in den Türschnitzereien des Dogenpalastes den Amerika-Import ab.

Allmählich wurde man gewahr, dass der Ernteertrag bis zum Achtzigfachen des Saatguteinsatzes betrug. Die ersten größeren Speisemaispflanzungen erfolgten 1554–55 bei Polesine di Rovigo – die Republik Venedig versprach sich von der neuen Kulturpflanze, die in drainierten Feuchtgebieten der Terraferma so gut gedieh, eine deutliche Budget-Entlastung, da sie nun weniger süditalienischen Weizen zukaufen musste. So ist belegt, dass um 1600 in Torcello Weizenmehl mit Maismehl gestreckt wird. Auch in der lombardischen Poebene entstanden im 17. Jahrhundert riesige Monokulturen von Maislatifundien, die teilweise die Reisfelder verdrängten. Die Ernährung der Landarbeiter wurde fast ausschließlich auf billigen Mais umgestellt – mit fatalen Folgen wegen des Mangels an Niacin (Nikotinsäure).

Kulturhistorisch signifikant ist die Anpassung der Maisküche in Italien an ältere Speisegewohnheiten. Tatsächlich wird kaum der frische Kolben gekocht oder gegrillt serviert, sondern Maismehl wird wie spätmittelalterlicher Getreidebrei als Polenta verzehrt. Der Charakter der Ersatznahrung ist in venezianischen Weinstuben evident, wo Mortadella oder Hering auf kalten Polentascheiben ganz wie auf Brot gereicht wird. Übrigens ist das von Goethe erwähnte harmlose Heide(n)korn (*grano saraceno*, Buchweizen, Mohrenhirse) ebenfalls erst im 16. Jahrhundert aus Nordafrika eingeführt worden. Bis heute ist es als ökologisch-glutenfreie Alternative populär im Veltlin (*pizzoccheri*-Nudeln), im Trentino und in Südtirol (*polenta nera*/Schwarzplenten) sowie gemischt mit Maismehl und geschmolzenem Bergkäse (*polenta taragna*) in den lombardischen Alpen. Auch für die Mangelerscheinungen einseitiger Maiskost nannte Goethe unwissentlich das Gegenrezept: «Außerdem essen sie auch noch Früchte und grüne Bohnen, die sie in Wasser absieden und mit Knoblauch und Öl anmachen.»

Heute wird Polenta in der Lombardei oder dem Trentino (wo der würzige Bergmais von Storo reift) mit Schmorwild, Würsten, Steinpilzen oder frischem Gemüse serviert – ein üppiges, aber in dieser Kombination bekömmliches Gericht.

BARTOLOMEO SCAPPI UND DIE PÄPSTLICHE KÜCHE

Mittelalterliche Schutzmantelmadonnen zeigen Sünder aller Stände, die sich unter das bergende Gewand der Gottesmutter flüchten – auch Kaiser, Mönche, Äbte und Päpste befinden sich darunter. Gerade die Heiligen Väter konnten sich nur schwer dem sündhaften Einfluss der *gola* entziehen, denn trotz aller asketischen Grundkonstitution waren sie eben auch Souveräne eines Staatsgebiets, dass in seinen Glanzzeiten neben der Ewigen Stadt auch Latium, Umbrien, die Emilia Romagna und die südfranzösischen

Papst Gregor der Große beim Tischgespräch. Refektoriumsbild von Paolo Veronese für die Basilica di Monte Berico bei Vicenza (1572).

Grafschaften Avignon und Venaissin umfasste. Fast könnte man hier in Analogie zu mittelalterlichen Herrscherkonzeptionen von den zwei Körpern des Papstes sprechen: dem idealasketischen und dem des Herrschers, der kraft seines Amtes und ständiger Botschaftsempfänge und ad-limina-Besuche zu Tafelgepränge fast gezwungen erscheint. Dazu kommt, dass die überwiegende Mehrzahl der in Rom residierenden Kardinäle hohen Adelsfamilien entstammte und via Geblüt einer standesgemäßen Kost zuneigte.

Er Papa maggna sempre solo – Der Papst isst immer allein.
GIUSEPPE GIOACCHINO BELLI,
LA CUCINA DEL PAPA

Bibamus papaliter – soll Benedikts XII. Trinkspruch gelautet haben, während Paul IV. sich als hygienische Prophylaxe die Zähne mit Falerner putzte: Schlemmende, zechende und damit sündigende Pontifices waren natürlich ein gefundenes Fressen für die kurienkritischen Tendenzen spätmittelalterlicher Armutsbewegungen und der Reformation – hier blühten die Anekdoten über menschelnde Päpste wie heute in der Klatschpresse. Besonders gern werden die Danteverse über den französischen Papst Martin IV. (Simon de Brion, 1281–85) kolportiert, der im Fegefeuer (Purgatorio XXIX) die fetten Aale des Bolsenasees, die er angeblich eigenhändig in heißem Vernacciawein zu ertränken liebte, abbüßt. Dieser Gourmand auf dem Papstthron, der in Orvieto und Montefiascone residierte und in Perugia an Völlerei gestorben sein soll, scheint das mittelalterliche Wanderdasein der Heiligen Väter dazu genutzt zu haben, den lokalen Spezialitäten Umbriens zuzusprechen.

Auch der wegen seiner weltlichen Lebenslust von Petrarca heftig kritisierte Papsthof im provencalischen Avignon war für seine opulente Küche berüchtigt, so etwa das Willkommensmahl, das 1308 Kardinal Pelagrue für den neuen Papst Clemens V. ausrichtete. Noch heute erregt der gigantische Küchenkamin im Palais des Papstes das Staunen der Besucher – der Weltruhm des roten Châteauneuf du Pape, dessen Flaschen eine Tiaraprägung ziert, beginnt freilich erst im 17. Jahrhundert

Dass neben diesen Staatsauftritten die religiöse Fastenverpflichtung der Heiligen Väter nicht vergessen wurde, belegt das Vorbild von Päpsten wie Innozenz III. (1198–1215), der täglich nur eine aus einem Gang bestehende Mahlzeit einnahm und in seinen Schriften gegen dekadenten Speiseluxus anschrieb. Eine eiserne Fastenregel wurde durch die Bürger von Viterbo aufgestellt: Durch Abdecken des Dachs der Wahlkapelle und radikalen Nahrungsentzug brachten sie das Kardinalskollegium dazu, sich nach über zweijährigem Konklave (1268–71) auf einen neuen Papst zu einigen. Dieses «Aushungern» der wahlberechtigten Kardinäle ist seitdem fester Bestandteil regulärer Papstwahlen geworden.

Catering beim Konklave: Das Kardinalskollegium wird mit Ess-Körbchen von Bartolomeo Scappi verpflegt.

Mit der Rückkehr der Päpste aus der «Babylonischen Gefangenschaft» Avignons nach Rom und der Herausbildung der Kurie entsteht zu Beginn des 15. Jahrhunderts auch eine feste Küchenstruktur des Heiligen Stuhls. Der erste namentlich fassbare päpstliche Hofkoch, Johannes de Bockenheym, stammte von der Pfälzer Weinstraße und verfasste nach dem Tod seines Brotgebers Martin V. (Colonna, 1417–31) ein in zwei Abschriften erhaltenes lateinisches *Registrum coquine*. Die Vielfalt der Weltkirche und der Römischen Kurie spiegelt sich darin, dass die 74 Rezepte auf die Nationalität oder ironisch auf den Stand der Esser zugeschnitten sind. So findet sich *pro Almanis* ein mit Dill und Safran abgeschmeckter Sauerbraten, *pro ruf-*

Genießer auf dem Papstthron: Leo X. Medici. Zeichnung von Sebastiano del Piombo.

fianis et leccatricibus (Schurken und Schlemmer) ein extravagantes Omelette mit Orangen. Dieser Pfälzer erweist sich als besonders origineller Vertreter des spätmittelalterlichen Internationalismus.

Eine folgenreiche piemontesische Weinprobe machte 1478 Sixtus IV. Der Bischof von Cuneo hatte ihm ein Fässchen von eigens weiß gekeltertem Pinot Nero mit der Bitte zugesandt, ihn als Messwein zuzulassen, obwohl bisher nur Rotwein als Symbol des Blutes Christi geduldet wurde. Der praktische Grund: Der hochpopuläre Prediger Gino Dante aus Saluzzo gestikulierte bei seinen Predigten so entrückt, dass er nicht nur Altartuch, sondern auch Priestergewänder regelmäßig mit Rotweinflecken bespritzte, die man nur schwer herauswaschen konnte (und, da sie Christusblut waren, theologisch nicht einmal durfte). Sixtus IV. ließ den exzellenten falschen Weißwein zu, und das Konzil von Trient erlaubte wenige Jahrzehnte später alle reinen Weine als Messwein.

In der Renaissance, in der die Macht der Päpste gegenüber dem rebellischen Stadtadel gefestigt erscheint, wird Rom mit neuem Elan zur Kapitale des Papsttums ausgebaut. Die Kurie entwickelt sich zu einem mäzenatischen Anziehungspunkt für Künstler, Architekten und Humanisten, die letzten Endes alle das zeitgeistige Ziel eint, die antike Grandezza Roms unter päpstlicher Flagge neu zu beleben. Durch die Imitatio römischer Feste wird Rom auch zu einer Metropole der Renaissanceküche, in der Platina seinen berühmten Traktat *De honesta voluptate* verfasst, während der spanische Skandalpapst Alexander VI. Borgia als makabres Memento Mori Pfauenfleisch in menschlichen Schädelkalotten serviert und so kulinarisch mit der Auferstehungsidee spielt.

Bis heute gehören die üppigen Renaissancegastmähler, die Leo X. (1513–1521) gab, fast zum Allgemeinwissen. «Da Gott uns das Papsttum verliehen hat, lasst uns es auch genießen» – mit diesem Credo vereinte der korpulente Medici-Papst – sehr zum Missfallen des Rompilgers Martin Luther – Schickung in den Willen des Allerhöchsten mit epikuräischer Lebensfreude. Anekdoten (oder Humanistenscherze?) berichten, dass Leo X. ganz im Stile des römischen Kaisers Vitellius Papageienzungenpudding gemocht haben soll und Festessen schätzte, bei denen goldenes Tafelgeschirr in den Tiber geworfen wurde (wo vorsorglich Netze aufgespannt waren). Als sein Bruder Giuliano ins römische Patriziat aufgenommen wurde, schickte der König von Portugal für das öffentliche Festmahl auf dem Kapitol einen Papst und zwölf Kardinale aus Zucker in Lebensgröße! Als die 4000 Gäste übersatt waren, begannen sie zum Zeitvertreib gebratene Fleischstücke den Gaffern zuzuwerfen.

Ausgerechnet der heilig-asketische Gegenreformationspapst Pius V. (1566–72) leistete sich mit seinem *cuoco segreto* (Geheimkoch) Bartolomeo Scappi den genialsten Chef der Renaissance, den «Michelangelo der Köche». Scappis erstmals 1570 in Venedig gedruckte *Opera* sind trotz ihres schlichten Titels die erste große Summe, ja Enzyklopädie der italienischen Kochkunst. In diesem reich bebilderten Werk werden nicht nur Rezepte, sondern Anweisungen zu Einkauf und Schlachten, und vor allem die Regeln, Ämter und z. T. virtuosen Griffe, die eine fürstliche Tafel erfordert, detailliert aufgeführt. So geriet das erste rundum professionelle Kochbuch der Welt zum oftmals nachgedruckten und bewunderten Nachschlagewerk und beeinflusste gut 200 Jahre italienischer Hochküche. Scappi, der mit seinem Organisationstalent auch eine moderne Großküche leiten könnte, kochte für die Mächtigen seiner Zeit. 1536 verwöhnte er Kaiser Karl V. anlässlich seines Rombesuchs mit einem Bankett von 780 verschiedenen Schüsseln. Papst Pius IV. briet er hingegen ein Volksgericht aus dessen lombardischer Heimat: *fritto misto* von Knoblauchzehen, Froschschenkeln und Petersilie. Spötter gaben seiner Kochkunst die Schuld, dass das Konklave 1549/50 mehr als zwei Monate dauerte, wenn auch die von ihm bereiteten Speisen penibel auf geheime Botschaften untersucht wurden und gedeckte Pasteten aus Sicherheitsgründen verboten waren.

Landküche mit Bratspießdreher unter freiem Himmel. Holzschnitt aus Bartolomeo Scappis Opera (1570).

Was Scappis Werk auch für die Moderne so interessant macht, ist bei aller souveränen Beherrschung der «Sterneküche» (23 Störrezepte!) ein produktorientiertes Feeling für italienische Volksgerichte (schließlich waren alle Päpste von 1523 bis 1978 Italiener!). So hat Scappi ein waches Auge für schlichte Gemüseküche – Rübenblätter-, Brennessel- und Kastanienmehlsuppe – und plädiert ganz wie moderne Trattoria-Wirte dafür, fangfrischen Meerfisch wie Rotbarben (*triglie*) nur minimal zu würzen und einfach auf den Grill zu legen.

Das vierte Buch mit saisonalen Menüvorschlägen (*liste*), die ein ganzes Kirchenjahr von April bis zum nächsten Osterfest umfassen, kann als früher Vorläufer gedruckter Speisekarten gelten, die ja ihre Premiere an Adelstafeln hatten. Die typische Renaissancespeisefolge beginnt mit kalten Vorspeisen (*credenza*), darunter alle Arten von Obst, Pasteten, Aufschnitte wie Salami oder am Spieß gebratene Büffelzunge, dann werden zwei umfangreiche Buffets heißer Fleisch-, Fisch- und Gemüsespeisen aufgetragen (*primo* und *secondo servitio*), die jeweils an die fünfzig bis hundert verschiedene Schüsseln umfassen. Das Mahl wird mit einer zweiten *credenza* aus Käse, Torten, Nüssen und wiederum Obst geschlossen. Im Prinzip steht mit dieser Nomenklatur die moderne italienische Speisefolge fest (*antipasto*, *primo piatto*, *se-*

Hierarchie muß sein: Papst Clemens XI. speist an erhöhter Tafel im Quirinalspalast über Königin Christina von Schweden. Lavierte Federzeichnung von Pierre Paul Sévin (1668).

condo piatto), doch wird sich erst im 19. Jahrhundert die schlichtere Sitte durchsetzen, als ersten Service nur Suppen, Nudeln oder Risotto zu reichen.

Diplomatisch auf den Papsthof zugeschnitten ist Scappis 6. Buch, das der Krankenkost gewidmet ist – in Anbetracht des oftmals hohen Alters geistlicher Würdenträger lieferte es sicher höchst willkommene Rezepte.

Der epochale Höhepunkt der päpstlichen Küche war das Gastmahl, das der Chigipapst Alexander VII. (1655–67), Bauherr der Kolonnaden des Petersplatzes, für Christina von Schweden gab. Die Romreise der Tochter des Schwedenkönigs Gustav Adolf, die spektakulär in Innsbruck zum katholischen Glauben konvertierte, glich auch einer kulinarischen Tour de force. Fürstenhöfe und Städte wetteiferten darin, die «Päpstin» mit besonders prunkvollen *trionfi* (Tafelaufsätzen) aus Zuckerguss zu entzücken. Luigi Fedele, am Gonzagahof in Mantua ausgebildeter Zuckerbäcker des Vorgängerpapstes Innozenz X., sorgte während der Tour immer wieder für neue allegorische *trionfi* aus Marzipan, Zuckerguss und Gold. In Rom schließlich speiste die *papessa* auf einem eigens von Bernini für diesen Anlass entworfenen Thron (Kritiker spotteten, Berninis marmorne Reiterstatuen sähen wie Marzipanfiguren aus!). Giovanni Paul Schor hatte einen bemalten und vergoldeten Zuckerphönix gegossen, Marzipanbäume und ein Triumphkarren der Aurora aus Zitronenguss schmückten die Tische. Die heikle Etikettefrage – Päpste pflegen nicht mit Damen zu speisen – wurde dadurch gelöst, dass ein zwischen beiden plazierter Monsignore die Konversation übernahm. Kulturhistorisch interessant ist, dass hier das Zeremoniell die Speisen fast völlig verdeckt. Aus zeitgenössischen Literaturstellen geht hervor, dass kein Mensch wirklich von all dieser Pracht naschte – es galt als guter Ton, sich nur aus den jeweils nächststehenden Schüsseln zu bedienen.

Erst mit dem asketisch-bescheidenen Clemens XI. (1700–21) geht die Epoche päpstlicher Prunkküche zurück. Wenn geschwätzige Vatikanologen berichten, dass Pius IX. regelmäßig Bordeaux trank, den ihm sein «Beschützer» Napoleon III. zusenden ließ oder dass Leo XIII. mit einer alten belgischen Flinte Singvögel in seinem vatikanischen Weinberg schoss und braten ließ, so sind das private Vorlieben, die auf den Kochstil Italiens keinen Einfluss mehr haben.

Längst hat sich die päpstliche Küche einer neuen Bescheidenheit anbequemt – das Kartoffelfasten Johannes Paul II., der von drei polnischen Nonnen bekocht wurde, ist dafür typisch. Und vielleicht kündet auch die Freude, mit der Benedikt XVI. Marktler Papstbierflaschen und andere kulinarische Jugenderinnerungen aus seiner bayerischen Heimat empfängt, von der Einsamkeit des Amtes, die beim Alleine-Tafeln besonders spürbar wird. In der Antike jedenfalls galt – wie Giacomo Leopardi in seinem Tagebuch betont hat – das *monophagein*, das Alleine-Essen als Makel und Strafe.

Weitergefasst ist die Präsenz des Religiösen in der metaphorischen Bildersprache des italienischen Essens extrem präsent: Die schlemmenden Mönche boccaccesker Novellen leben bis heute in Ausdrücken wie *strozzapreti* (Priesterwürger, trentinische Spinatnocken) oder *strangolapreti* (dicke Nudeln) fort. Der weltberühmte Cappuccino, man vergisst es fast, verdankt seinen Namen der braunen Kutte der Kapuzinerpatres. Der toskanische Vin Santo verballhornt vielleicht eine Herkunftsbezeichnung (süßer «Zyperwein» aus Santorin) ins Religiöse.

Besonders um das Osterfest hat sich eine Fülle regional-religiöser Spezialiäten herausgebildet: ligurische *torta pasqualina* mit zwölf ganzen Eiern, taubenartige Colomba-Fladen, sizilianisches Marzipanlamm. Ein Bäcker namens Antonio soll im 19. Jahrhundert in Nach-

Barock-Kitsch oder Süße des Leidens? Gründonnerstagstafel Papst Clemens' XI. mit kreuzschleppendem Zucker-Christus. Lavierte Federzeichnung von Pierre Paul Sévin (1668).

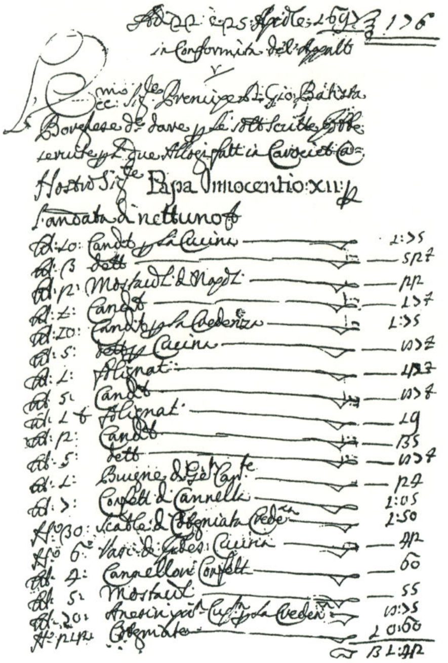

Rechnungsbüchlein des päpstlichen Zuckerbäckers Francesco de Rossi. Vatikanisches Geheimarchiv.

ahmung der Domkuppel den Mailänder Weihnachtspanettone kreiert haben. Das italienische Silvestergericht *Zampone* (Modeneser Schweinsfuß) mit Linsen als Symbol für Münzensegen im neuen Jahr passt wenig zu dem Asketenpapst S. Silvestro, der in einer Grotte des Soracte-Gebirges in Nordlatium von wilden Kräutern lebte. Bäcker rund um das Michaelsheiligtum Monte S. Angelo auf dem Gargano halten für die Pilger eine säkularisierte Überraschung bereit: *ostie ripiene*, Hostien mit Zuckermandeln.

Den Glanzpunkt klerikal-emblematischer Sublimation von Leckerbissen bilden freilich die kreisrunden, mit kandierter Kirsche gezierten *minni di S. Agata*, die die berühmten *pasticcerie* Catanias backen. Sie erinnern in mediterraner Unbekümmertheit an das Martyrium der Vulkanheiligen, der brutale Schergen einst die Brüste abschnitten, die dann durch ein Wunder im Kerker wieder nachwuchsen.

BRODO APOSTOLORUM
APOSTELBRÜHE
Bartolomeo Scappi, 1570

Man mache eine Fleischbrühe, in der gelbe Cervelatwürste, Schweinebacken und Hammelrücken kochen, und diese Brühe färbe man mit Safran, gemischt mit Pfeffer und Zimt, und im Sommer füge man sauren aromatisierten Traubenmost (*agresto*) hinzu, und wenn diese Zutaten gekocht sind, nehme man die gesäuberte und gewaschene Petersilie zusammen mit anderen Kräutern, schneide sie klein und gebe sie in diese Brühe, und wenn sie kurz aufgewallt ist, serviere man sie sofort auf Brotscheiben, und das Fleisch werde in Stücken auf dem Teller verteilt. Seid aber gewarnt, dass diese Brühe nicht ruhen sollte, denn die Petersilie verlöre ihre frische Farbe, und diese Speise genießt man im Sommer in Rom, und wenn man will, kann man sie mit geriebenem Käse und aufgeschlagenen Eiern vermählen.

Eins der eher schlichten Rezepte Scappis – Fleischbrühe, behutsamer Gewürzeinsatz, ein Kochtipp (Petersilie erst am Schluss). Mit Ei und Reibekäse wird die Apostelbrühe übrigens zur Ur-Stracciatella, die wegen der Ei-Streifchen so genannt wird. Typisch sind die Brotscheiben im Suppenteller – das Wort *zuppa* kommt von Broteintunken (*inzuppare*)! Für *agresto* – die Rezepte für den Most aus unreifen Trauben schwanken zwischen süß und sauer – könnte man eventuell eine Mischung aus weißem Balsamico und Zitronensaft nehmen.

SIC PREPARA RAPAS
RÜBENSPEISE

Johannes de Bockenheym, um 1430

So bereitest du Rüben zu. Nimm sie, putz sie und bringe sie zum Kochen; dann gieß das Wasser ab, stampfe sie gut, und schmecke sie mit Olivenöl ab und mit Mandelmilch; und dann tu Zucker mit Safran und Salz hinein; und verstreu darüber Zimt. Und wenn es außerhalb der Fastenzeit ist, kann man sie in fetter Brühe beliebiger Fleischsorten kochen. Diese Speise ist gut für Bauern.

Eins der an bestimmte Berufsstände adressierten Rezepte des pfälzischen Papstkochs – gut für Bauern sind nach zeitgenössischer Auffassung allerdings nur die Rüben und eventuell das Salz, während alle sonstigen Zutaten wie Mandeln, Zucker, Safran und Zimt für modische Luxusküche stehen.

Somit liefert die Kurienküche eins der frühesten Beispiele für veredelte *cucina povera*, die mit dem Attribut der Volkstümlichkeit nur kokettiert.

TOMATEN, BOHNEN, KARTOFFELN – DIE GEMÜSE AMERIKAS

Pomodoro statt aztekisch *xitomatl* – die Nachtschattenfrucht, von der Kolumbus persönlich 1498 die ersten Exemplare nach Spanien brachte, wird 1544 von dem Seneser Pietro Mattioli als (giftiger) Goldapfel bezeichnet (und rivalisiert damit mit den ebenfalls auf den Mythos der Hesperiden bezogenen Orangen). Wahrscheinlich waren die meisten frühen Exemplare goldgelbe Kirschtomaten, deren Sud Alchemisten aphrodisiakische Wirkung zuschrieben. Wie bei den Indios galten Tomaten als Zierpflanze. Erst im spanischen Süditalien, wo sich eine erstaunliche Sortenvielfalt erhalten hat, und insbesondere im kampanischen Sarnogebiet werden sie im 18. Jahrhundert zur Speisereife gezüchtet. In der modernen Küche werden Sorten wie die gerippte grünliche *costoluto* (Ochsenherztomate) im Salat geschätzt, während süße Kirschtomaten vom Typ *ciliegini di Pacchino* als Sugo ausgeköchelt werden. Die Tomatenmarkindustrie zieht die saft- und samenarme längliche *S. Marzano* Kampaniens vor.

Feuerrote Büschel von *peperoncino* dörren vor den Bauernhäusern Kalabriens in der Sonne – in Maiera bei Cosenza erzählt ein neues Museum die Geschichte dieser amerikanischen Schote bzw. Beere, die sich als billiger Pfefferersatz schnell im 16. Jahrhundert im Mittelmeerraum etablierte. Auch das süße Paprikapulver aus dem lukanischen Senise dürfte damals als Safransurrogat aufgekommen sein, während die berühmten piemontesischen Ochsenhornpaprika aus Carmagnola erst ab ca. 1900 kultiviert werden.

Auch Kartoffeln gelten lange als potentiell giftig – tatsächlich kann der Genuss grüner Partien des Nachtschattengewächses zu Vergiftungen führen, vor allem wenn man, wie in der Renaissance, nicht nur die Knolle, sondern auch die Blätter verzehrt. Der erste Italiener, der *batatas* kostete, dürfte Andrea Navagero auf seiner Spanienreise (1524–28) gewesen sein: *sono di sapor di castagne* – sie schmecken nach Kastanien, konstatierte der venezianische Humanist.

Die in den peruanischen Anden entdeckten *papas* gelangten schon im 16. Jahrhundert durch Karmelitermönche nach Italien – als Zierpflanze oder Viehfutter, denn der unterirdische

Wuchs machte sie suspekt. 1565 sandte König Philipp II. von Spanien dem kranken Papst Pius IV. einige misstrauisch beäugte Knollen als Medizin zu.

Amüsant ist, dass das Wort Kartoffeln, heute gern von Italienern als Spottsynonym für Deutsche verwendet, italienischen Ursprungs ist. Die ersten karibischen *patas* erinnerten eindeutig an Trüffel – wuchsen sie doch unter der Erde. *Tartuffolo* wurde über barockdeutsch *dardüffeln* zu Kartoffeln verballhornt.

Erst im 18. Jahrhundert breitet sich der Kartoffelanbau in Italien aus – Veroneser Gnocchi können nun mit *patate* gemacht werden. Als Kartoffelpionier gilt Antonio Zanon aus Udine, der 1767 die Knolle als «Glück der Staaten» pries – sechs Jahre vor Parmentier! Erst mit Artusi, der neun, meist französisch angehauchte Rezepte für *patate* liefert, einschließlich eines Kartoffelsalats mit Basilikum, ist die Kartoffel endgültig eingebürgert.

Anbauzentren sind der heiße Süden, wo salentinische Galatina den Malta-Frühkartoffeln erfolgreich Konkurrenz machen (und wie anderes Gemüse in Öl gegart werden), und die einst unter österreichischer Herrschaft stehenden Gebiete. Dass Kartoffeln als Gemüse (*verdura*) und nicht als Sättigungsbeilage verzehrt werden, belegt die beliebte Pizza mit Kartoffelscheiben.

Das Küchenösterreichisch bewahrt mit seiner Unterscheidung zwischen Bohnen (dicke, getrocknete Bohnen) und dem Venezianismus Fisolen (grüne Bohnen) eine linguistische Erinnerung daran, dass die grünen Gartenbohnen (*fagiolini*) einst aus Amerika kamen. Auch die DOP-geschützten rotgesprenkelten Spagnolit-Bohnen aus Lamon (bei Belluno) wurden zunächst 1530 von Karl V. als botanische Kuriosität dem Medici-Papst Clemens VII. geschenkt. Der Pontifex gab sie an den Tutor seiner Nepoten Ippolito und Alessandro, den Hieroglyphenforscher und Mönch Piero Valeriano (1477–1558) weiter, der schließlich die «Türkenbohnen» in seiner Heimat pflanzte. Amerikanischen Ursprungs sind auch große weiße Borlotto- und hellgrüne Cannelini-Bohnen, während *cicerchie* (Platterbsen), Castelluccio-Linsen, Kichererbsen und Saubohnen ebenso wie die umbrischen Äugleinbohnen, die mit afrikanischen und indischen Sorten verwandt sind, schon in der Antike verzehrt wurden.

CUCINA BAROCCA

Italiens Barock ist nicht nur die Ära schwungvoller Kirchenfassaden der Gegenreformation und jubilierender Concerti grossi. Besonders das Seicento, das 17. Jahrhundert, ist durch ungezählte Stilleben und Festgemälde auch als Epoche schwelgerischer Bankette ins Bewusstsein eingedrungen: Caravaggios Fruchtkörbe zählen zu den meistreproduzierten Kunstwerken Italiens. In Neapel malt Luca Giordano zerlumpte Bettlerphilosophen, die mit den Fingern gebackene Sardinen verspeisen, der genuesische Priester Bernardo Strozzi porträtiert eine Köchin beim Geflügelrupfen, und Annibale Carracci provoziert mit Ochsenkarkassen im Metzgerladen. Auch wenn die Küchenstücke, Bambocciaden-Schenken und Lebensmittel-Stilleben Italiens nicht die Dichte der flandrischen Malerei erreichen, so nimmt das gemalte Essen, der naturalistisch gemalte Esser mit all seinen sozialen Implikationen einen breiten Raum ein. Auch die Volkskunst in den Marktszenen neapolitanischer Krippen liefert eine Fülle authentischer Esssitten – ohne Zeifel, der Barock stellt sich selbst gern als Epoche kulinarischen Sinnesgenusses dar.

Tatsächlich galten die Italiener bis ins 17. Jahrhundert als unerreichte Zeremonienmeister öffentlicher Bankette – der Trend geht zum ostentativ zur Schau gestellten Essen. Die Schnelllebigkeit und pompöse Vergänglichkeit eines Festes zu inszenieren reizte die barocke Improvisationsgabe. Ähnlich wie in der zeitgenössischen Baukunst ist der *concetto* (Konzept), die originelle Aufmachung durch den Koch, Speisemeister oder Aufschneider entscheidend – eng verbunden ist damit der neue Glaube an kreative Küche und kulinarischen Fortschritt. Auch an der Tafel erweist sich der Barock als eine Epoche des Designs, und Meister wie Bernini sind sich nicht zu schade, allegorisches Zuckerwerk für Fürstenessen zu entwerfen. Roy Strong beschreibt anschaulich in seinem Buch *Feast* den kulinarischen Event des Seicento, als die Schwedenkönigin Christina in einem Crescendo öffentlicher Prunkessen durch Italien gen Rom zieht. Scharen von «Zuckerbäkkern» sind damit beschäftigt, die Tische mit Putten und süßen Altären einzudekken – der geschnitzte Eisschwan, in dem der französische Starkoch Auguste Escoffier 1894 der Sängerin Melba Pfirsich mit Himbeerpuree servierte, ist ein sehr später Erbe dieser Spielereien. Denn lange vorher wur-

Kochen ist eine Kunst, die Kunst eines Genies, und derjenige, der weder Talent noch Geschmack hat, darf nicht vom Kochen sprechen. Nur jener wird ein exzellenter Koch werden, der kreativ ist und die prächtigste Tafel decken kann. Wer diese anspruchsvolle Kunst pflegen will, sollte über Erfindungsgabe und Geist verfügen.

VINCENZO CORRADO, *IL CUOCO GALANTE*

den die Zuckerpuppen durch eine Chinoiserie abgelöst: Die ersten Porzellanmanufakturen Italiens gründeten der Marchese Ginori 1735 in Doccia in der Toskana und Maria Amalia, sächsische Königin von Neapel, 1743 im Park von Capodimonte.

Kulinarischer Eros oder Antikenimitation? Caravaggios «Knabe mit dem Fruchtkorb», Rom, Galleria Borghese.

Dass das Wort «aufschneiden» heute als Synonym für «angeben» gilt, verdankt es der Virtuosität italienischer Tranchierkünstler. Im Gegensatz zu ihren biedereren deutschen und französischen Kollegen, die Geflügel und Braten auf Platten zu schneiden pflegten, hatten die italienischen «Aufschneider» das akrobatische *trinciare in aria* perfektioniert – sie, die mit scharfgeschliffenen Klingen in der Nähe von Papst- und Fürstenköpfen hantierten, waren die Vorläufer des Maître im modernen Restaurant und übten das Kronhandwerk des Kellnerberufs aus. Vincenzo Cervio, in Diensten des Kardinals Alessandro Farnese, beschreibt in seinem Standardwerk *Il Trinciante* (1581) mit anatomisch-weidmännischer Präzision, wie man alle Arten Fleisch einschließlich Kapaunen und Wildschweinsköpfen zerlegt. Als hohe Schule galt, das Bratgut an langzinkigen Gabeln in der Luft zu balancieren und mit kurzgriffigen, langklingigen Messern zu zerteilen. Manche Trancheure waren auf effekthascherische Kunststückchen spezialisiert, etwa mit einem wohlgeführten Schnitt gleich mehrere vergoldete Geflügelbrüste zu filettieren oder doppelklingige Messer zu führen – heute erlebt man so etwas am ehesten in südamerikanischen *churrascarias*. Auch in Italien wird die Schneidekunst noch bewusst gepflegt, etwa bei den auf dem *carrello* präsentierten *bolliti misti* Veronas oder bei ganzen S. Daniele-Schinken, die mitsamt Knochen flach zur *chitarra* gepresst werden. Berühmtester Aufschneider dürfte Dario Cecchini sein, der in Panzano in Chianti eine weltberühmte *macelleria* führt und jede *bistecca fiorentina*, jede Salamischeibe mit der Hand schneidet – dazu gern Danteverse zitierend.

Ephemere Figurinen oder heraldische Spielereien? Serviettenfaltanleitung von Mattia Giegher.

Aber auch sonst vervollkommnet sich die Grammatik des Geschmacks, die Technik der feinen Tafel – Lehrbücher erscheinen nun auch zu Teilaspekten des Servierens. Mattia Giegher, ein an Paduas Juri-

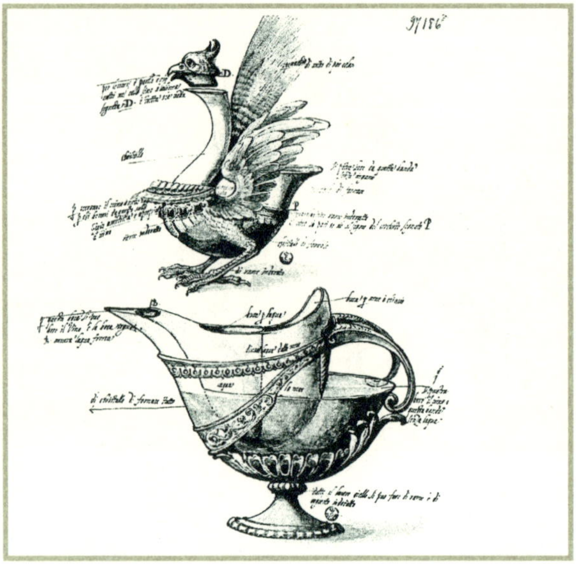

Geschmacksfrage: goldbeschlagene Weinkaraffen in Nautilus und Vogelform. Zeichnung von Jacopo Ligozzi (1617).

stenfakultät aufwartender Bayer aus *Mosburc*, verfasst die erste Beschreibung des Serviettenfaltens – ein Traktat, der ganz modern eher auf Illustrationen als umständliche Texte setzt. Wegen ihrer Kupferstiche von Schaugerichten teuer gehandelt werden Exemplare von Antonio Latinis *Lo scalco alla moderna overo l'arte di ben disporre li conviti* («Der moderne Bankettmarschall oder die Kunst, die Eingeladenen richtig zu platzieren», Neapel 1692) – sie sind im übrigen eine Fundgrube für Sorbet-Rezepte.

Auf der politisch dezentralisierten Apenninenhalbinsel wetteifern verschiedene Höfe und Städte mit Kunst und Pomp, mit Architektur, Theater, Oper und Festessen um den Ruf der heimlichen Hauptstadt Italiens. Solche kulinarischen Zentren sind neben dem päpstlichen Rom und dem Venedig der Dogen mit seinen Kochbuchdruckern die spanische Vizekönigsresidenz Neapel, das Mantua der Gonzaga, das Parma der Farnese und das Medici-Florenz, außerdem die reichen Städte Mailand und Bologna. Prominente Fürstenköche verankern durch richtungsweisende Bücher (nach denen teilweise wieder gekocht wird) das kulinarische Image ihrer Residenz. Bartolomeo Stefani, vom Dogenkoch Giulio Cesare Tirelli ausgebildeter Küchenchef der Mantuaner Gonzaga, hat 1662 mit seiner *L'arte di ben cucinare* eine Art Summe italienischer Kochkunst auf ihrem barocken Höhepunkt verfasst. Das häufig nachgedruckte Werk gilt als letzter großer nicht von Frankreich beeinflusster Kochtraktat. Der vielseitige Autor beschreibt mit *sprezzatura*, mit lässiger Eleganz, nicht nur Formalia wie Tischeindecken und «Hauptsache teuer und ausgefallen»-Gerichte «für gute Pferde und gute Börse», wie die in Weißwein getunkten Erdbeeren mit pickenden Marzipanvögeln, die er Christina von Schweden am 27. November 1655 mitten im Winter servierte. Bewusst sucht Stefani für seine verwöhnten Klienten das Exotische wie polnische Suppen, portugiesische Brezeln oder englischen *pasticcio*. Vom Raffinement seines Kochstils künden eine fast persisch anmutende Taubensuppe mit Milch, Malvasier, *pan di spagna* (Biskuit), Zimt, Pistazien und in Rosenwasser getränkten Pinienkernen oder ein gespickter Hase mit Rosmarinblütenessig. Andererseits taucht mit Stefani erstmals ein einkaufsorientierter Rezeptautor auf, der ganz praktisch die *spese* (Einkauf, Ausgaben) für den *vitto ordinario*, die Alltagskost des bürgerlichen Mittelstandes, beschreibt.

Das erste große Regionalkochbuch Italiens ist hingegen Giovanni Battista Criscis 1634 in Neapel gedruckte *Lucerna de' Corteggiani* (Leuchte der Höflinge). In einer Art frühphysiokratischer Fleißaufgabe werden anhand von über 400 Menüs die dörflichen Spezialitäten des Königreichs Neapel mit seinen Provinzen Kalabrien, Abruzzen, Basilikata, Apulien und dem glücklichen Kampanien aufgelistet – ein Maccheroniauflauf mit Sardinen ist eine kleine Sensation: erstmals Fisch mit Pasta!

Nicht nur Residenzen, auch wohlhabende Bürgerstädte partizipieren am kulinarischen Boom des Barock. Paradebeispiel ist Bologna, sprichwörtlich mit dem Begriffspaar *grassa e dotta* (fett und gelehrt) verknüpft. Bereits im 13. Jahrhundert verwenden französische Texte das positive Bild der *Bologne graisse*, die auch deswegen Studenten anzog, weil sie sie gut zu nähren wusste. Nicht nur der bedeutende regionale Stadtmarkt, sondern auch das internationale Auditorium seiner Fakultäten haben das weltoffene Bologna zu einer Hochburg italienischer Küche gemacht: «Ein Handelsplatz, wo man alle Völker Europas trifft», schrieb schon im 14. Jahrhundert Sabadino degli Arienti. Zum Ruhm der Bologneser Küche trägt aber auch die große Zahl von Ernährungs- und Landwirtschafttraktaten bei, die im Barock im Dunstkreis der Universität entstehen.

Barocke Dimensionen. Speckgespickte Mortadella im Anschnitt.

Zum Kronzeugen der Wurstmachertradition wird der Marchese Vincenzo Tanara (nach 1600–1667) mit seiner *Economia del cittadino in villa* (Bologna 1644), die bis 1761 nicht weniger als 17 Ausgaben erlebte. Der begeisterte Waidmann und Pilzkenner beginnt mit Kapiteln über Brot, Wein und Jägerlatein, zitiert Horaz und Martial und widmet sein drittes Buch *Il cortile* (Der Hof) dem *Porco e delle Centodieci maniere di farne vivande*. Die 110 Methoden, dieses «preziöse» Fleisch zuzubereiten, umfassen Mortadellarezepte, süße Schinken, Spanferkel mit Aalen (!) und Modeneser *zampone*: Der gefüllte Schweinsfuß soll 1511 bei der Belagerung Mirandolas erfunden worden sein. Tanaras *Trionfo del porco* zeigt aber auch, wie sich regionale Essvorlieben gegen medizinische Bedenken durchsetzen, wenngleich der Marchese bewegungsarmen Intellektuellen eher vom Schweinefleisch abrät.

À la longue weit entscheidender als obsoleter Schauluxus ist der schon angesprochene Produktwandel, der durch die Entdeckung Amerikas herbeigeführt wird. Denn mit dem Königreich Neapel-Sizilien und der Lombardei gehörten weite Teile Italiens zum spanisch-habsburgischen Weltreich, in dem die Sonne nicht unterging, und profitierten so eher als andere von den neuentdeckten Pflanzen. Doch erst ab dem 17. Jahrhundert entfaltet die «schleichende kulinarische Revolution» (Cantarelli) ihre volle Wirkung, teilweise mit den unerfreulichen Nebeneffekten einseitiger Ernährung und Monokultur. Heute ist die italienische Küche ohne Polenta und Tomaten, weiße Bohnen und Peperoncini undenkbar.

Wenn aus als giftig geltenden Pflanzen wie Kartoffeln und Tomaten schließlich wohlschmeckende Speisesorten gezüchtet wurden, so ist das auch ein Verdienst des Barocks, wo

Hungrige Mäuler. Sizilianische Grotesken vom Palazzo Beneventano in Scicli.

der Landwirtschaft und der Botanik ein gesteigertes Interesse entgegengebracht wird und das pragmatische Interesse der Bauern und der Grundbesitzer mit dem Forscherdrang der Wissenschaftler eine fruchtbare Symbiose eingeht. Der Trend geht weg von der bäuerlichen Subsistenzwirtschaft zur Lebensmittelproduktion in großem Stil, zu riesigen Maisfeldern oder zu den Muschelzuchtbänken des apulischen Tarent, die im 17. Jahrhundert angelegt wurden. Teilweise sind diese Großunternehmungen auch philantropisch motiviert, das rasche Bevölkerungswachstum führte immer wieder zu Hungersnöten (und Rebellionen) – die «Mutter aller Revolutionen», der Masaniello-Aufstand 1647 auf der Piazza del Mercato in Neapel, wurde durch Erhöhung der Obststeuer ausgelöst! Es bleibt bis heute bewunderswert, dass einzig die Republik Venedig durch kluge Vorratshaltung ihre 190 000 in der Lagune lebenden Bürger jahrhundertelang vor Hungersnöten bewahren konnte, während z. B. Johann Gottfried Seume 1802 auf seinem Spaziergang nach Syrakus grauenerregende Bilder von halbverhungerten Bauern überliefert.

Da rupf' mir eine einen Schwan. Flämisch inspirierte Genreszene von Bernardo Strozzi.

Als Kompensation für die einseitiger werdende und weniger Fleisch verwendende Ernährung der verstädterten Unterschichten entwickelt der Barock ausschweifende Fressfeste fürs Volk. Das berühmteste war die Festa della Cuccagna in Neapel. Auf der weiten Piazza vor dem Königspalast wurde eine gewaltige bühnenartige *macchina* aufgebaut, in Form einer pastoralen Gebirgslandschaft mit Zuckerwerkgrotten, weidenden Tieren und Weinbrunnen, Schinkengrotten und Würsten, die an Fassaden aufgehängt waren, bekrönt von einem Käsetempel mit einer Füllhornstatue der Abundantia. Von seinem Balkon pflegte der Vizekönig genüsslich zuzusehen, wie die Lazzaroni das Schlaraffenland plünderten, sich balgten und teilweise die lebendigen Tiere zerrissen und damit das alljährliche Fressbündnis zwischen Monarch und Volk erneuerten. Auch die Republik Venedig dürfte so langlebig gewesen sein, weil der tonangebende Adel für regelmäßige kulinarische Feste sorgte – so wurde z. B. beim Salute-Fest mit seiner Schiffsbrücke (21. November) albanischer Pökel-Hammel mit Wirsing verschmaust.

Mindestmaße für Fische dienten dem Brut- und Konsumentenschutz. Marmorrelief vom Rialtomarkt in Venedig.

Insgesamt nimmt jedoch der Fleischkonsum ab, da keine Tierhaltung in der Stadt mehr erlaubt wird. Außerdem wird als Reaktion auf protestantische Fleischesserei die Fastenkost verschärft. Im Florenz des 17. Jahrhunderts läuft ein Fleischschnüffelinquisitor durch die Straßen, Venedig verbietet 1562, Fleisch und Fisch gemeinsam bei einer Mahlzeit zu reichen. Der Gerichtmediziner und Papstarzt Paolo Zacchia widmet dem *Vitto Quaresimale* (Osterfasten) 1636 eine Monographie, in der er Backwerke mit Zucker, Honig, Zitrone und Mandeln, Fisch und Suppenrezepte empfiehlt. Ein Barockfastengericht, das die intendierte Bescheidenheit ins groteske Gegenteil verkehrt, ist der selten gewordene ligurische *cappon magro*. Der «magere» Fastenkapaun hat sich in eine riesige Pastete aus bunten Gemüsen und Mayonnaise verwandelt, die mit einer Languste garniert wird – ein Schlemmerschaustück, das formal dem Fastengebot der Fleischabstinenz genügt.

Der entscheidende Mentalitätswandel hin zur heutigen Küche Italiens findet im 17. Jahrhundert statt. Bis auf Pfeffer werden die Gewürze immer mehr zugunsten einheimischer Kräuter aufgegeben. Basilikum, Schnittlauch, Minze, Petersilie halten als «arme», aber frische Kräuter Einzug in die italienische Küche – von manchen Historikern als Reaktion auf die im Zuge der portugiesischen Indienseefahrt fallenden Gewürzpreise gedeutet. Gerade deswegen reizten sie das Publikum luxuriöser Kochbücher nicht mehr, das nun auf neue Einfachheit setzte.

Im Prinzip steht Italiens Speisezettel mit dem Barock, dieser Epoche kulinarischer Be-

Hektische Teamarbeit für das Prunkmahl. «Die Küche» von Vincenzo Campi (1536–91), Mailand, Pinacoteca di Brera.

wusstseinsbildung, ja Systematisierung und auch Intellektualisierung der Küche, fest. Wenn heute Osterien und Trattorien zur *cucina casareccia* zurückkehren und den nationalen Kanon verwerfen, so haben die meisten Rezepte ihren noch heute gültigen Schliff damals erhalten – spätestens im Settecento essen die Italiener Pasta, Pizza und Tomaten. So wird in vielerlei Hinsicht im Barock die Grundlage zur modernen Küche und Rezeptkultur Italiens gelegt – die politische Zersplitterung in viele Fürstenstaaten hat dem regionalen Reichtum der italienischen Küche durchaus gutgetan.

Interessant für die gegenwärtige kulinarische Selbstbestimmung ist, dass Köche Mittel- und Norditaliens und selbst der Barockstadt Rom den überregionalen Namen *cucina barocca* kaum in den Mund nehmen – dafür ist z. B. in Mantua eine *cucina gonzaghesca* mit Stefani-Rezepten angesagt. Wiederentdeckt hat den Begriff hingegen der feudale Süden: In den Palazzorestaurants im apulischen Lecce zündet barocke Küche als Ausweis wiedererstarkenden Regionalstolzes, und im sizilianischen Barock-Ensemble Ragusas vermarktet ein Jeune Restaurateur wie Ciccio Sultano erfolgreich sein neuestes Buch *Cucina Barocca*. Insgesamt jedoch hat Barockküche trotz der Nähe zu heutigen Rezepten Akzeptanzprobleme, da sie im allgemeinen Bewusstsein als Kontrapunkt zur mediterranen Leichtigkeit der *cucina povera* empfunden wird.

Signifikant ist die unbewusste Nachwirkung barocker Speisesitten, die bis heute die mit leichter Hand zelebrierten Formalismen italienischen Tafelns durchzieht. Auch im 3. Jahrtausend ist Essengehen ein populäres *banchetto spettacolo* mit wechselnden Akteuren, bei dem alle *bella figura* machen wollen und z. B. Geiz verpönt ist. Dieser generelle Trend zur behutsamen Feudalisierung der Tafel äußert sich in Details wie dem Eindecken mit Stoffservietten in den einfachsten Trattorien, der Selbstverständlichkeit, mit der mehrere Gänge gegessen werden, der vorbürgerlichen Jovialität, mit der man sich mit den Kellnern unterhält, und der gemeinsamen Rechnung für die Tischgesellschaft.

SALSA DI FIOR DI GELSOMINI
JASMINBLÜTENSAUCE

Bartolomeo Stefani, 1662

Nimm ein Pfund Jasminblüten, stampfe sie im Mörser mit einer halben Unze Zimt, löse zwei mostaccioli-Kekse aus Neapel in einem Pfund Rosé-Essig und zwei Unzen Zucker, lass diese Komposition in einem steinernen Gefäß mit Deckel kochen bei schwachem Feuer. Diese Sauce passt gut zu Leber, Braten, Koteletts und anderen Dingen.

Parfümierter Essig als Kontrast zur Wucht schierer Fleischspeisen, dafür steht diese in Aromen schwelgende Sauce aus frischen Blüten und Zimtgewürz. Mostaccioli sind mit Mostsirup gebackene Rosinenkekse mit kandierten Früchten – ein Ersatzvorschlag wäre etwas zerkrümelter Pfefferkuchen.

PRESCIUTTO
SCHINKEN APICIUS

Vincenzo Tanara, 1644

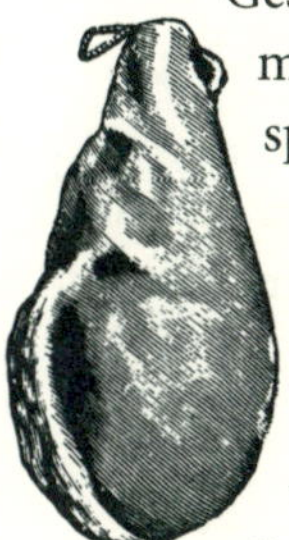

Gesalzener Schinken wird in Wein gekocht, von der Schwarte und Knochen befreit und mit Eiweiß und Zucker abgekühlt. Dann wird er gleich einem Stück Schnee als Vorspeise serviert.

In Wein gekochter Schinken wird dünn filettiert, mit Rosinen und Pinienkernen garniert und als Schnittchen gereicht.

Gesalzener Schinken wird von der Schwarte, ranzigen Fettstücken und Knochen befreit und in einer Kasserole mit geklärtem aufwallendem Zucker gekocht, und wie eine Zitronatzitrone oder eine andere Frucht wird er so gewürzt und kandiert. O Apicius, wenn du diese Speise kosten könntest, wie würde es dich grämen, dass die Neider unserer Zeit es wagen, dich als verfressen zu bezeichnen.

Drei Kurzrezepte, die in barocker Manier dem Dekor und der Anrichte mehr Text widmen als dem Kochvorgang. In Süßwein gekochter Schinken wird kühlgestellt und mit steif geschlagenem Zuckereiweiß überzogen – die Überraschung liegt darin, dass unter der Kruste rosiges Fleisch angeschnitten wird. Die levantinische Garnitur Rosinen und Pinienkerne wird über offene Schinkensandwiches gestreut. Der Apiciusschinken ist eine simple Kandieranweisung. Aus Tanaras Stolz über diese Leckerei spricht deutlich die Überzeugung vom kulinarischen Fortschritt gegenüber der Antike. Die britische Vorliebe, Schinken dick mit Orangenmarmelade zu glasieren, erinnert an diese süßen Rezepturen.

'MPANATIGGHI
MODICANER RINDFLEISCH-SCHOKOLADENPLÄTZCHEN

Traditionell (Davide Paolini), ab dem 16./17. Jahrhundert

Zutaten für 6 Personen

Füllung: 200 g Rückenstück vom Rind ☙ 200 g schwarze Zimtschokolade (ohne Milch) ☙ 50 g geröstete Mandeln ☙ 400 g Zucker ☙ 2 Eier ☙ Macisblüten
Mürbeteig: 600 g Mehl ☙ 150 g Schweineschmalz ☙ 150 g Eigelb ☙ 3 Eier ☙ Thymianhonig

Das Rückenstück gut garen. In der Zwischenzeit die Schokolade schmelzen. Das Fleisch hacken und flüssige Schokolade, gehackte Mandeln, Zucker, Eier und gewiegte Macisblüten zugeben. Den Mürbeteig zubereiten, indem die Zutaten rasch verknetet werden. Den Teig einige Stunden ruhen lassen, dann auf dem Nudelbrett ausrollen und Kreise ausstechen. Mit der Füllung farcieren und halbmondförmig zusammenklappen, die Ränder gut zusammendrücken. Das Gebäck 20–30 Minuten im Ofen backen und beim Abkühlen mit etwas Thymianhonig überträufeln.

In der sizilianischen Contea di Modica werden nach spanischem Adelsrezept Fleischküchlein mit lokaler «Aztekenschokolade» gebacken. Für diese *empanadas* verwendete man früher am liebsten herbes Wildfleisch.

SCHOKOLADE & GIANDUJA

Eine Tochter, die man ins Kloster zwingen will, muss kirchenrechtlich volljährig sein und freiwillig zustimmen. Um dieses Erwachsensein zu dokumentieren, lässt Alessandro Manzoni in seinem Nationalroman *Die Verlobten* den hochadligen Vater der endlich zermürbten zukünftigen «Nonne von Monza» demonstrativ eine heiße Tasse Schokolade servieren: Ein tragisches Initiationsritual ins süße barocke Luxusleben anno 1630, als die spanischen Habsburger über die Lombardei herrschen …

Hernan Cortéz, der Eroberer Mexikos, hatte 1523 Kakaobohnen nach Spanien gebracht und von dem Aztekentrank erzählt. Montezuma war regelrecht süchtig nach der Sakraldroge, die das «Glückshormon» Serotonin produziert: Täglich soll er 40 Tassen aufputschender, schwarzbitterer, mit Blüten vermischter *xocoatl* zu sich genommen haben. Bald wird Kakao zum Prestigegetränk des iberischen Adels: Bis heute hat sich in der spanisch-sizilianischen Barockstadt Modica die Conquistadoren-Methode der Kakaozubereitung überliefert – ölige Kakaomasse wird mit Rohrzucker und Chili oder Zimt gestampft und zu bröckligen Barren gegossen. Die *'mpanatigghi* (süße Fleischschokoladenkekse!) der Dolceria Bonajuto lassen ahnen, wie Fusions-Küche des 16. Jahrhunderts schmeckte.

Die Spanien-Connection hat Turin zur Schokoladenmetropole Italiens gemacht. Herzog Emanuele Filiberto von Savoyen («Eisenkopf»), dessen Reiterstandbild auf der von historischen Kaffeehäusern gesäumten Piazza S. Carlo in Turin galoppiert, war unter Karl V. Generalkapitän des spanischen Heeres. Er brachte 1559 als Abschiedsgeschenk Kakaobohnen in seine piemontesische Residenz. Zehn Jahre später dekretiert der heilige piemontesische Papst Pius V., dass Schokolade das Fasten nicht breche – allerdings war Milchschokolade noch nicht erfunden! Als 1587 Caterina, die Tochter des spanischen Königs Philipp II., Herzog Carlo Emanuele I. ehelicht, gehört Schokolade endgültig zum Hofzeremoniell. Graf Cagliostro kreiert in Turin die *diablotin,* Vorläufer aller in Goldpapier abgepackten Näschereien. Nicht spanisch, sondern piemontesischer Dialekt ist der Name der *gianduiotti*: Turins längliche Nougatschiffchen mit Piemonthaselnüssen werben mit der Puppentheaterfigur und Karnevalsmaske Gianduja («Hans mit dem Becher»).

«Drei Stunden wart' ich schon im Bette, und meine Dienerin bringt mir nicht die Schokolade», zetert Uberto 1733 in Pergolesis komischer Oper *La serva padrona*. Ein Indiz, dass sogar Neapel den Frühstücks-Kakao dem Espresso vorzog. Graf Camillo Cavour vereinte nicht nur Italien, sondern auch die beiden: Bis heute wird in Turin im Caffè Baratti oder dem 1763 gegründeten Bicerin gleichnamiger *bicerin* im Glas kredenzt – dunkler Kakao, schwarzer Kaffee, bekrönt von weißem Milchschaum.

Viel später werden Schokoladentafeln Mode. Als der Schweizer Daniel Peter 1875 mit Kondensmilch die erste versandfähige Milchschokolade mixte, begann man Kakao zu essen statt zu trinken. Nur zögerlich lösen die in der Hitze schnell schmelzenden Barren anderes Naschwerk wie die kalabresischen Lakritzdragees der 1731 gegründeten Wurzelsiederei Amarelli in Rossano oder bunte Zuckergussmandeln ab – die Schaufenster von Sulmona in den Abruzzen präsentieren diese Ur-Confetti, die bei Festen unters Volk geschleudert wurden, in verschwenderischer Fülle.

1946 gründet Pietro Ferrero in Alba eine Schokoladenfabrik, die 1956 nach Deutschland expandiert und zum global erfolgreichsten italienischen Lebensmittelunternehmen aufsteigt. Bereits zwei Jahre später werden täglich 200 Doppelzentner Piemontkirschen-Pralinen gefertigt. Die Marke Nutella wird 1964 ausgeklügelt, weil die italienische *supercrema* aus Piemonthaselnüssen den Markennamen wechseln muss – Creme musste in Deutschland laut Gesetz mit Milch hergestellt sein! Mit diesen Schleckereien verliert die Pflanze, die Carl von Linné 1734 Speise der Götter, *theobroma cacao* taufte, ihre Aura damenhafter Confiserien und wird zur süßen Volks- und Kinderdroge.

CUCINA POVERA – DIE KÜCHE DER ARMUT?

Im Jahre 1967 prägte der Journalist Germano Celant in Genua den Begriff der *Arte Povera* – gemeint waren Künstler wie Michelangelo Pistoletto, Alberto Burri oder Jannis Kounellis, die bewusst mit schlichten, geringgeschätzten Materialien wie Holzspänen, Erde, Blech oder Bindfaden arbeiteten. Analog beginnt in diesem Jahrzehnt des italienischen Wirtschaftswunders auch das Motto *cucina povera* seinen Siegeszug. Was zunächst tatsächlich an Armutsrezepte der Kriegszeit und an die Mangel- und Resteküche des Mezzogiorno erinnerte, hat sich längst zu einem werbeträchtigen Gütesiegel ausgewachsen. Kaum eine Tourismuswebsite, die nicht mit *cucina povera* wirbt, von einem auf die Toskana spezialisierten amerikanischen 5-Sterne-Reisebüro kurzweg als *authentic family kitchen* übersetzt. Ja, selbst adelige Kochschulleiterinnen wie Anna Tasca Lanza oder Lorenza de' Medici schwören auf die «Arme Küche». Kein anderes Land hat es geschafft, radikale Schlichtheit in der Küche, in der etwas vom Nimbus der *arte povera* mitschwingt, so sehr zu einem internationalen Erfolgsrezept zu machen.

Das Schlagwort steht zugleich für uralte Traditionen und eine kulinarischen Umwertung der Werte. Vieles an der italienischen Küche ist «arm» im Sinne von nicht elaboriert und suggeriert deswegen gerade heute frische, gesunde, leicht kontrollierbare Produktqualität.

Nirgendwo wird das deutlicher als bei der puristischen Behandlung, die man Fisch und Meeresfrüchten zuteil werden lässt. Mancher Nordeuropäer staunte, als er das erste Mal *vongole* oder Miesmuscheln mitsamt der Schalen auf Spaghetti serviert bekam – doch fernab von irgendwelchem Muschelfleisch in Wein-, Tomaten- oder gar Sahnesaucen geht es hier um direkte, sozusagen meerfrische Anschaulichkeit. Das höchste Ideal ist vor wenigen Stunden aus dem Meer geholter Fisch vom Grill oder aus dem Backofen, allenfalls mit *salmoriglio*, einer Mixtur aus Olivenöl, Meersalz und Zitronensaft besprengt. Nicht die

Alles was an der Tafel meines Sire Lodovico aufgetischt wird, verwirrt mich. Jedes Gericht ist von monströser Verwirrung. Alles ist viel zu üppig. So aßen die Barbaren. Doch wie kann ich ihn überzeugen, wenn er meine Gerichte auf der Basis von edlen Broccoli verachtet und keinen Platz findet für meine Pflaumen, die von einer feinen Karotte begleitet werden? Denn es ist mehr Schönheit in einem Kohlröschen, mehr Würde in einer einzelnen schlichten Karotte als in seinen zwölf vergoldeten Töpfen, vollgestopft und angehäuft mit Fleisch und Knochen; es ist mehr Erhabenheit in einer gedörrten Zwetschge, mehr Substanz in zwei grünen Bohnen. Was muss ich tun, um ihn davon zu überzeugen? Die Einfachheit ist alles, was mein Sire entdecken muss. Und nicht nur er, sondern das ganze Land.

PSEUDO-LEONARDO DA VINCI, *NOTE DI CUCINA*

Pesce fresco, pesce crudo – das Geschäft des Thunfischausweidens ist blutig. Marktszene Vucciria Palermo.

aufwendige Zubereitung, sondern maximale Frische (und eventuell Seltenheit) des Fisches macht den manchmal exorbitant hohen Preis aus: «Je einfacher das Rezept, desto schmackhafter das Resultat», konstatiert Lorenza de' Medici ganz im Sinne des Archestratos von Gela: «Am besten behandelst du den Fisch so: Nimm frische Feigenblätter und ein wenig frischen Oregano, keinen Käse, nichts Überflüssiges.» Quintessenz: Produkte stehen in Italien letztlich über der Kochkunst.

Ein globaler Welterfolg der *cucina povera* ist der Salat. Die «gesalzene» Schüssel aus Blättern und Kräutern, «die ja den Tieren weggegessen wird» (Costanzo Felice 1569), verrät viel über italienische Küchenmentalität. Bittere Wildkräuter – man denke nur an Trentiner Löwenzahnsalate oder die römischen *puntarelle*, die mit Anchovissauce gereicht werden –, suggerieren unverfälschten Kontakt zur «wilden» Natur. Noch heute rupfen sich mitten im Herzen der Millionenstadt Rom Wildkräutersucher in den Festungsgräben der Engelsburg ihre *misticanza*, ihre persönliche Salatmischung.

Giovanni Battista Vigilio aus Mantua (1536–1603) nennt in seinem *Recipe* («Nimm») für eine geschmackvolle üppige *insalata* nicht weniger als 43 Zutaten: Unter dem Begriff *erbe* werden Endivien und Lattich, Minze, Pimpernelle, Borretsch und Zwiebeln zusammengefasst, in der Rubrik *fiori* finden sich Salbei-, Rosmarin und Orangenblüten, unter *frutti* sind Kapern, Oliven, Karotten, Zitronatzitronen (*cedri*), Radieschen, harte Eier und Rosinen aufgeführt, und als *conditi* treten zur Garnitur Zucker (!), Presswurst, Aalstreifen, Pökelzunge und Sardellen – ein Vorläufer moderner *insalatoni*, wie sie in touristischen Ballungszentren konsumiert werden.

Der Alltagsernährung näher ist der abruzzesische Arzt Salvatore Massonio, der in seinem mit medizinischer, philosophischer und antiker Gelehrsamkeit gewürzten Traktat *L'Archidipno overo dell'Insalata* (Venedig 1627, Die Urspeise bzw. der Salat) knapp konstatiert: «Die gewöhnliche Würze des Salates ist Essig, Öl und Salz.» Schließlich hieße er sonst nicht so – bis heute kann man auf italienischen Märkten keinen «Salat» kaufen, sondern eben die Zutaten wie roten Radicchio, gekräuselten Romana oder *lattuga* genannte Salatköpfe, die in der traditionellen Küche auch gekocht oder gebraten werden. Modernem Hygienedenken widerspricht Massonios heftiges Plädoyer gegen das Waschen der Salatkräuter, das den Geschmack zerstöre.

Essig, Öl, Salz – bis heute bilden sie in Trattorien die kanonische Würztrias für den Salat, selbst Pfeffer gilt schon als Verfremdung des Geschmacks frischer Kräuter. Nach dem Prinzip klarer frischer Aromen hat Italien keine Dressings oder mit Sahne und Senf angereicherte Saucen entwickelt – stattdessen macht der Gast selbst seinen Salat an, um das maximale Geschmackserlebnis naturbelassener Frische zu haben.

Die Frischeprinzipien des Salats gelten auch für Gemüse. Durch das milde Klima, das ganzjährig Ernten zulässt, hat sich außer für Tomatensugo kaum eine hausfrauliche Einmachtradition entwickelt. Wie sehr Italiener ihre vegetarische Grünkost im Ausland vermissten, zeigt der sehnsuchtsvolle Traktat des aus Modena ins tolerantere, aber fleischfixierte England ausgewanderten Protestanten Giacomo Castelvetro (1614) *Breve racconto di tutte le radici, di tutte l'erbe e di tutti i frutti, che crudi o cotti in Italia si mangiano* (Kurzer Bericht über alle Wurzelgemüse, alle Kräuter und alle Früchte, die, sei es roh oder gekocht, in Italien gegessen werden). Speziell Kräuter wie Brennessel (*ortica*) sind eine besonders «arme» Kost, da sie von jedem wild gesammelt werden oder leicht im kleinsten Beet gezogen werden können. Hier liegt auch eine der Wurzeln des mit aromatisch-kleinen Basilikumblättern, Meersalz, Pinienkernen und Parmesan zermörserten *pesto alla genovese* – gerade die ligurischen Matrosen legten an Land viel Wert auf frische grüne Kost und Minestrone.

Mit der Vendetta eines Morchelstechers spaßt man nicht. Brigantenklischee auf Sammelkarte.

«Gemüse und Früchte unübersehlich, Knoblauch, Zwiebeln nach Herzenslust», so schwärmt Goethe auf dem Markt von Verona. Diese Wertschätzung und Kunst der Gemüsebehandlung verkörpert aber auch ein hochaktuelles Prinzip puristischer Produktperfektion. So goutiert der mediterrane Gourmet ganz besonders die zarten *primizie* (frz. *primeurs*), im Deutschen steif-philogisch als «Erstlingsfrüchte» übersetzt und im allgemeinen nur Religionswissenschaftlern bekannt: In der Antike wurden die *primitiae*, die ersten gereiften Früchte oder Gemüse des Frühlings, auf Altären den Göttern geopfert – heute erzielt das erste Körbchen Kirschen oder Spargel auf Italiens Märkten Höchstpreise. Gerade das Wissen um die rechte Jahreszeit ist entscheidend für eine Küche, die die Böden zarter Jungartischocken roh als *pinzimonio* mit Olivenöl isst oder die Kerne junger Saubohnen kurz gart und mit Wildfenchel und Pecorino garniert. Einst verachtete Gemüsesprossen wie *cima di rape* (Rübenkraut) haben sich als kanonische Beilage zu apulischen *orecchiette*-Nudeln etabliert – in Deutschland graben gerade rheinische Spitzenlokale ganz ähnlich das Stielmus armer Kohlekumpel aus. Junge Speisedisteln (*carde*) werden in der Basilicata zu Ostern mit Zickleinfleisch geschmort – hier spielt Hirtenwissen um essbare Pflanzen mit. So gilt als Krone des Gemüsegenusses grüner in der Macchia gepflückter Wildspargel, der ein viel intensiveres Aroma als gewässerter Zuchtspargel bewahrt, von dem wiederum der grüne als naturnäher vorgezogen

Aglio, aglio, aglio. Der Singsang des Knoblauchverkäufers hallt durch die Gassen eines sizilianischen Bergstädtchens.

wird. Hirtenbrauch ist auch die sardische Vorliebe, mit Myrtenbeeren zu würzen. Gerade die Küche Apuliens und Siziliens verblüfft immer wieder mit ihren ausufernden Gemüse-Antipasti voller Auberginengerichte, die an arabische Meze-Buffets erinnern. Fast jedes ländliche Erzeugnis wird in irgendeinem Dorf mit einer eigenen *sagra*, einem Erntedankfest mit Musik und Verkostungen gefeiert – von den Kirschen bis zu den Trüffeln, von der überdimensionierten Backfischpfanne im ligurischen Camogli bis zum Safranfest im sardischen San Gavino Monreale. Die Utopie vom Garten Italien, von der mythologischen Heimat der liebenden Gärtnergötter Pomona und Vertumnus mit ihren gesunden Lebensmitteln, ist die wahre Grundlage der *cucina povera*.

Hauptsache lokal: einheimische Maroni auf dem Marktstand.

Ein klassisches Beispiel lokaler Subsistenzküche sind sardische Maronen. Früher spottete man, der sardische Bauer, der Kastanienbäume besitze, könne sich auf die faule Haut legen oder dem Banditendasein widmen, da die Maronen Mastkost für die wilden Schweine seien und er selbst daraus Kastanienmehl zum Brot- und Kuchenbacken (*castagnaccio*) gewinnen könne. Esskastanien spielten immer wieder bei Hun-

Cocomero stillt den Durst und wäscht die Hände. Neapolitanischer Melonenhändler samt Stammkunden in ernster Pose für den Fotografen.

gersnöten eine wichtige Rolle – so erzählt Prudentius, dass das frühchristliche Rom durch eine Lieferung sardischer Kastanien gerettet wurde, und auch im Zweiten Weltkrieg waren Maronen die Hauptnahrung vieler Apenninendörfer. Heute changiert gerade die Kastanie zwischen Luxus und Bauernessen – Montebianco-Creme mit Schlagsahne und piemontesische *marrons glacées* stehen neben *necci* genannten Kastanienpfannkuchen der toskanischen Garfagnana oder den Maronibratern Latiums.

Besonders minimalistisch gelingt die Reduktion in Klassikern der toskanischen Küche wie der maremmanischen *acquacotta* (gekochtes Wasser) oder dem Brot-Tomatensalat *panzanella*. Auch die *fagioli all'uccelletto*, die «wie ein Vögelchen» mit Knoblauch, Salbei und Olivenöl in einer Korbflasche gegarten weiße Bohnen, gehören dazu. Nudeln waren bis ins 19. Jahrhundert hinein ein Festtagsgericht – deutlich teurer als Gemüse und Suppen. Dennoch haben sich auch hier charakteristische, italienweit beliebte Armeleutegerichte entwikkelt. Ein Basisteller wie *spaghetti aglio olio* (mit Knoblauch und Olivenöl) bewahrt in seiner erweiterten Form als *carrettiera* (auf Fuhrmannsart, mit Peperoncini und gewiegter Petersilie) seinen Volksnamen. Als Kraftnahrung der Gondolieri gilt die eintopfartige *pasta con fagioli*, in der früher meist billige Bruchnudeln verkocht wurden: «In Venetien braucht man dafür unbedingt gesprenkelte Bohnen, die mit einem Schinkenknochen und Rosmarin gekocht, anschließend zur Hälfte püriert und zum Andicken wieder in die Suppe gegeben werden», in Süditalien werden die Nudeln auch mit *ceci* (Kichererbsen) vermengt. Ob hellgrüne *zolfini*,

Im ländlichen Sardinien ist Brotbacken eine Domäne der Frauen (Foto um 1920).

blassrosa amerikanische Lamon-Bohnen, umbrische Äugleinbohnen oder die winzigen Hochlandlinsen von Castelluccio bei Norcia, Italiens Hülsenfrüchteküche kann mit erstaunlicher Sortenvielfalt prunken.

Historisch verwurzelte *cucina povera* sind natürlich alle Fleischgerichte aus Innereien, Knorpeln oder knochenreichen Stücken. Großstädte wie Venedig, Rom oder Neapel, die schon in Mittelalter und Barock die Bevölkerungsmasse des *popolo* billig verköstigen mussten, haben eine sehr eigenständige Küche des «armen Fleisches» entwickelt. So ist *fegato alla veneziana*, mit Weißwein und Zwiebeln geschmorte Kalbsleber, ebenso ein Volks-Essen gewesen wie frittiertes Hirn oder *pajata* (Kalbsmagen) in Rom. Manchmal stößt man in der Lagunenstadt noch auf Relikte eines Speisezettels, der Zeichen echter Armut trägt und teilweise Befremden erweckt. Einige wenige *bàcari* in Venedig servieren als *cicheti* (Appetithappen) noch *nerveti* (Kalbsknorpel) oder *rumegal* (geschmorte Speiseröhre), für viele ebenso gewöhnungsbedürftig wie die *panini ca meusa* (Milzbrötchen), die in Palermos Altstadt Kalsa angeboten werden. Oft haben einstige Proletariergerichte aber auch eine neue Heimat in Spitzenrestaurants gefunden, denn sie verlangen vor allem eins – teure Arbeitskraft. Das urvenezianische *risotte con secole* (ausgelöstes Wirbelfleisch) ist ebenso zum Luxus geworden wie kleine Billigfisch-*polpette* aus grätenreichen Döbeln des Gardasees. Eine in ganz Europa zu beobachtende kulinarische Wertverschiebung, denn letzten Endes kommt den Wirt ein schnellgebratenes Filet oft am billigsten. Ein anschauliches Beispiel dafür, dass traditionelle *cucina povera* längst nicht mehr billig ist, ist übrigens der in ganz Italien geschätzte Stockfisch (*stoccafisso* oder eingesalzen *baccalà*). Traditionell wurde der aufwendig zu wässernde Klippfisch in den Wintermonaten, wenn Stürme den Fischfang erschwerten, aus Norwegen und den Lofoten eingeführt.

Ein gern verschwiegenes Kapitel Billignahrung waren natürlich auch selbstgeschossene Singvögel. Wie beim Schneckensammeln lag meist der Wunsch zugrunde, einen Happen kostenloses Fleisch zwischen die Zähne zu bekommen. Heute spielt – im Gegensatz zu Malta – die Jagd auf diese Nahrung nach heftigen Protesten von Tierschützern kaum mehr eine Rolle: Lediglich in der Provinz Brescia wird sie noch in größerem Umfang zum Eigenverbrauch toleriert, ansonsten haben Wachtelzüchtereien fast völlig die Belieferung übernommen. Wenig bekannt ist, dass der schwedische Arzt Axel Munthe sich einst heftigst gegen die Wachteljäger Capris engagierte – bis ins 19. Jahrhundert wurden die Vögel der Insel als Leckerbissen italienweit verschickt.

Zur echten Armeleuteküche gehört auch, nichts wegzuwerfen – *del porco non si getta nulla* sagt ein altes Sprichwort. In kalabresischen und sizilianischen Landgütern ist es bis heute üblich, ganze Schweinsköpfe für echten *sugo di maiale* auszukochen. Die Kohlstrünke und Wildkräuter einer kampanischen *minestra maritata* (mit Kochfleisch «verheiratete» Suppe) verblüffen ebenso durch ihre Rustikalität wie die obengenannten Speisedisteln.

Bis heute lebt die *cucina povera* vom Autarkie-Ideal, das schon bei den edelschlichten Gastmählern des Horaz oder Juvenals anzutreffen ist, sich aber auch mit adeliger Gutsbesitzermentalität bestens verträgt. *Facciamo noi* – hausgemacht ist fast immer das höchste Qualitätssiegel, und einige der besten Trattorien des Landes verkünden mit stolz strahlenden Augen «Wir kaufen nichts». Bäuerliches Misstrauen gegen fremde (womöglich verfälschte) Nahrung fängt der deutsche Schriftsteller Martin Mosebach virtuos im Bild eines lebenslangen *mammone* auf Capri ein:

> «Wenn Luigi zu Mittag isst, hat niemand außer seiner Mutter etwas in der Küche zu suchen. Der sechzigjährige Mann sitzt im Unterhemd am Küchentisch, während Maria in der Nähe des Herdes steht, ihn beobachtet, gebrauchte Teller wegnimmt und neue Speisen aufträgt. Es ist zwölf Uhr mittags. ‹Luigi isst mit dem Papst›, sagt Maria. Ihr ältester Sohn ist ihr schwierigster Gast. Reinheit ist sein Ideal, und er weiß, dass man heute auswärts nur selten noch etwas Reines zu essen bekommt. ‹Woher kommt das Öl?› fragt er. ‹Von Ugo›, sagt Maria. ‹Woher kommt der Wein?› fragt er. ‹Von Mario›, sagt Maria. Das ist die Unterhaltung, viel mehr wird nicht gesprochen.»

«Gegenwärtig ist in der italienischen Küche nur das Volksmäßige lobenswert», hatte Karl Freiherr von Rumohr 1832 in seinem *Geist der Kochkunst* prophetisch erkannt. Längst ist *cucina povera* zum Topos geworden – zu den positiven aktuellen Tendenzen gehört auch, die Vielfalt traditionellen Fastfoods aufzuwerten und damit qualitätsvolle regionale Alternativen für den schnellen Happen zu bewahren. Dass es außer Pizza auch noch andere Snacks gibt, hat vor allem der Führer Osterie d'Italia von Slow-Food begriffen, der auch lokale Straßenstände und Stehkneipen lobt. Die Palette italienischer Imbisse reicht von der ligurischen *farinata*, einer Kichererbsenschnitte, die auch in Nizza und der Côte d'Azur als *socca* vom Blech verkauft wird, bis zur *piadina*, dem mit rohem Schinken oder Salami belegtem Backfladen der Romagna, von den Tintenfischsnacks Paduas bis zu den Lammfleischspießchen der Abruzzen, von den Stockfischkneipen Anconas bis zu den Törggelenlokalen Südtirols. Eine Tendenz, der auch Jamie Oliver in seinem Italienkochbuch huldigt, wo er höchst einladend die coolen Typen beschreibt, die ihre Vespas vor schäbigen Altstadtständen bremsen, um in ein Milzbrötchen oder eine *insalata di strada* zu beißen.

Cucina povera ist zum Klassiker gewordene Volksküche. Während die meisten Barockstillleben Italiens Arrangements kostbarer Früchte abbilden, hat der Bologneser Annibale Carracci (1560–1609) mit seinem *Il mangiafagioli* (Rom, Galleria Colonna) die Ikone ländlich gesunder Armeleutekost gemalt. Der Bohnenesser labt sich in spanisch-pikareskem Gestus an

Essen ist Identität: Carraccis Bohnenesser mit Arbeitshut fleischlos glücklich am appetitlich eingedeckten Tisch.

frisch entkernten Saubohnen, Lauchzwiebeln, weißem Brot, einer Gemüsetorte und Rotwein aus einem glasierten Steingutkrug. Die *cucina povera* kennt kaum eine Kluft zwischen Hausfrau und Koch – bis in die jüngste Vergangenheit lernte die Mehrzahl von Italiens Köchen in der Familie, nicht in der Kochakademie: «Cucina povera meint nicht Armeleuteküche: Sie bezeichnet die Küche der reduzierten Form, der bescheidenen Mittel, der preiswerten altbewährten Zutaten. Mit diesen Gerichten ist es wie mit der italienischen Mamma – sie wird zwar zuweilen betrogen mit einer etwas modischeren Erscheinung, verlassen, vergessen oder verachtet aber wird sie nie.»

POMIDORO ALLA NAPOLITANA
TOMATEN AUF NEAPOLITANISCHE ART

Vincenzo Corrado, 1773

Die Tomaten werden geschält, geteilt und entkernt, dann auf einem ölgetränkten Blatt Papier in eine Tortenform geschichtet. Man füllt sie mit Sardellen, Petersilie, Origano und Knoblauch, alles fein gewiegt und mit Salz und Pfeffer abgeschmeckt; bedeckt mit geriebenem Brot bäckt man sie im Ofen und serviert sie.

«Die pythagoräische Kost besteht aus frischen Kräutern, Wurzeln, Blüten, Obst, Hülsenfrüchten und all dem, was die Erde für unsere Nahrung hervorbringt … Es gibt keinen Zweifel, dass diese Kost natürlicher für den Menschen erscheint und dass der Genuss von Fleischsorten ihm schadet», so der Neapolitaner Corrado im Tratt. IX *Del Vitto Pitagorico*.

An diesem frühen Antipastorezept hat sich seit über 200 Jahren kaum etwas geändert. Mit Corrado hält die Tomate offiziell Einzug in den italienischen Speisezettel.

PANE & DOLCI

Jede Trattoria serviert automatisch einen Brotkorb (für den meistens das Gedeck, *il coperto* verrechnet wird). Seit dem Altertum ist Brot Italiens wichtigste Speise: das im Feuer geröstete Mehl galt als heilig, was vermutlich das Kochen von Nudelteig zum Tabu machte. Doch schon im 3. Jahrhundert v. Chr. stellten die Römer Wassergefäße in die Backöfen, um eine knusprigere Kruste der Backwaren zu erzielen. Der Architekt Vitruv entwickelte eine mit Wasserkraft betriebene Mühle, um Korn besonders fein mahlen zu können.

Ohne Brot keine Suppe – das gilt jedenfalls sprachlich. Denn das italienische Wort *brodo* kommt von germ. *brod*, während das deutsche Wort Suppe von italienisch *zuppa* herkommt, was wiederum vom eingetauchten Brot (*inzuppare*) herrührt. Für viele arme Bauern bedeutete Essen einfach *companatico* – Zwiebeln, Hartkäse, ein paar Tomaten waren die Beilage zum Brot, das auch gerne, wie in der Provence, als *pane bagnato* mit Olivenöl überträufelt wurde. Domenico Romoli überliefert 1560 in seiner *Singolar Dottrina* ein Rezept für Röstbrot mit in Geflügeljus getränktem Speck – heute ist schlichtere *bruschetta* (mit Öl und Tomaten) oder *fettunta* (mit Öl) populär.

«Das Verhältnis von Brot zu Getränken sollte zwei zu eins sein, von Brot zu Eiern anderthalb zu eins, von Brot zu Fleisch drei zu eins und von Brot zu feuchtem Fisch, grünem Gemüse und Früchten vier zu eins.» So legt der Renaissancephilosoph Marsilio Ficino in seiner Schrift *De longa vita* (Vom langen Leben) die ideale Brotration fest – offensichtlich verspeisten viele Italiener im Spätmittelalter zwischen einem Pfund und einem Kilo Brot täglich. Dabei waren mit Maronen oder Bohnen gestreckte Mehle üblich, die von der modernen Ökokost wieder entdeckt werden – auch wenn Domenico Romoli 1560 behauptet, dass Schwarzbrot kleiig und von geringem Nährwert sei!

Ein früher Exportschlager war Hartzwieback (*pan biscoti*), der ab 1335 im Arsenalofen von Venedig gebacken wurde. Er war resistent gegen Würmer und sicherte somit das Überleben ganzer Schiffsbesatzungen. 1821 fand man auf Kreta perfekt erhaltene *pan biscoti* – gebacken im Jahr 1669, dem letzten der venezianischen Präsenz. Sie waren nach 152 Jahren noch gut essbar. Da das Geheimrezept nie verraten wurde, rätselt man über Beigaben von Kartoffel- oder Maisstärke. Als Erfinder des Zwiebacks gilt übrigens der ägyptisch-römische Koch Pachamos.

Italiens berühmtestes Brot wird aus Hartweizen und

Meersalz in mit Mandel- und Olivenholz beheizten *forni* im apulischen Altamura gebacken. Jahrhundertealte Sauerteighefen verleihen den buttergelben Hartweizenlaiben, die wegen ihrer Haltbarkeit einst von den Hirten mitgeführt wurden, ihr besonderes Aroma. Ähnlich maisgelb (aber maisfrei) ist das mit Sesam bestreute *pane siciliano*. Hingegen schätzt Norditalien Weichweizenbrot wie das schneeweiße *pane mantovano*. Das helle salzlose Brot der Toskana – köstlich zur *salumeria* – soll auf einen mittelalterlichen Boykott der Florentiner gegen überhöhte pisanische Salzpreise zurückgehen.

Grissini entwickelte 1675 der Hofarzt Don Baldo Pecchio mit dem Bäcker Antonio Brunero in Turin als Schonkost für den neunjährigen magenkranken Herzog Vittorio Amedeo II. Die filigranen, bis zu 50 cm langen, doppelt gebackenen Weizenstangen kamen so gut an, dass das zukünftige Königshaus Italiens sogar in der Opernloge daran knabberte. Zweifach gebacken werden auch ringförmige mit Olivenöl glasierte Taralli aus Apulien. Sardische Hausfrauen mussten noch vor zwei Generationen die Kunst beherrschen, papierdünne «Wagenräder» von doppelgebackenem *pane carasau*, wegen ihres Raschelns *carta da musica* genannt, zu fabrizieren. Die im frühen 20. Jahrhundert eingeführte italienische Variante des Sandwich, der *tramezzino* (zwischen zwei Weißbrothälften), bleibt südlich von Rom eine Rarität.

Ein unendliches Kapitel wäre italienisches Backwerk – fast jede Stadt rühmt sich ihrer Spezialitäten samt Legende. Graubündner und Sizilianer taten sich im 19. Jahrhundert als Wanderkonditoren hervor – heute bekommt man in Mailand *cassata*-Torte oder mit Schafsricotta gefüllte *cannoli*, während das *Klainguti* in Genua oder das *Caflisch* in Neapel Engadiner Walnusstorte servieren. Weltweit kopiert werden die in mittelalterlich-arabischer Tradition süßer Honig-Nuss-Gebäcke stehenden Florentiner mit kandierten Früchten. Halbmondförmige Frühstücks-*cornetti* starteten als Türkenspott. Habsburgische Prinzessinnen brachten sie nach Neapel, Maria Theresias Direktherrschaft nach Norditalien.

DER DRESCHENDE DUCE – VOM GRAND TOURISME ZUR CUCINA NAZIONALE

Zwar wussten schon Italiens Renaissanceköche in virtuellen Lobpreisungen die kulinarischen Schätze ihres Landes herzubeten. Doch ab dem 18. Jahrhundert konnten die eher regional orientierten Höfe Italiens mit der gastronomischen Potenz Frankreichs und der Residenz Versailles, wo der ganze Adel des Landes mit realen Delikatessen-Geschenken aus den Heimatprovinzen um die Gunst des Sonnenkönigs buhlte, nicht mehr mithalten. Weder in Rom noch in Neapel, den beiden einzigen «Monarchien» Italiens, war das Hofkochamt von solchem Glanz umgeben wie in der Grande Nation. So verschrieben sich auch Italiens ambitioniertere Köche allmählich der Frankreichmode. Frühestes Indiz ist die italienische Ausgabe von Varennes *Le Cuisinier francois* (1651), die 1682 in Bologna unter dem Titel *Il cuoco francese* erschien.

Dieser frankophile Kochstil äußerte sich im weder politisch noch kulturell zentralisierten Italien ganz unterschiedlich. Eine Vorreiterrolle nahm das teilweise französischsprachige Piemont – in transalpiner Personalunion mit Savoyen verbunden – ein. Ein Turiner Verlag publiziert 1766 *Il cuoco piemontese perfezionato a Parigi*, ein frühes Beispiel für die internationale Französisierung der Kochsprache. Der anonyme Autor spricht von *consommé* und *paillard*, bis heute in Norditalien gebräuchliche Begriffe für Fleischbrühe und Kalbssteak, beschreibt Kalbskotelett nach Art von Lyon und Lammfilet in Béchamelsauce. Sein bizarres Parmesan-Eis wird von modernen Köchen wieder propagiert. Eher schmunzeln lassen seine *cavoli surprise*, mit Kastanien und Bratwürsten gefüllter Blumenkohl. Auch Giovanni Vialardi, Küchenchef von Italiens erstem König Vittorio Emmanuele II., betont in seinem reich illustrierten *Trattato di cucina pasticcera* (Torino 1854) mit Rezepten für Fontinakäse mit weißen Trüffeln und *marrons glacées* die Affinität der Turiner zur französisch-schweizerischen Küche.

In Neapel hingegen, wo seit 1734 eine Nebenlinie der französischen Bourbonen regierte, blieb der kulinarische Einfluss Frankreichs auf die Adelskreise beschränkt. Bis ins 20. Jahrhundert leisteten sich die großen Häuser einen *monzù* aus der Schule Monsieur Roberts. Diesen französischen Küchenmeister hatte Napoleons Schwager Murat nach Neapel mitgenommen, als er König wurde. Heute gilt Mario Lo Menzo, der die sizilianische Winzersippe der Tasca d'Almerita bekocht, als letzter Erbe dieser Tradition. Tomasi di Lampedusa setzt im *Leopard* bewusst sym-

> *Ostern nahte, und Ostern, das in meinem Heimatdorf nach Rosmarin roch, roch in Mailand nach Asphalt, Espresso, Schokolade und Campari.*
>
> GIOVANNI TITTAROSA

bolisch aufgeladene Essszenen ein, etwa wenn der Fürst Salina zur Erleichterung der Gäste keine neumodische französische *potage*, sondern einen spätbarocken Makkaroni-Auflauf servieren lässt:

«Der Anblick dieser babylonischen Nudelpastete verdiente es wohl, Seufzer des Entzücken zu provozieren. Das gebräunte Gold der Umhüllung und der Duft von Zucker und Zimt, der davon ausging, waren nichts anderes als das Präludium des Wohlgefühls, das aus dem Inneren aufstieg, als das Messer die Kruste zerteilte: Zuerst brach ein Dampf heraus, reich an Aromen, dann ließen sich die Hühnerlebern erkennen, die harten Eier, die Streifen von Schinken, Huhn und Trüffeln, die in der saftigen Masse der heißen kurzen Maccheroncini getränkt waren, denen der Fleischsud ein edles gamslederfarbenes Aussehen verlieh.»

Cavours Lieblingslokal. Das Ristorante del Cambio an der Piazza Carignano bekocht seit 1757 Turins Prominenz.

Bei den großen Kochbuchautoren Neapels schlägt immer wieder die Vitalität süditalienischer Lokalküche durch. So widmet sich Vincenzo Corrado in seinem *Cuoco Galante* (Neapel 1773) ausführlich der vegetarisch-pythagoräischen Küche und veröffentlicht als erster 13 Rezepte zur gerade erst in Kampanien speisereif gezüchteten Tomate. Auch sonst schätzt der hochgebildete Zölestinerbruder, der 98-jährig starb, mediterrane Leichtigkeit: «Die beste Art, Rotbarben zu essen, ... ist geröstet, nachdem man sie vorher mit Olivenöl, Zitronensaft, Kräutern und Meersalz mariniert hat.» Neben affigen *maccheroni alla Pampadur* (sic! – Madame Pompadour lässt mit Zimtsahne grüßen) steht Schlichtes wie Lamm mit Rosmarinfritelle oder bukolischer Luxus wie Zickleinkopf, mit Eidotter goldgebräunt und in Zedratsauce mariniert.

Ippolito Cavalcanti, Duca di Buonvicino, weiß 1837 in seiner *Cucina Teorico-Pratica* souverän über *timballo* (Reis- oder Nudelauflauf, ein Vorzeigegericht der *monzù* mit spanisch-maghrebinischen Wurzeln) und *briosce* zu schreiben und flicht den Scherz ein, dass man *culì* (frz. *coulis*, Frucht- oder Gemüsepuree) allzuleicht mit *culi* (Ärsche!) verwechseln könne. Der zweiten Ausgabe 1839 hängt er ein köstliches Kapitel *Della cucina casareccia* in neapolitanischem Dialekt an. Die erste, wenn auch noch mit komödiantischem Unterton geschriebene Abhandlung über regionale Volksküche, passend zu den Kirchenfesten des Jahres – übrigens ungefähr zur gleichen Zeit verfasst, als romantische Adlige wie Erzherzog Johann oder Herzog Max in Bayern die alpine Volkstrachtenschwärmerei begründen.

Von der Frankreich-Mode fasziniert zeigt sich hingegen einer der wenigen Italiener, die im Ausland reüssierten. Der Römer Francesco Leonardi bekochte Zarin Katharina die Große, die in St. Petersburg ihre Italophilie mit dem Komponisten Giovanni Paisiello und den Sängern der Oper auslebte, mit vage Italienischem wie Huhn gefüllt mit Makkaroni und Tomaten-Coulis. Sein sprachlich versierter *L'Apicio moderno* (1790) listet russische, polnische, türkische, deutsche, englische und französische Gerichte auf und liefert die erste Geschichte der italienischen Küche.

Weit folgenreicher als Adels-Eskapaden erwies sich die Durchdringung der internationalen Hotel- und Restaurantküche mit französischen Einflüssen. 1840 ist erstmals das populärste aller französischen Lehnwörter Italiens nachweisbar – die Trattoria ist dem frz. Begriff *traiteur* entlehnt, während Linguisten die schlichtere Taverna bzw. Osteria sprachlich bis ins Jahr 1290 bzw. 1363 zurückverfolgen können. Für die Touristen, die ab den 1820ern nicht mehr automatisch in Adelspalästen oder Klöstern absteigen, entstehen erste Grand Hotels wie das Bellevue Syrene in Sorrent (1820) oder das Londra in San Remo (1860) – einschließlich Restaurants. Natürlich wurde hier französisch gekocht, bzw. wurden zumindest französische Speisekarten geschrieben, deren banale Austauschbarkeit 1935 Paolo Monelli beklagt:

> «Es wäre Zeit, aus den Luxushotels Italiens jene sog. französische Küche zu verbannen, die dort ein trauriges Dasein führt; sie hat nichts von der ausgezeichneten französischen Regionalküche und tut nichts anderes, als unter französischen Namen eine aromenlose und monotone Internationalität zu präsentieren. Nichts ist trostloser, als wenn man die Menuangebote unserer Grand Hotels liest, sechsmal die Woche gebratenes Hühnchen zu finden, allerdings immer unter gewandelten Namen …»

Ausgehend vom Zeremoniell französischer Restaurants bildet sich auch der bis heute in verschlankter Form gültige Speisestil heraus, allerdings mit charakteristischen italienischen Einschränkungen. Typisch ist z. B. die eher widerwillige Akzeptanz der Speisekarte, die vor allem in Süditalien als potentiell unhöflich gegenüber einem mündlichen Vortrag des Angebots empfunden wird. Da sie eigentlich von der aufgesetzten Förmlichkeit des Adelsbanketts herrührt, hat sie ihren angestammten Platz in Luxusrestaurants oder Touristenorten mit Verständigungsschwierigkeiten. Linguistisch aufschlussreich ist ihr Begriffswandel: Das 18. Jahrhundert spricht von *minuta* (Kurzfassung des Rezepts), das 19. Jahrhun-

Gourmetmenu Anno 1901: Trüffelrisotto und Champagner im Bahnhofsrestaurant.

dert schwört auf frz. *menu*, der Faschismus nationalitalienisch auf das ausgegrabene Barockwort *lista* oder preisorientiert auf *nota*, während sich nach dem Zweiten Weltkrieg it. *menù* und *carta* durchgesetzt haben.

Auch der allgegenwärtige Service *à la russe* (portionierte Einzelspeisen pro Esser), der sich ab 1890 in Frankreich und England durchsetzt, stößt zumindest im mediterranen Süden immer noch auf Skepsis, man bevorzugt in archaischer Methode einen instinktiven Service *à la française*, bei dem viel gleichzeitig auf großen Schüsseln aufgetragen wird. Bahnbrechende Gedanken zu bürgerlicher Kost formulierte der Mailänder Arzt Giovanni Rajberti in seiner *L'Arte di convitare spiegata al popolo* (Die Kunst, zum Essen einzuladen, dem Volk erklärt). In philantropisch-komischem Ton verwahrt er sich gegen aufgesetztes Speisekarten-Französisch («denn in italienischer Sprache darf man nicht einmal essen!») und sonstige Übertreibungen:

> «Denn diese überlangen Speisefolgen sind absurder Überfluss wie die übervölkerten Harems der mohammedanischen Fürsten ... ein Mahl von gutem Geschmack, gleichermaßen fern von Geiz wie von verrücktem Prunk, sollte nach meiner bescheidenen Meinung, aus fünf oder meinetwegen sechs Gängen bestehen: die drei obligaten, Gebackenes, Gekochtes, Gebratenes mit Zwischenspeisen. Ich habe weder Gemüse noch etwas Salat mitgezählt ... Wollt ihr wirklich übertreiben? Fügt ein Dessert dazu, ein Eis oder andere süße Happen: ich schließe sogar die Augen, wenn es einen köstlichen Fisch gibt, der für uns Mittelmeerbewohner ein Zeichen von Luxus ist; so werden wir wahrhaft wie Apoll speisen. Aber dann basta, dann langt es auch: Mehr ist Verschwendung, Hinausziehen, Langeweile, schlechte Verdauung, heißt dem Verdienst der Medizin zuarbeiten.»

Die bürgerliche Reduktion der Speisefolge führt dazu, dass Suppen (in der Adelsküche oft verachtet), aber auch Reis und Pasta, die erschwinglicher werden und ihren Festtagscharakter verlieren, allmählich zum kanonischen *primo piatto* werden – im höfischen Barock bestand das erste Service noch aus Pasteten und Fleischschüsseln.

Neben allen Frankreich-Attitüden der reicheren Klassen und des Grand Tourisme entwikkelte sich auch die italienische Küche weiter. So bedient Giovanni Felice Luraschi mit einem Regionalkochbuch wie *Nuovo Cuoco Milanese* (1829), das so gut wie keine Nudelgerichte enthält, erfolgreich den Lokalpatriotismus der lombardischen Metropole. Der Römer Vincenzo Agnoletti, später Hofkoch der Habsburgerin Maria Luigia, Witwe Napoleons und Herzogin von Parma, wendet sich mit seiner alphabetisch angeordneten *La nuovissima cucina economica* (Rom 1814) erstmals an ein breites bürgerliches Publikum, das auch auf den Preis der Gerichte achten muss: Unter den Rezepten findet sich Regionales wie kalabresische *polpette alla catanzarese* oder mit Ricotta gefüllte Ravioli.

Neue Fakten schafft der Produktaustausch, der durch die Eisenbahn, die nationale Einigung Italiens und die entstehende Konservenindustrie forciert wurde. Der Piemonteser Francesco Cirio (1836–1900) doste in großem Stil kampanische Tomaten, Gemüse und Obst ein und eröffnete als Großexporteur Firmensitze in Mailand, Berlin, Brüssel, London, Paris und Wien: Bald ersetzt auch in Norditalien Tomatenmark aus der Tube immer mehr die teurere und aufwendigere Fleischbrühe. Durch den Wegfall von Zollschranken werden kampanische Trockennudeln billiger. Der Gebrauch von Parmesan breitet sich erst Ende des 19. Jahrhunderts in ganz Italien aus – wobei bis heute in Süditalien geriebener Pecorino oder Ricotta Salata bevorzugt wird (bessere sizilianische Restaurants bieten heute Reibekäsebuffets mit allen drei Sorten!). In Venedig übernehmen apulische Weinhändler die einst von Griechen geführten Weinstuben und nennen sie *bàcari* (seit 1869), während am Gardasee die meisten Limonenpflanzungen angesichts der Billigkonkurrenz aus Sizilien und Amalfi aufgeben müssen. Spirituosenhersteller beginnen, klösterliche oder hausfrauliche Liköre zu verdrängen. 1862 schenkt Gaspare Campari in Mailand seinen aus 86 Kräutern gewonnenen Bitter d'Olanda aus, womit er die Genever- und Likörstuben der Niederlande imitiert. Sein Sohn Davide Campari wird den mit Cochenille-Laus-Extrakt krepprot gefärbten Drink weit über den Stammladen in der Mailänder Galleria hinaus bekannt machen. 1868 füllt Salvatore Averna aus der sizilianischen Schwefelarbeiterstadt Caltanissetta seinen mit der Schale grüner Walnüsse aromatisierten *nocino* in Flaschen ab und kreiert damit einen der erfolgreichsten Amari Italiens. Die Fortüne der Unternehmerdynastie wird dadurch beschworen, dass alle neugeborenen männlichen Babies noch vor der Muttermilch ein Tröpfchen des Magenbitters auf die Zunge geträufelt bekommen. 1897 beginnt Familie Nonino in Ronchi di Percoto im Friaul mit Grappaverkauf – der Tresterschnaps wird im 1. Weltkrieg an die Soldaten der Alpenfront als Mutmacher ausgegeben. 1883 gründet der Prager Fleischhauer Frantisek Peck in Mailand das berühmteste Delikatessengeschäft Italiens.

Tanz auf der Orangenschale. Verspielte Campariwerbung (Anfang 20. Jh.).

Im ausgehenden 19. Jahrhundert bildet sich ein Kanon «nationaler» Gerichte, die vor allem landesweit in der Hotelküche (oft mehr schlecht als recht) angeboten werden und erst in den letzten Jahrzehnten durch den neuen Zugriff auf die Regionalküche zurückgedrängt werden.

Dazu gehören römische *stracciatella* (Eintropfsuppe) und *zuppa Pavese*, ursprünglich ein Verlegenheitsgericht: 1525 landet der auf dem Schlachtfeld von Pavia geschlagene französische König Franz I. bei einer armen Bäuerin, die Hirsebrot röstet, in Brühe mit verlorenen Eiern taucht und Reibekäse darüber streut. Die bequem mit Béchamelsauce zu überschüttenden Cannelloni sind 1851 erstmals belegt. Mit Schweinebacke, Pfeffer und Dotter angemachte *spaghetti alla carbonara* erfreuen sich wegen ihres patriotischen Namens großer Beliebtheit – unter dem Decknamen «Köhler» organisierten sich im Risorgimento die Anhänger eines geein-

Ikone der Neorealismo-Erotik. Silvana Mangano als mondina *(Reispflückerin) in «Bitterer Reis» (1949).*

ten Italiens. Die Kombination *scaloppine al Marsala* ist nicht in Sizilien entstanden, vielmehr durch die landesweite Verfügbarkeit dieses Kochsüßweins begünstigt worden. *Costoletta alla milanese* wird bereits 1134 als *lombolos cum panitio* erwähnt – damals galt Panieren noch als adlige Eierverschwendung. Bekanntlich schwärmten Feldmarschall Radetzky und seine österreichischen Offiziere dermaßen für das hauchdünne panierte Kalbskotelett (auf dem im Idealfall ein blassrosa Blutströpfchen zurückbleiben sollte), dass das Gericht später als Wiener Schnitzel die Welt eroberte. *Saltimbocca alla Romana*, mit Schinken und Salbei angerichtete Kalbfleischschnitten, wurden angeblich von Brescianer Gastronomen in die Heilige Stadt eingeschleppt und dann von Pellegrino Artusi propagiert, dem berühmtesten Kochbuchautor Italiens, dem das nächste Kapitel gewidmet ist. Die am Ende des Ersten Weltkriegs 1918 erstmals erwähnte *macedonia*, ein frischer Obstsalat, so bunt wie das «Völkergemisch» des Balkans oder des multiethnischen Großreichs Alexanders des Großen, hat ihre sprachlichen Wurzeln in französischen Gedichtsammlungen des 18. Jahrhunderts, die als *Macédoine littéraire* bezeichnet wurden.

Festzuhalten bleibt, dass sowohl die französischen Tendenzen wie die nationalen Gerichte nur vom wohlhabenden Bürgertum nachgekocht wurden, während die Bauern und einfacheren Leute an ihrer bescheideneren Regionalküche festhielten, die man allerdings Fremden nicht zumuten zu können glaubte: «All das verdammte den Reisenden zu einer anonymen, atypischen, vage ‹italienischen› Hotelkost.» Für den 1927 erschienenen Neapelführer des italienischen Touring Clubs TCI ist die *richezza gastronomica* der Vesuvstadt ein Faktor der Folklore (Baedeker: «das wahre Theater des Volkslebens»), nicht des Genusses – zum Zuschauen, nicht zum Teilnehmen.

Auch durch die Politik wurde die regionale Küche zurückgedrängt, da die Behörden des 19. und 20. Jahrhunderts einen zähen Hygiene-Kampf gegen alle Osterien genannten Volkslokale führten, in denen sie Brutstätten von Trunksucht, Unzucht und Aufruhr witterten. (Der vorläufig letzte Akt von behördlichem Eingriff in Traditionen gemeinschaftlichen Genießens im Namen der Hygiene ist übrigens der 2005 von der Regierung Berlusconi ausgesprochene Bann offener Zuckerschüsseln in allen Bars.) Gerade der Süden, der bis auf die Tourismuszentren Sorrent/Capri/Taormina bis in die 1960er kaum nennenswerte Hotel- und Restaurantstrukturen aufgebaut hatte, wurde damit von der bürgerlich-kulinarischen Entwicklung Italiens für Jahrzehnte weitgehend ausgeschlossen. Viele Italienführer klammerten die Landschaften südlich Roms kurzerhand aus.

Ein schnurriger Zeitzeuge für die Gegenwelt volkstümlicher Bewirtung ist der Deutschrömer Hans Barth, der 1908 sein Buch *Osteria* veröffentlichte, in dem er gerade das Volkstümlich-Gemäldehafte einheimischer Trattorien sucht und sich ereifert, wenn wieder eine seiner Lieblingsschänken elektrisches Licht eingeführt hat. Höchstwertungen vergibt er an authentische Lokale folgenden Typs:

> «Das Innere der römischen Schenke, wie sie sein soll: die dicke Wirtin am Büfett, der schmerbäuchige Wirt bei den Stammgästen, die Ballonmütze auf dem Römerhaupt, der schmierige Kellner, die Serviette über der Schulter und den Zipfel im Munde, mit Grandezza bedienend, indem er die nur vom Weine gereinigten Finger in Flaschenhälsern und Gläsern stecken hat ... Zigarrenqualm, spuckende Römer, Flüche, gewagte Scherze, krächzende Römerinnen von ungeheurer Fülle und in einem lauschigen Winkel ein Tisch mit blonden Künstlern à la Waiblinger.»

Wir melken für den Duce! Brigade einer Parmesankäserei (1937).

Die politische Entfremdung zwischen der Republik Frankreich und dem Königreich Italien, das mit den Kaiserreichen Deutschland und Österreich im Dreibund verbündet war, begünstigte die Betonung einer nationalen Küche. 1907 ordnete König Vittorio Emanuele III. an, dass die Hofmenüs italienische Namen tragen und italienisch schmecken sollten – Kaiser Wilhelm II. hatte die Tendenz mit seinem deutschen Speisekartenerlass vorweggenommen.

«I maccheroni, puah!» Zum Frontalangriff auf die eingefleischten Traditionen der italienischen Küche blies F. T. Marinetti 1930 mit seinem *Manifesto della Cucina futurista*. Der Vordenker des Faschismus, der die Kanäle des dekadenten Venedigs zubetonieren wollte, sah in der trägmachenden Pasta den Hauptgrund für den bescheidenen Rang Italiens unter den Kolonialmächten – schließlich hatten die Römer, die ein Weltreich beherrschten, auch noch keine Nudeln gegessen:

> «Wir behaupten diese Wahrheit: Man denkt, man träumt, man handelt nur gemäß dem was man trinkt und isst ... Wir bereiten eine Agilität der italienischen Körper vor, die zu den federleichten Zügen aus Aluminium passt, die die gegenwärtigen schweren aus Eisen, Holz, Stahl ersetzen werden ... Überzeugt, dass in dem wahrscheinlichen zukünftigen Weltenbrand das agilste Volk siegen wird ... halten wir vor allem eins für nötig: Das Verbot der Pastasciutta, dieser absurden gastronomischen Religion Italiens – sie erzeugt: Schlaffheit, Pessimismus, nostalgische Inaktivität und Neutralismus.»

Getreideschlacht-Propaganda. Das faschistische Regime erklärt in Plakat-Kampagnen die Bewältigung des Versorgungsnotstands zum nationalen Anliegen.

Stattdessen empfahl Marinetti Rezepte von dadaistischer Gewagtheit wie sein berühmtes *porco eccitato* (aufgeregtes Schwein): rohe Salami mit heißem Espresso und Kölnisch Wasser zubereitet sowie die kulinarische Phantasie reizende kubistisch komponierte Speisen, die er *carneplastico* taufte – ein früher Ideengeber der Laborküche des genialen katalanischen Experimenteurs Ferran Adrià?

Chefsache. Mussolini im Schweiße seines fliegerbebrillten Angesichts.

Solche fulminanten Exkurse kaschieren, dass das wahre Problem der *cucina fascista* die Grundversorgung war. Der Duce selbst lässt sich mit proletarisch-nacktem Oberkörper als Erntehelfer in der *battaglia del grano* (Getreideschlacht) fotografieren. Durch die Entscheidung Mussolinis, die Auswanderung zu verbieten, und durch den internationalen Boykott nach dem Abessinienkrieg (vor dem Ersten Weltkrieg wurde der meiste Hartweizen über das ukrainische Taganrog am Schwarzen Meer importiert) kam es zu gravierenden Nahrungsmittel-Engpässen. Für viele Italiener war der Bibelspruch vom täglich Brot Alltag – allenfalls aufgewertet mit etwas Salz, Ricotta, Öl, Knoblauch oder Tomaten. Schriftsteller wie Ignazio Silone (*Pane e Vino*) oder Carlo Levi (*Christus kam nur bis Eboli*) haben das Elend vor allem der süditalienischen Landarbeiter beschrieben.

Vor diesem wirtschaftlichen Hintergrund gewinnen auch Marinettis scheinbar überspannte Thesen pragmatische Realität – sein Plädoyer, Risotto *made in Italy* statt Pasta aus Importweizen zu essen, sollte Italien autarker machen.

Immerhin liefert die mobilitäts- und technikfixierte Ideologie der faschistischen Ära Impulse zur flächendeckenden kulinarischen Erkundung des eigenen Landes. Ähnlich wie in der Staatsdruckerei ambitionierte Kunst- und Fotobände auch zu entlegenen Regionen der Apenninenhalbinsel erscheinen, besteht ein nationales Interesse des Regimes daran, auch das kulinarische Erbe des Landes zu publizieren. 1931 gibt der Touring Club d'Italia TCI erstmals eine *Guida gastronomica d'Italia* heraus. Der Journalist Paolo Monelli unternimmt 1935 eine lesenswerte kulinarische Tour de force durch sämtliche Regionen Italiens, die er ironisch im Sinne eines fahrenden Ritters *Il ghiottone errante* (Der herumirrende Schlemmer) betitelt.

«Italien von den Alpen bis zum sizilischen Capo Lilibeo bereisend bemerkte ich, wie prall dieses Italien ist an Geschichte, Glorie und großen Ereignissen, so dass es genügt, sich wenige Kilometer zu bewegen, um Zeitalter und Ereignisse zu wechseln, um neue Namen lernen zu müssen und vor unerwarteten Denkmälern, vor der Mannigfaltigkeit der Ansich-

Ragout fin aus Regenschirm, Hosenträgern und Gummireifen: Der erfahrene Koch, der nicht vor Marinettis Postulaten kapitulierte. Karikatur von Apolloni zum Thema carneplastico (S. 130).

ten, Panoramen, Straßen, Sitten und Traditionen zu staunen. Das Gleiche gilt für den Wein und die Küche, Hunderte sind die Spezialitäten unserer Erde und Hunderte die Weine, die es wert sind, getrunken zu werden: Auch auf diesem Feld ist die Heimat verpflichtend, trächtig und prall, es bedürfte eines Magens wie eine Bibliothek, eines Bauchs wie eine piemontesische Kellerei …»

1929 wird in Mailand das bis heute rezeptorientierte Monatsmagazin *La Cucina italiana* «geboren, um ein reales Bedürfnis der italienischen Frauen zu befriedigen, die damals fast alle zu Hause blieben und kochten» (Patrizia Caglioni 2006). Zur angebeteten Kochbuchautorin der Ära wird Petronilla. Hinter diesem, einem amerikanischen Comic Strip entlehnten *nom de plume* verbirgt sich eine hochinteressante Erscheinung: Die Mantovanerin Amalia Moretti Foggia (1872–1947) war 1898 Italiens erste Frau, die in Bologna zum Doktor der Medizin/Chirurgie promovierte. Aus den Gesundheitstipps, die sie ab 1928 in *La Domenica del Corriere* schreibt, entwickelt sich schnell Italiens populärste Kochsparte. Ihre zum Volkspreis von wenigen Lire auf den Markt geworfenen *perline* propagieren in vertraulicher Anrede eine sardinendosen- und später kriegswirtschaftsorientierte Hausfrauenküche. Petronilla selbst, die kinderlos blieb und sich mit Intellektuellen und Künstlerfreunden umgab, hat entsprechend ihrem Stand niemals gekocht, sondern diese Aufgabe ihrer Köchin und ihrem Dienstmädchen übertragen. Ein interessantes Zeitdokument sind vor allem Petronillas *Ricette per tempi eccezionali* (Milano 1941), ein fast boccaccesker Hausfrauendiskurs über Sparrezepte in Kriegszeiten.

Als Prunkstück nationalen *flag foods* sei abschließend der *timballo alla Principe Caracciolo* erwähnt, den in den 1930ern Monzù Cesare, Koch des Principe Caracciolo di Castagneto, seines Zeichens italienischer Botschafter in Budapest, jedes Jahr zum Geburtstag des Königs buk: Reich mit Schinkenspinatfarce gefüllt, wird seine tortengleiche Oberfläche von sorgfältigst gelegten Spaghetti, Tomatenstreifen und Brechbohnen segmentiert, die im Weiß-Rot-Grün der Trikolore glänzen.

I SALTIMBOCCA RÖMISCHE KALBSSCHNITZEL MIT SALBEI UND SCHINKEN

Petronilla, um 1930

Wen seh ich – bei der Metzgerin Nene – damit beschaftigt, sich Kalbsschnitzel abschneiden und klopfen zu lassen?

Meine liebe Leda, die ich ewig nicht mehr gesehen habe … und die merkt, dass auch ich Kalbsschnitzel ordere …

Was machst Du daraus?

Ich werde ein leicht und schnell zuzubereitendes Gericht machen, relativ günstig und sehr appetitlich: eine Saltimbocca … ich werde jede der Scheiben, die der Lehrling gerade aufschneidet, teilen und Stück für Stück breiter klopfen; auf jede werde ich ein Blättchen Salbei legen und auf das Salbei etwas geschnittenen Kochschinken ...; und mit einem Zahnstocher werde ich Salbei und Schinken auf jeder Scheibe feststecken.

Kurz vor dem Essen werde ich in einer Pfanne 50 g Butter erhitzen; wenn die Butter zu bräunen anfängt, werde ich die Saltimboccas darin erst von einer und dann von der anderen Seite rösten; ich werde eine Prise Salz und Pfeffer darüberstreuen; ich werde sie nach wenigen Minuten aus der Pfanne nehmen, sobald sie gar sind; ich werde sie mit dem Schinken nach oben auf einer Schüssel anrichten, die ich heiß halte, indem ich sie auf einen Krug heißes Wasser stelle; ich werde die Pfanne aufs Feuer zurückstellen, nachdem ich einen halben Brühwürfel und einen Teelöffel Mehl hineingegeben habe; und wenn dieser Sugo kocht und sich verdichtet, werde ich ihn über die Saltimboccas schütten; ich werde sie zu Tisch bringen; und siehe, mit wenig Ausgaben und wenig Arbeit, ein einfaches, aber originelles Gericht.

Ich danke Dir, liebe Petronilla, dass du mich erleuchtest hast! ... Noch heute mach' ich eine Saltimbocca.

Leichte Nachkochbarkeit und hausfrauliches Preisbewusstsein stehen im Mittelpunkt von Petronillas Rezept für die «In-den-Mund-Hüpfer». Besser nimmt man rohen Parmaschinken (salzt dann sehr wenig). Wenn man die armutsbedingte sättigende Mehlschwitze wirklich machen will, sollte man den Brühwürfel zuvor in etwas Wasser auflösen.

FILETTI DI PESCE SPADA ALL'ITALIANA
SCHWERTFISCHFILETS AUF ITALIENISCHE ART

Francesco Leonardi, 1790

Schneidet Schwertfischfilets einen Daumen dick und einen Palm breit (ca. 13 cm); mariniert sie für ca. 2 Stunden mit Olivenöl und geschmolzener Butter, Salz, gemahlenem Pfeffer, *prugnoli* oder Trüffeln je nach Jahreszeit, oder mit beiden in getrockneter Form, Petersilie, Schalotten, Frühlingszwiebeln, einer Zehe Knoblauch, etwas Basilikum, alles fein gewiegt. Eine Viertelstunde vor dem Servieren richtet diese Filets auf einem silbernen Teller oder in einer großen Kasserolle mit der gesamten Marinade so an, dass sie sich nicht überlappen. Stellt sie auf ein munteres Feuer; wenn sie von einer Seite gebraten sind, dreht sie auf die andere, denn sie braten in einem Moment; dann schichtet sie auf die Platte, die ihr servieren wollt, tut etwas Fleisch- oder Gemüsefond in die Kasserolle, wo sie gebraten wurden mit einem Glas Sciampagna oder anderem Weißwein.

Lasst ihn aufkochen, um das Fett zu lösen, und gebt ihn über die Filets mit Zitronensaft. Ihr könnt diese Filets mit gekochten Schalotten und Brotcrostini garnieren.

Nur im Ausland heißen Gerichte *all'italiana*. Dieses Rezept des römischen Hofkochs der Zarin Katharina der Großen ist typisch für die Kompromisse einer (inter)nationalen Küche, die sich teilweise aus dem Fehlen regionaler Zutaten ergeben. Die befremdliche Idee, Schwertfisch in Öl *und* Butter zu marinieren, erinnert daran, dass im 19. Jahrhundert Olivenöl als bäurisch gilt – so wird z. b. Escoffier im Londoner Ritz die provençalischen Gerichte seiner Heimat mit «vornehmerer» Butter kochen. Auch die Trüffel oder *prugnoli* (Steinpilze, Reizker) zum Fisch, die sich mit dem herkömmlichen Knoblauch schneiden, erinnern an luxusorientierte mare-monti-Kombinationen – wo Schwertfisch gefangen wird, wachsen keine Pilze. Die Kochzwiebeln auf dem Fisch sind von Catania inspiriert (früher gab es Thunfischdosen mit Erbsen und Zwiebeln!), während die Brotcrostini die spanisch-sizilianischen Brösel durch französische Croutons ersetzen.

GELATO & GRANITA

Ca. 3000 der 4000 deutschen Eisdielen werden von Italienern geführt – meist aus den Dolomiten stammende Erben einer Handwerkskunst, die vor gut 1000 Jahren im arabischen Sizilien begann. Denn dort wurde das chinesisch-orientalische System der Eisernte, um Fruchtsäfte zu Sorbets abzukühlen, übernommen: Während im 11. Jahrhundert täglich eine Kamelkarawane mit gepresstem Schnee vom syrischen Libanon in Kairo eintraf, hatten es die Emire Palermos leichter, denn der Schnee des über 3000 Meter hohen Ätna ließ sich ganzjährig in kühlen Gruben (*neviere*) lagern.

«Habt Ihr jemals versucht, mit buntem Wasser und Brot zu frühstücken? Es ist eine Speise für Könige», fragte Pietro Monelli 1935. Bis heute tunkt man in Taormina oder Messina im Sommer seine Frühstücksbrioche in *granita*, geeisten Fruchtsaft im Stile des persischen Scherbetts, mit exotischen Geschmacksrichtungen wie schwarzen Maulbeeren, roten Walderdbeeren, orangen Feigenkakteen oder gelber *limone*, für die Ippolito Cavalcanti ein klassisches Sorbetrezept überliefert. «Selbst die Bauern in diesen heissen Gegenden traktieren sich während der Sommerhitze mit Eis … eine Schneehungersnoth würde ihnen, wie sie selbst sagen, noch empfindlicher fallen, als Mangel an Getraide oder Wein» notierte schon 1770 Patrick Brydone auf seiner Grand Tour.

Spätestens im 16. Jahrhundert hatte sich Catania unter dem Ätna zur europäischen Hauptstadt der Eismacher entwickelt. Pomeranzen und andere aromatische Obstsorten, jahrhundertelanges Know-How und die Entdeckung, dass Salpeterbeigabe die Wassertemperatur herabsetzt, verliehen dem sizilianischen Eis mythischen Ruhm. Caterina de' Medici war stolz auf ihren sizilianischen Eismacher Buentalentis, und auch der Cafetier, der als erster Eisluxus in Europas Salons populär machte, war Sizilianer. 1686 eröffnet Procopio de' Cultellis aus Acitrezza in der Rue de l'ancienne Comédie in Paris den ersten öffentlichen Eissalon. Im Café Procope delektierten sich Künstler und Philosophen an italienischen *sorbets* und *glaces* und versetzte Napoleon als Leutnant seinen Hut (gegen ein Eis?). 300 Jahre später eröffnen süditalienische Eismacher wie Costanzo in Noto mit seiner Jasmingranita, die Bergamotte- und Zitronatzitronenkreationen im kalabresischen Pizzo oder Pippos geröstetes Mandeleis in der Bar Centrale in Floridia bei Syrakus neue Geschmackshorizonte.

Ab dem 18. Jahrhundert breitet sich die Eisbombenmode an den feineren Tafeln Europas aus. Cremiges Milch- und Sahnespeiseeis wird beliebter und verschafft den alpinen Regionen Italiens Wettbewerbsvorteile. Bewoh-

ner ganzer Dolomitenbergtäler, wie des Val di Zoldo und des Cadore, spezialisieren sich darauf, als fahrende Wandereismacher herumzuziehen, und schließlich saisonale *gelaterie* zu eröffnen. Hohe Eiskonditorenkunst sind die selten gewordenen *semifreddi* (Halbgefrorenes) und *pezzi duri* – Miniatureisbomben wie *spumone*, geeiste *cassata* oder schokoglasierter *bacio* (Kuss). Am populärsten ist der *tartufo* geblieben, ein hartgefrorenes Trüffeleis, für das Tre Scalini an der Piazza Navona in Rom und Nico auf den Zattere Venedigs gepriesen werden, während Fiorio an der Via Po in Turin das beste cremige Gianduja-Nougat-Eis kühlt. Von der Eiscremeindustrie aufgegriffen wurde die Idee des *pinguino*. Das schokoladenüberzogene Vanilleeis am Stil ist eine pfiffige Gastarbeitererfindung: 1935 verkaufte es erstmals der Neapolitaner Domenico Pepino an der noblen Piazza Carignano Turins.

Die lockende offene Eistheke, wo man sich die Kugeln auf die Waffel (*cono*) oder altmodischer in den Becher (*coppetta*) geben lässt, bürgert sich erst in der Nachkriegszeit mit ihren verbesserten Kühlmöglichkeiten ein. Einige der besten Gelaterie Italiens setzen bewusst weiter auf die nostalgische Geheimniskrämerei in den Tresen eingelassener Bottiche, die mit glänzenden Metallhauben verschlossen sind: unverwechselbares Gelato made in Italy ist z. B. Vintage-Marsalaeis der beim Trevibrunnen versteckten Gelateria S. Crispino.

PELLEGRINO ARTUSI – EIN BANKIER SCHREIBT KOCHGESCHICHTE

L'*Italia e fatta, facciamo gli italiani* – Italien ist geschaffen, jetzt lasst uns die Italiener schaffen! Dieses Bonmot des piemontesischen Staatsmannes Graf Camillo Cavour, unter dessen Ägide Italien 1860 erstmals seit der Spätantike wieder zu einem Staat vereint wurde, lässt sich auch auf die Küche anwenden. Denn in der neuen Nation, die – wie es in der Nationalhymne heißt, *dalle Alpi alla Sicilia* reichte, prallten unterschiedlichste Dialekte, Mentalitäten und Esskulturen aufeinander. Der Süden kochte mit Olivenöl, der Norden mit Butter, Artischocken und Auberginen galten in Florenz als exotisch oder «jüdisch». Der Käse, in Kalabrien oder Sizilien Antipasto, war in Mailand oder Rom ganz wie in Paris Abschluss eines Essens. Während man im Norden Parmesan auf die Nudeln streute, verwendeten Süditaliener Pecorino und Sarden *bottarga*, geriebenen Meeräschenrogen.

Allenfalls billige Alltagsgerichte wie Minestrone, Stockfisch oder Pasta mit Bohnen hielten die Nation kulinarisch zusammen, während Spaghetti und Pizza in weiten Teilen Italiens unbekannt waren.

Der Mann, der mit seinem Kochbuch den Zeitgeist des Risorgimento traf, war Bankier und Literat und lebte in Florenz. Pellegrino Artusi (1820–1911) hatte in seinen Studienjahren die volkstümliche Küche im «fetten» Bologna (*Bologna grassa*) hinlänglich erprobt und als reisender Seidenverteter in verschiedenen Regionen Mittelitaliens aushäusig gespeist. Als kein Verleger bei seiner Rezeptsammlung für den Hausgebrauch anbiss, probierte er es im Eigenverlag und gab 1891 unter dem Titel *La Scienza in cucina e l'Arte di mangiar bene* («Von der Wissenschaft des Kochens und der Kunst des Genießens») 475 in launige Essays verpackte Rezepte heraus. Mit damals revolutionären Vertriebsmethoden wie Zeitungswerbung und Direktmailing gelang es ihm schnell, Aufmerksamkeit zu erwerben. Dass der «Artusi» trotz abschätziger Kritiken bald zum Riesenerfolg wurde – zu Lebzeiten des Autors wurden 35 Auflagen gedruckt und 283 000 Exemplare des auf 790 Rezepte erweiterten Werks verkauft – hängt vor allem damit zusammen, dass seine Rezepte hohen Gebrauchswert hatten. Nach dem Artusi wurde wirklich gekocht. Generationen italienischer Bräute bekamen ihn zur Aussteuer für den ersten Schritt in eine erfolgreiche Casalinga-Existenz geschenkt: «Man kann Artusis Werk fast als Handbuch für die Pflege von Ehemännern ansehen», notiert Davide Paolini.

Artusi hat mehr als «Die Verlobten» (I promessi sposi, Italiens Nationalroman von Alessandro Manzoni) für die Einigung Italiens getan.

PIERO CAMPORESI

PELLEGRINO ARTUSI

LA SCIENZA IN CUCINA

E

L'ARTE DI MANGIAR BENE

MANUALE PRATICO PER LE FAMIGLIE

Igiene * Economia * Buon gusto

Un pasto buono ed un mezzano
Mantengon l'uomo sano

Molto cibo e mal digesto
Non fa il corpo sano e lesto

Piglia il cibo con misura
Dai due regni di natura

Prima digestio fit in ore

IN FIRENZE

PEI TIPI DI SALVADORE LANDI

Direttore dell'Arte della Stampa

1891

Toskaner lieben Wildgerichte: Ein Hase hoppelt über die Titelseite der Erstausgabe des Artusi (1891).

Denn Artusi ist der erste italienische Kochbuchautor, der bewusst nicht für «Baldachinköche», sondern für jedermann und besonders Hausfrauen schreibt. Der Bankier stand nie selbst am Herd, sondern ließ seine Ideen von zwei Hausangestellten ausführen: Es schadete dem Buch keineswegs, dass weder die Toskanerin Marietta Sabatini aus Massa e Cozzile (bei Pistoja) noch der Romagnole Francesco Ruffili aus Forlimpopoli Profiköche waren. Im Gegenteil, sie ermunterten den Autor, für jeden bürgerlichen Haushalt nachkochbare Gerichte auszuwählen und ohne professionelle Geheimniskrämerei zu beschreiben und – damals noch selten – nicht mit hilfreichen Mengenangaben zu geizen. Sie sorgten auch für die ausgeprägte *italianità* der Rezeptauswahl. Denn bis auf ein paar Mode-Gerichte wie Plum-cake oder Rind *alla California* (mit Sahne-Essigsauce) präsentiert Artusi Einheimisches und italienisiert französische Begriffe (z. B. das Ochsenschmorfleisch *boeuf à la mode* zu *bue alla moda*). So beginnt sein Kochbuch klassisch mit einer guten Brühe und einem Fleischsugo im Bologneser Stil mit Zwiebel, Karotte und Stangensellerie. Unter der Überschrift *minestre* (Schüsseln, Vorspeisen) werden zahlreiche Tortellini, Gnocchi, Risotti, aber auch Kürbissuppen, Erbspürree oder eine Bouillon mit Kapauncroutons abgehandelt. Spaghetti mit Erbsen oder Sardellen tragen der Fasten- und Volksküche Rechnung. Toskanisch ist die breite Palette von Crostini (Röstbrotaufstrichen), gebackenem Gemüse und Fleisch. Das heute noch häufig zubereitete Jägerhühnchen *pollo alla cacciatora* lässt er in Speck, Zwiebel, gutem Rotwein und etwas Tomatensugo köcheln, während er *pollo alla contadina* (Bäuerinnenart) mit Rosmarin abschmeckt. Schwarze Trüffeln, damals offensichtlich noch recht billig, werden wie Allerweltspilze *alla bolognese* mit Parmesanscheiben in eine Kupferform geschichtet, in Öl gebraten und mit Zitronensaft, Salz und Pfeffer mariniert. Auch sonst verblüffen einige Rezepte wegen ihrer Schwere, so leistet sich Artusi die Todsünde, Maccheroni mit *balsamella* (Béchamelsauce!) zu «gekochtem Fleisch, Schmorbraten oder Kalbsschnitten» zu empfehlen. An dem von Napoleons Koch erstmals im Feldlager improvisierten Marengo-Huhn (mit Weißwein, Muskat, Zitronen,

Wenn da nur kein Fiasko passiert! Chiantikutscher als Stapelgenies: Sieben Lagen strohgepolsterter bastumflochtener Korbflaschen wollen ausbalanciert sein.

Fleischbrühe und Petersilie) oder den Nierchen nach Pariser Art zeigt sich, dass Artusi kein rigider Kochnationalist ist.

Besonders bei den Desserts, in Italien eigentlich kein Bestandteil der Trattoria-Küche, sondern eher Festtagsleckereien, tritt der weltmännisch-großbürgerliche Geschmack Artusis zutage – immerhin war Florenz von 1864 bis 1871 Hauptstadt Italiens und Sitz des diplomatischen Corps. Sein *dolce tedesco* entpuppt sich als Vanillepudding, sein interessantes Tee-Eis ist wieder hochaktuell, und die *zuppa inglese*, die dem *trifle* entlehnte «englische Suppe» (weil sie in roten Alchermes-Likör eingeweichtes Biskuit enthält), ist unverändert ein Klassiker toskanischer und emilianischer *pasticcerie*.

Leidenschaftlich verteilt Artusi seine Sottisen gegen den Pomp des französischen Kochstils und hochtrabende Rezeptnamen, so über die Petersilienbutter *salsa alla Maître d'Hôtel*: «Hört nur, was für geschwollene Namen sich die Franzosen für eine so alltägliche Sache ausdenken! Aber sie haben in dieser und in vielen anderen Dingen das Recht für sich gepachtet, Vorschriften erlassen zu können … ich erkläre hiermit ein für alle Mal, dass Namen in meiner Küche keine Rolle spielen, auch wenn sie noch so schwülstig klingen.»

Nur auf den Geschmack komme es an, lautet Artusis kulinarisches Credo, denn «seltsam oder lächerlich sind fast alle kulinarischen Termini». Heute haben sich die Küchenrivalen im Geiste Rossinis versöhnt: Artusis Heimatort Forlimpopoli vereint eine Städtepartnerschaft mit Villeneuve-Loubet bei Cannes, wo sein prominenter Zeitgenosse Auguste Escoffier (1846–1935), der «Kaiser aller Köche», geboren wurde.

Was die Beliebtheit des in handlichem Kleinformat erschienenen Artusi förderte, war sein vertraulicher Plauderstil – der literarisch versierte Dilettant verstand es, die meisten Rezepte mit einer gefälligen Anekdote, einem persönlichen Reiseerlebnis oder zumindest einem prak-

Fiasco, Zwiebeln und Wirsing. Venezianische Marktfrau als Studio-Modell.

tischen Einkaufstipp zu verknüpfen. Das einleitende populärmedizinische Kapitel über Hygiene, Mundpflege, Sport, gesunde Esssitten und mäßiges Trinken (ansonsten Gefahr von Messerstechereien!) und gelegentliche Exkurse zur Krankenküche sorgten dafür, dass der Artusi zum gastronomischen Vademecum wurde, mit dem sich viele italienische Familien rundum gut aufgehoben wussten.

Mit Artusis Erfolgsstory wird der italienische Rezeptkanon allerdings auch auf bestimmte Regionen festgezurrt. Für den in Florenz ansässigen Romagnolen Artusi steht die Küche der Toskana (das gelobte Kulturland!), aber auch die Emilia Romagna im Vordergrund: «Wenn ihr von der Bologneser Küche sprechen hört, dann erweist ihr eure Reverenz, denn sie verdient es.» Artusi spricht am liebsten über die kulinarischen Landschaften, die er selbst am besten kennt und die seinem bürgerlichen Essverständnis am nächsten kommen. Ganz Kind seiner Zeit, findet er die gepfefferten Spaghetti, die von den Lazzaroni Neapels auf der Strasse mit Fingern gegessen werden, abstoßend und verreißt eine Trattoria bei Pompeji. Im Sinne des Risorgimento, das das rückständige feudal-spanische Süditalien durch die Kultur und Wirtschaft des Nordens modernisieren wollte, spielen Rezepte aus dem von Garibaldi 1860 annektierten Königreich Beider Sizilien kaum eine Rolle. Das mentale Nord-Süd-Gefälle überträgt sich auf die Beurteilung der Küche. Apulien und Kalabrien bleiben Terra Incognita, während die toskanische Witwe eines in den Norden verschlagenen Sizilianers zumindest ein Rezept für palermitanische *pasta con le sarde* beisteuert. Die *maccheroni alla napoletana* werden bezeichnenderweise durch eine kräftige Beigabe Butter eingenordet. Bis heute haben Süditaliener, die in Deutschland Lokale aufmachen, in denen sie «toskanisch» kochen, diese kulinarische Diskriminierung des Mezzogiorno verinnerlicht.

Positiv ausgedrückt: Artusi postuliert erfolgreich eine bürgerlich italienische Küche, die Regionales meist nur aufnimmt, wenn es sich auch in anderen Gegenden bewährt hat, und wird damit zum Schöpfer einer praktikablen nationalitalienischen Küche. Artusi ist der Mann, dem ursprünglich lokale Rezepturen wie der Hackfleischsugo *alla bolognese* ihren italien- und weltweiten Erfolg zu verdanken haben. Seine pädagogische Tendenz zur Schaffung einer hochitalienischen Rezeptterminologie schlägt durch, wenn er sich bei der Livorneser Fischsuppe Cacciucco abschätzig über die regionale Namensvielfalt italienischer Gerichte äußert: «Die Sprachverwirrung in den italienischen Provinzen erinnert an ein zweites Babylon.»

Pellegrino Artusi ist ein typischer Vertreter einer neuen Spezies von Essern: Parallel zur Entstehung einer professionellen Kochkunst, die die Bedürfnisse einer *öffentlichen* Klientel befriedigte, bildete sich der bürgerliche Feinschmecker heraus – «selbst kein Koch, aber ein Experte der kulinarischen Kunst, der die öffentliche Meinung in den Dingen des Geschmacks lenkte.» Zu Recht gilt er als Übervater der modernen *cucina*. Artusis Klassiker, 1970 mit einer kritischen Edition im renommierten Turiner Verlag Einaudi in den Olymp der italienischen Literatur aufgenommen, wird nach wie vor in verschiedenen Neudrucken verkauft. Manche Anweisung ist nach über 100 Jahren überholt: «Unzeitgemäß sind auch die langen Garzeiten, die üppigen Mengenangaben, die immer gleichen Zutaten, die schweren Saucen, die vielen Brühen, die mehr als die Hälfte dieser Gerichte prägen, und die erst mit der Zeit den Nudelgerichten Platz gemacht haben.» Als überkommen gilt auch seine Vorliebe für Butter oder Speck als tierisches Bratfett – in der Romagna war Olivenöl teure Mengelware – oder die eher stiefmütterliche Behandlung, die Fisch erfährt.

Andere Statements Artusis bleiben up to date. So plädiert er gegen die Nervosität der Intellektuellen des Fin de siècle, «mit Drüsen, die sich nicht ernähren, sondern mittels Kaffee, Alkohol und Morphium erregt und am Leben gehalten werden» für eine Rehabilitierung des natürlichen Geschmackssinns. Seine Leidenschaft, seine Freude am behutsamen Experimentieren und seine Einkaufstipps für beste Rohstoffe auf lokalen Märkten veralten nicht. Artusi klebt nicht an Idolen, sondern verschlankt z. B. die Barocksuppe des Gonzagakochs Bartolomeo Stefani durch Verwendung von Petersilie und Basilikum statt Zucker und Gewürzen. Seine Tendenz, eine oral überlieferte Volks- und Bürgerküche mit all ihrer Schwankungsbreite aufzuzeichnen, gibt laut Gualtiero Marchesi in letzter Konsequenz «dem Koch die totale Freiheit».

Fazit: Artusi hat dadurch Kochgeschichte geschrieben, dass er eben nicht die Geheimrezepte großer Zelebritäten verrät, sondern eine für alle nachkochbare italienische Küche, mit der sich weite Teile der Bevölkerung bis heute identifizieren können, schriftlich konstituiert. Wenn er dann auch noch schnellen Erfolg verheißt, sind wir vollends beim demokratischen Erfolgsrezept moderner Kochautoren. «Mit meinem Handbuch hingegen kann jeder, der einen Kochlöffel zu halten vermag, etwas zustande bringen!»

CROSTINI DI CAPPERI
KAPERNPASTE

Pellegrino Artusi, 1891

50 g Kapern in Essig · 50 g gemahlener Zucker · 30 g Korinthen · 20 g Pinienkerne · 20 g Schinken mit Fettrand · 20 g Orangeat/Zitronat

Zerdrückt die Kapern grob, pflückt die Stiele der Korinthen ab und wascht sie gut, schneidet die Pinienkerne quer in drei Teile, würfelt den Schinken fein und zerteilt das kandierte Obst in kleinste Stückchen.

Stellt in einer kleinen Pfanne einen Löffel Mehl und zwei von dem erwähnten Zukker aufs Feuer, und wenn diese Mischung sich braun verfärbt, dann schüttet ein halbes Glas Wasser vermischt mit sehr wenig Essig hinein. Wenn es aufgekocht ist, so dass die Klümpchen sich aufgelöst haben, dann werft in die Pfanne alle Zutaten auf einmal, und lasst sie zehn Minuten aufkochen, wobei ihr hin und wieder kostet, ob der kräftige süße Geschmack passt; ich habe mich nicht festgelegt, wieviel Essig nötig ist, denn nicht alle Sorten Essig haben die gleiche Kraft. Wenn die Masse noch warm ist, dann streicht sie über Scheiben von Brot, das in gutem Öl gebraten oder einfach frisch geröstet ist. Ihr könnt diese rustikalen Crostini auch in der Mitte der Mahlzeit servieren, um den Appetit eurer Tischgenossen anzustacheln.

Crostini mit Geflügelleber oder Trüffeln gehören zu den Standard-Antipasti der toskanischen Küche. Doch Artusi macht für diese raffinierten Schnittchen ein Zugeständnis an Süditalien. Die besten Kapern wachsen auf Pantelleria und der Äolischen Insel Salina.

SPAGHETTI ALLA RUSTICA
BÄUERLICHE SPAGHETTI

Pellegrino Artusi, 1891

Wiegt zusammen zwei Knoblauchzehen und ein Sträußchen Petersilie und, wenn ihr wollt, duftendes Basilikum; gebt das Wiegegut mit reichlich Öl aufs Feuer, und sobald sich der Knoblauch zu verfärben beginnt, werft sechs oder sieben gewürfelte Tomaten dazu und würzt sie mit Salz und Pfeffer. Wenn sie gut verköchelt sind, passiert den Sugo, der für vier oder fünf Personen hinreicht, und vermischt mit geriebenem Parmesan, würzt die abgetropften Spaghetti oder Vermicelli, aber denkt daran, sie in viel Wasser zu kochen und sie sofort auf den Tisch zu bringen, damit sie keine Zeit haben, die Feuchtigkeit aufzusaugen und saftig bleiben.

Solche einfach nachzukochenden bäuerlichen Basisgerichte, wie der klassische Tomatensugo zu *al dente* gekochten Spaghetti (der Begriff beginnt sich allmählich gegen Vermicelli durchzusetzen) glätten bei Artusi gastronomische Klassengegensätze. Artusi hat das Rezept übrigens mit einem Essay über die Knoblauchverehrung der antiken Ägypter und die Gesundheit gekochten Knoblauchs versehen.

PARMESAN & MOZZARELLA

Italiens Vorzeigekäse ist Parmesan. Die riesigen, bis 40 Kilogramm schweren Laibe galten als Prestigegeschenk: Venezianische Gesandte überreichten sie dem Sultan als Antrittsgabe, Parmas Bourbonenherzöge machten sie in Paris bei Hofe unersetzlich – selbst die französische *Encyclopédie* widmet 1765 dem vier Jahre lagerfähigen Hartkäse, «den man in alle Teile Europas» transportiert, ein Stichwort. In der Renaissance servierte ihn Cristoforo da Messisbugo mit Früchten, moderne Kenner zerteilen den Käse mit einem Stichel und besprengen ihn mit altem Balsamessig. Da die meisten Käseproduzenten der Emilia in Reggio und nicht in der Residenz Parma sitzen, einigte man sich 1928 auf den Doppelnamen Parmigiano-Reggiano (Grana Padano ist dagegen eine lombardische Produktion). 1955 wird Parmesan die erste staatlich geschützte Käsemarke, von der jährlich 50 000 Tonnen exportiert werden. Die edelste Qualität wird aus der buttergelben kaseinreichen Milch der «roten» Kühe (*razza reggiana*) gewonnen, deren Bestand durch den Weltkrieg dezimiert wurde – 1982 gab es nur noch 950 Tiere. Die meisten Herden sind inzwischen mit Holsteiner Buntvieh eingekreuzt (*frisona-italiana*).

Mozzarella wird aus Wasserbüffelmilch in der Ebene von Battipaglia (Salerno) und in Südlatium gebrüht. Ob die schwarzen *bufali*, die robuster sind als ihre asiatischen Artgenossen (nur einmal täglich suhlen), in byzantinischer oder im 11. Jahrhundert in arabo-normannischer Epoche nach Unteritalien eingeführt wurden, ist umstritten. Eine nennenswerte Produktion ist seit dem 17. Jahrhundert nachweisbar. Das 1570 erstmals erwähnte Wort kommt von *mozzare* und spielt auf das Abziehen der Mozzarellakugeln vom geronnenen Milchstrang an. Die kalzium- und eiweißreiche Milch, dreimal so fett wie Kuhmilch, ist besonders diätverträglich. Mozzarella gilt nicht als Käse (*formaggio*), sondern wie *ricotta* als Milchderivat (*latticini*), das am besten täglich frisch angeliefert wird. Antonio Frugoli aus Lucca empfiehlt um 1600, *uova di bufale* (Büffeleier) mit Schinken, Zucker, Zimt, Rosinen, Öl oder in Most gekocht zu servieren. Die Insalata Caprese geht auf den Playboy König Faruk zurück, der auf seinen Capri-Parties Mozzarella (die ihn an ägyptischen Büffelkäse erinnerte) mit Tomaten und Basilikum reichen ließ. Für Pizza ist Mozzarella zu feucht – Neapels *pizzaioli* bevorzugen trockeneren Primosale.

Ebenfalls nach *filata*-Verfahren erzeugte Brühkäse sind der lukanische Provolone aus dem Affiniererdorf Moliterno mit seinen riesigen eingeschnürten Käsebirnen (*gigantone*), der von

Auricchio nach der italienischen Einigung ins lombardische Cremona verpflanzt wurde. Ein typisches Fastenersatzprodukt ist gegrillte geräucherte abruzzesische Büffel-Scamorza.

Pecorino wird teilweise seit der Antike unverändert von sardischen Schäfern aus Schafsmilch gekäst und als lokaler Reibekäse verwendet. Seit dem 19. Jahrhundert verdrängt sardischer Pecorino den Pecorino romano Latiums. Hochgeschätzt wird der *pecorino di fossa* des Montefeltro (Marken), der von Ende August bis zum Katharinentag (25. November) in Walnussblätter eingeschlagen und mit Stroh verpackt in Höhlen reift – ein Affineurstrick, im 15. Jahrhundert als Kriegsversteck ersonnen.

Gorgonzola, ein Blauschimmelkäse, der im 10. Jahrhundert von einem faulen Hirtenknaben, der einen Milchtopf vergaß, «erfunden» wurde, wird heute nicht mehr in dem piemontesischen Ort produziert, sondern nur noch in den Provinzen Novara und Bergamo. Sein Welterfolg beginnt im 19. Jahrhundert als Konkurrenzprodukt zum Roquefort, doch viele Imitate haben seine Bedeutung zurückgehen lassen.

Die Inkunabel der Käseforscher ist Pantaleone da Confienzas *Summa Lacticiniorum* (Turin 1477). Der Leibarzt Herzogs Ludwig von Savoyen tut sich, wie schon die antike Medizin, schwer mit dem Hirtenprodukt – ist Käse feucht und kalt oder doch warm oder nach Saison und Tier unterschiedlich? Pantaleone empfiehlt *cacio vecchio* als Appetitanreger, bei Platina ist er Nachspeise. Kombiniert mit Nüssen, Mandeln, Birnen und Äpfeln sei er weniger schädlich, behauptet der umbrische Papstarzt Castor Durante (1529–90).

Butter, einst mit Käse und Kastanien Armeleutekost der Bergbewohner, taucht erst im 16. Jahrhundert in Rezeptbüchern auf. Der Arzt Michele Savonarola führt Lepra und Nierenkoliken im 15. Jahrhundert auf Buttergenuss zurück. Eine antike Methode der Konservierung sind die *butirri* (griech. «Kuhkäse») Kalabriens und der Basilikata, wo gelbe Hirtenbutter in einer geschlossenen Hartkäseglocke verborgen wird – sie stand Pate für die modernen Wörter *burro* und Butter.

SLOWFOOD UND STERNEGUIDES – ITALIEN IM KOCHBOOM

La *cucina Italiana muore* – die italienische Küche stirbt! Dieser Alarmruf des Journalisten Orio Vergani, der 1953 in Mailand die Accademia Italiana della Cucina gründete, wirkt heute kaum nachvollziehbar. Denn – außer vielleicht in Spanien – ist in keinem anderen Land Europas eine solche kulinarische Aufbruchsstimmung zu spüren.

In der unmittelbaren Nachkriegszeit war das anders. Kriegsrationen, Carepakete und eine nach den Jahren der Isolation freigesetzte Amerikaschwärmerei hatten zumindest die Italiener der großen Städte an Konserven und Blockkäse gewöhnt – bereits 1906 hatte der Lombarde Egidio Galbani von Valsassina (bei Lecco) aus den Schmelzkäse Bel Paese auf den Markt geworfen. Massimo Alberini hat geschickt eingefangen, wie die Italiener begannen, Produkte wie *crackers* (1954) zu kaufen, als Anfang der 1950er in Mailand La Formica eröffnete, der erste Supermarkt des Landes. Die Stadtflucht nach Mailand, Turin und in die *borgate* Roms bringt auch eine Verdrängung der ländlichen Küche mit sich, weite bäuerliche Regionen entvölkern sich, und mit der Emigration scheinen auch die Rezepte zu sterben. Dafür überzieht ein anschwellender Pauschaltourismus die Nation mit teilweise lieblos produzierten Standardgerichten wie Pizza, Penne al Pomodoro oder kitschigen Rezeptneuschöpfungen wie *spaghetti alla papalina* (mit Schinken, Sahne und Pilzen, angeblich Lieblingsgericht von Pius XII.), *pollo alla diavola* (Huhn mit Paprika) oder dem im Veneto aufgekommenen Kaffee-Schokolade-Mascarpone-Dessert Tiramisù. Da erschien vielen die Küche der *nonna* (Oma) in die weite Vergangenheit einer fälschlich als golden empfundenen Vorkriegszeit entrückt, auch wenn Filme wie Fellinis *Roma* urige Volkstrattorien in Trastevere beschworen.

Doch die gewaltigen Migrationswellen boten auch Chancen, denn viele der ungelernten Süditaliener versuchten sich mit Lokalen, die die Küche ihrer Heimat anboten. So wurde Mailand zu einem kulinarischen Schmelztiegel, in dem man (mehr oder weniger authentisch) leichter die Küchen des ganzen Landes probieren konnte, als *cassoeula*, den angestammten Schwartenkohleintopf der Lombardei. Sardische Hirtentrattorien, emilianische Bollito-Misto-Restaurants, sizilianische Fischtempel oder die rührigen Abruzzesenlokale gehörten bald zum Standard und brachten die wahren Regionalküchen der Apenninenhalbinsel einander näher. Vor allem Norditaliener lernten nun im gro-

Die Nachkommen der Podolica-Kühe leben heute wild oder halbwild in der Basilikata; sie ernähren sich von Gräsern, Pflanzen, Malven, Wacholder, Blaubeeren, wilden Erdbeeren und Hundsrosen …

DAVIDE PAOLINI, *PRODOTTI ITALIANI*

Auf Casanovas Spuren. Der Autor recherchiert im Caffè Florian in Venedig.

ßem Umfang Produkte wie Auberginen und Olivenöl, Artischocken, Knoblauch und Tomaten schätzen.

Ein weiterer Grund für den positiven *culinary turn* Italiens ist im politischen System mit straffem Zentralstaat und wenig Kompetenzen der Regionen gelegt. Man sagt dem Elitecorps der politischen Klasse Frankreichs nach, dass es seine Wähler durch erklärte Vorlieben für regionale Spezialitäten anspreche, für Italien gilt das in viel stärkerem Maße. Das Revival regionaler Küchen kann durchaus einen politisch-föderativen, ja manchmal sogar separatistischen Unterton tragen – in Ermangelung politischer Autonomie fördert man passioniert die gastronomische Regionalität. Hier verbindet sich teilweise *campanilismo* mit Zielen wie der kulturellen Rehabilitation des wirtschaftlich unterwickelten Südens oder nostalgischer Betonung keltisch-lombardischer oder stadtvenezianischer Identität angesichts des korruptionsverdächtigen Zentralstaats. Die Wiederentdeckung historischer Küchen dient der Hebung des Selbstwertgefühls potentiell eher armer Regionen – etwa nachzuvollziehen am Feuereifer, mit dem sich manche Apulier einer staufischen *cucina federiciana* verschreiben.

Perspektivenwechsel im Stile Magrittes. Ist die Erwartung, im Autogrill ähnlich gut zu speisen wie in einer florentinischen Trattoria, surrealistisch?

Ein dritter Auslöser ist im kulinarischen Engament der italienischen Linken zu suchen, die nach Jahrzehnten des konfrontierenden Klassenkampfs ein neues regionalorientiertes Bild der Bauern- und Arbeiterwelt entwirft. Zum Pionier der italienischen Restaurantkritik und engagierten Fürsprecher traditioneller Weine und Produkte wird der Mailänder Journalist Luigi Veronelli (1926–2004), der seit 1980 mit *Ristoranti di Veronelli* den knappen Notizen des seit 1955 erscheinenden *Michelin Italia* erfolgreich Konkurrenz machte. Sein auch auf Deutsch erscheinender Führer war allerdings in den Anfangsjahren stark auf den piemontesisch-lombardischen Raum fokussiert. Das kulinarische Bildungszentrum *Seminario permanente* führt in Bergamo das Engagement Veronellis weiter.

Steckbrief des italienischen Kochs im Ausland – Gambero Rosso Magazin (März 2005).

Am 16. Dezember 1986 legt die kommunistische Tageszeitung *Il Manifesto* erstmals die von Stefano Bonilli kreierte achtseitige kulinarische Beilage *Gambero Rosso* bei: «Die rote Krabbe, Monatsheft der neugierigen und schlemmenden Verbraucher» ist nach der Osteria in Carlo Collodis Kinderbuchklassiker *Pinocchio* benannt. Anfänglich als läppische Ablenkung vom Kampfauftrag der Partei angegriffen, erweist sie sich bald als Erfolgsstory. Seit 1989 gibt *Gambero Rosso* die angesehene *Guida dei Ristoranti d'Italia* heraus. Die *tre forchette* (Drei Gabeln) gelten als höchste Auszeichnung des Bewertungssystems mit 100 Punkten, das sich aus Noten für Küche, Weinkeller, Bedienung und Atmosphäre zusammensetzt. *Raisat Gambero Rosso Channel* sendet im Bezahlfernsehen Kochsendungen, die meist in der 2005 eröffneten *Città del Gusto* in der Nähe des römischen Testaccio-Viertels aufgezeichnet werden.

Slowfood-Gründer Carlo Petrini wirbt für die Terramadre-Bewegung.

Seit den 1980ern entwickelte vor allem die Slow Food Bewegung eine Dynamik, die schließlich die ganze Nation mitriss. Präsident Carlo Petrini, 1949 mit Hilfe einer Hebamme namens Gola im bäuerlich-piemontesischen Schlaraffenland von Bra geboren, erzählt die hübsche Anekdote, wie er sich auf einen Ausflug zu den toskanischen Genossen von Montalcino freute (Brunello vor Augen) und dann von den *compagni* mit wässriger Aquacottasuppe und dünnem Wein abgespeist wurde. Ein Schlüsselerlebnis, denn Petrini beschloss, fortan überall das Regionale zu finden und zu fordern. Weltweites Aufsehen erregte das Protest-Spaghettiessen 1986 auf der Spanischen Treppe gegen die Eröffnung der zweiten McDonalds-Filiale Italiens (die erste war be-

Zu sehr al dente? Nein! Adriano Celentano lernt als «Affenmensch» in Bingo Bongo *Spaghetti essen (1982).*

zeichnenderweise im «deutschen Bozen», während sich der Stadtrat von Casamassima bei Bari erfolgreich wehrte). «Gegen den globalen Wahnsinn des Fast Life muss man die Verteidigung des ruhigen Vergnügens an den Dingen wählen. Gegen diejenigen, und das ist die Mehrzahl, die Effizienz mit Hetze verwechseln, schlagen wir eine Impfung mit einer passenden Portion sicherer sinnlicher Vergnügen vor, die in langsamem und nachhaltigem Genuss praktiziert wird. Wir beginnen bei Tische mit Slow Food, gegen die Verflachung des Fast Food entdecken wir den Reichtum der Aromen der Lokalküchen. Wenn das Fast Life im Namen der Produktivität unser Leben geändert hat und Umwelt und Landschaft bedroht, so ist Slow Food heute die Antwort der Avantgarde.» So weit das Manifest kulinarischer Emanzipation des Internationalen Slow Food Kongresses, der 1989 in der Opéra Comique in Paris stattfand.

Umschlag des ersten Osterie d'Italia-Führers von 1990.

Zum mentalitätsverändernden Verkaufsschlager entwikkelten sich seit 1990 die *Osterie d'Italia*, die den als «bourgeois» geltenden Bewertungsführern ein radikales Alternativrezept entgegenstellten, das sich an der Lebensfreude orientierte, die schon der deutsche Bacchusjünger Hans Barth 1908 in den Schänken Italiens fand. «Die Trattoria will aus einer höchst intelligenten Demut heraus weder kreativ noch experimentell sein. Für sie sind die wiedererkennbaren Speisen der Region und der Jahreszeiten reserviert, nach Regeln und Geschmäckern, die familiär gefestigt sind», schreibt Folco Portinari im Einleitungstext zur ersten Ausgabe. Hier greifen keine Wertungssysteme mit Punkten oder Hauben, Kriterien sind Stimmigkeit und regionale Verwurzelung sowie – als Erbe der Linken – ein maßvolles Preisniveau (mittlerweile bei 35 Euro ohne Wein). Die Kurzessays zu den einzelnen *Osterie* umfassen auch die Klientel und berücksichtigen damit den eminent wichtigen Faktor des sich Unterhaltens beim Essen. Mit Slogans wie «Internationale des Guten Geschmacks» hat sich Slow Food breitesten Kreisen der gastronomischen Welt geöffnet, selbst der Michelin integriert mittlerweile *agriturismi* (Essen auf dem Bauernhof) und Regional-Menus um 20 Euro.

Der Erfolg eines Führers, der es von den Alpen bis Sizilien ermöglicht, sämtliche regionalen Spezialitäten in hervorragender Qualität zu kosten (und der damit zu einer praktischen Enzyklopädie italienischer Küchenvielfalt wird), eröffnete jungen Enthusiasten eine Einstiegschance in den Beruf des Padrone. Teilweise haben hier empfohlene regionaltypische urwüchsige Trattorien, für die Italiener, ohne mit der Wimper zu zucken, lange Autoanfahrten auf sich nehmen, vom Aussterben bedrohten Bergdörfern wieder eine Zukunftsperspektive gegeben und den Abwanderungstrend umgekehrt. Historische Städte und Dörfer bewerben sich um das Prädikat *Slow*, weil es angesichts modernen nostalgischen Reiseverhaltens Wachstumschancen bietet. Gerade der kulinarische Tourismus verzeichnet enorme Zuwachsraten: Hier wird das Potential multikultureller Erlebnisse im eigenen Land als Attraktion ausgeschöpft – slowenischsprachige Winzer im Friaul, Inselweine mit punisch-arabischen Namen, ladinische Speckstuben oder albanische Trattorien in den Bergnestern des kalabresischen Pollino gelten als chic. Der seit 1996 in Turin stattfindende *Salone del Gusto* ermöglicht es, gastronomische Raritäten aus ganz Italien zu verkosten. 2004 eröffnete Slow-Food an den prestigereichen Standorten Pollenzo bei Bra und Colorno bei Parma, der Residenz von Napoleons Gattin Maria Luigia, die Università di Scienze Gastronomiche. Die weltweit führende Hochschule für Gastronomische Wissenschaften integriert internationale kulinarische Exkursionen und Geschmacksschulungen in ihr Curriculum zum Master of Food. Mit dem ersten *Terra Madre*-Kongress 2004 in Turin wird der italienische Gedanke, die *biodiversità*, die Verschiedenheit lokaler Lebensmittel durch Einbeziehung des bäuerlichen Produzentenwissens zu schützen, global. Über 1200 Erzeugergemeinschaften von Zebu-Käsereien in Burkina Faso bis zu bolivianischen Lamadörrfleisch-Produzenten, von Rhönschafzüchtern bis zum venezianischen Ökogarten des Giudecca-Gefängnisses engagieren sich in diesem weltweiten Verbund – ihre Produkte sind die Delikatessen von morgen.

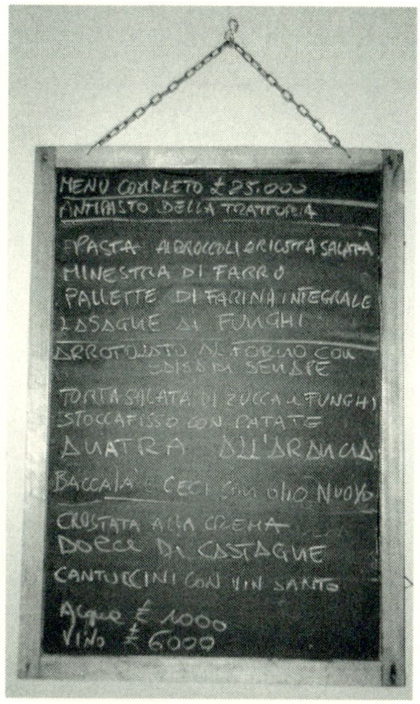

Dinkelsuppe, Stockfisch mit Kichererbsen oder Kastanienkuchen: Triumph des Regionalen.

Natürlich ist der Aufschwung der italienischen Küche trotz aller journalistischen Bewusstseinserweiterung in erster Linie von Köchen und Köchinnen erkocht worden. Doch auch hier zeichnet sich ein Paradigmenwandel ab. Gualtiero Marchesi, der 1985 als erster Italiener drei Michelin-Sterne errang, war noch «mit derselben Ergebenheit, mit der ein Araber nach Mekka pilgert», nach Frankreich gezogen, um anschließend die Mailänder mit einer nouvelle cuisine auf Designtellern zu verblüffen, in der kalte Nudeln, vergoldete Risotti im Renaissancestil, aber auch eine molisanische Suppe aus Saubohnen und Artischocken vorkamen.

Italiens jüngere Spitzenköche kennen keinen übertriebenen Respekt mehr vor dem Ausland, sondern setzen selbst Standards, indem sie selbstbewusst globale Anregungen zur Verfeinerung ihres italienisch-lokalen Kochstils einsetzen. Immer mehr Starköche betonen regionale Identität – so sieht sich das von Signora Nadia Santini geleitete Pescatore im lombardischen Canneto sull'Oglio immer noch in der Tradition der großväterlichen Backfischtrattoria, wäh-

Köche statt Kaiserin. Im Schloß von Colorno bei Parma, wo Napoleons Gattin residierte, weiht seit 2004 die Kochakademie ALMA Eleven aus aller Welt in die Geheimnisse der cucina italiana *ein.*

rend der kulinarische Aufschwung Don Alfonsos in S. Agata sui due Golfi bei Sorrent auch dadurch begünstigt wurde, dass er erstmals die Delikatessen des Mezzogiorno in elitärem Rahmen präsentierte. Die neuesten Entwicklungen kommen immer mehr aus der Fusion verschiedener italienischer Regionalküchen bzw. Zutaten. Fulvio Pierangelini im Gambero Rosso in S. Vincenzo machte Furore, als er Garnelen mit Kichererbsenmousse «vermählte», während der bärbeißige umbrische Polit-Koch Franco Vissani, einst Lieblingskoch italienischer Linkspolitiker, provozierend Trüffel mit Speck umwickelte und in Bohnensuppe kochte. Tausende von Trattorien und Osterien pflegen alte Rezepte und sorgen für Authentizität ihres Speiseangebots – so schmort die Osteria Boccondivino in Bra, Stammlokal der Slow Food Bewegung, als Vorzeigegericht köstliches Carmagnola-Graukaninchen in weißem Arneiswein. Der Trend der italienischen Küche zielt in den letzten Jahren auf Erweiterung des Produktangebots, auf Experimentieren mit den kulinarischen Schätzen des Landes – fast verschwundene historische Delikatessen wie geräucherter Schwertfisch, Colonnataspeck oder Dinkelsuppen sind wieder in. Versunkene Rezepte wie die bourbonische Caponatina mit Meeresfrüchten und Salsa S. Bernardo aus Mandeln, Sardellen, Schokolade, Brösel, Zucker und Essig werden plötzlich als dernier cri wieder nachgekocht.

Das internationale Renommé italienischer Köche löst einen Boom neuer Kochschulen aus, wie der 2004 gegründeten ALMA in Colorno, die immer mehr junge Aspiranten aus der ganzen Welt mit den regionalen Feinheiten des italienischen Kochstils vertraut macht. Eine Flut von Kochbüchern, Websites und gastronomischen Essays ergießt sich über das Land, dessen größte Tageszeitungen sich ausführliche Food-Kolumnen leisten – Italiener lieben es, über Essen zu sprechen, zu schwärmen, zu dichten. Das Museo della Pasta in Rom, das Olivenmuseum Carli in Imperia oder die Schinken-, Parmesan- und Felino-Salami-Museen im

Food Valley um Parma dokumentieren den hohen Stellenwert gastronomischer Alltagsbildung. Und auch Design made in Italy leistet seinen ebenso innovativen Beitrag. So steht hinter der 1921 gegründeten Firma Alessi die Vorgeschichte ganzer Zinnhandwerkersippen, die seit dem 18. Jahrhundert aus den Tälern um den piemontesischen Ortasee als Wanderschmiede bis nach Deutschland zogen.

Eine entscheidende Rolle beim Marketing, die von keinem EU-Land so enthusiastisch aufgegriffen worden ist wie von Italien, spielt auch die Ausweitung der Schutzmarken vom Wein auf andere traditionelle Lebensmittel. Die Sigel DOP (Di Origine Protetta) und IGP (Indicazione Geografica Protetta) umfassen von Jahr zu Jahr mehr Produkte, die teilweise erst dadurch einer breiten Öffentlichkeit bekannt werden. Piemont-Haselnüsse und Pantelleria-Kapern, roter Trevisano-Radicchio und violetter Knoblauch aus dem ligurischen Vessalico, weißer Arnad-Speck aus dem Aostatal und Caciocavallo-Käse aus Moliterno finden mit dieser Auszeichnung deutlich leichter den Weg in die Delikatessengeschäfte des Landes und der internationalen Gourmet-Welt. Gerade diese Produkt- und Rezeptbindung an Ortsnamen (selten an Köche oder Berühmtheiten) verleiht der italienischen Küche seit der Antike, aber auch bei großen Köchen wie Scappi oder Stefani, einen produktorientierten Touch – der Parmesan-Schutzerlass Ranuccio Farneses von 1612 gilt als Pioniertat des Branding, der Markenbildung bei Lebensmitteln. Allerdings zwingen die EU-Normen oft traditionelle Kleinsthandwerker, riesige Investitionen in Hygienemaßnahmen zu stecken, die eigentlich nur eine staatlich geförderte Kooperative leisten kann – so sind z. B. bestimmte Rohmilchhüttenkäse *(formaggio di malga)* oder die jahrhundertealte traditionelle Reifung des Colonnata-Specks in Marmortrögen bedroht. Der Mailänder «Gastronaut» Davide Paolini hat ein begeisterndes, auch auf Deutsch erhältliches Buch über DOP-Lebensmittel geschrieben, in dem er Artikel 9 der italienischen Verfassung auch für den Schutz der gastronomischen Kultur anruft:

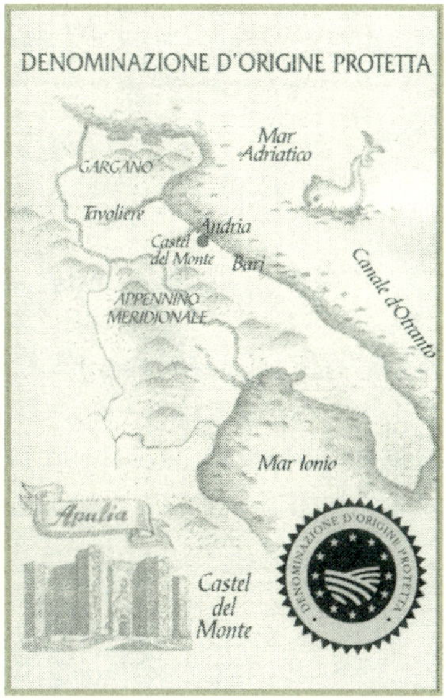

Mit dem EU-Herkunftssigel kann sich Olivenöl von Castel del Monte schmücken.

> «Die Republik fördert die Entwicklung der Kultur und der wissenschaftlichen und technischen Forschung. Sie schützt die Landschaft und die historischen und künstlerischen Güter der Nation.»

Der öffentliche Konsens, dass dazu auch das kulinarische Erbe und die Vielfalt italienischer Lebensmittel gehören, wächst – schließlich gehört Italien zu den wenigen Ländern, in denen aufgrund der weltweiten Beliebtheit seiner Produkte neue bäuerliche Arbeitsplätze geschaffen werden.

RAVIOLO APERTO
OFFENER EDELFISCHRAVIOLO

Gualtiero Marchesi, 21. Jahrhundert

Zutaten für 6 Personen

600 g gewürfelter Fisch (Seezunge/Jakobsmuschel) ☙ 120 g Butter ☙ 100 g frische Eier-Pasta ☙ 100 g frische grüne Eier-Pasta ☙ 6 große Blätter glatte Petersilie ☙ 1 dl trockener Weißwein ☙ 1 Tl ausgepresster Ingwersaft (siehe unten) ☙ Salz und weißer Pfeffer
Für die grüne Eier-Pasta: 100 g Weißmehl ☙ 80 g Spinatblätter ☙ 1 Ei ☙ 1 EL Olivenöl ☙ Salz
Für die gelbe Eier-Pasta: 100 g Weißmehl ☙ 1 Ei ☙ 1 EL Olivenöl ☙ Salz

Die Spinatblätter waschen und putzen, in Salzwasser kochen, abtropfen lassen und ausdrücken; fein wiegen und durch ein Sieb streifen.

Auf einer Marmorplatte das Mehl «wie einen Brunnen» anrichten, im Zentrum das Ei hineinschlagen, den Spinat, das Öl und Salz zufügen. Allmählich alles einarbeiten bis man einen gleichmäßigen Teig erhält. Mindestens 2 Stunden mit einem Tuch bedeckt ruhen lassen.

Genauso mit der Pasta ohne Spinat vorgehen.

Mit Hilfe einer Nudelpresse eine Schicht drei Millimeter dicker Eiernudeln auswalzen. Daraus 12 Quadrate von ca. 5 cm Länge ausschneiden. In der Mitte von 6 Quadraten ein Petersilblatt auflegen, mit den übrigen Quadraten belegen und das Doppelblatt mehrmals in beiden Richtungen durch die Nudelpresse laufen lassen, so dass sich das Petersilblatt in alle Richtungen ausdehnt, bis die Nudel eine Höhe von 1 mm hat. Auf ca. 10 cm lange Quadrate mit dem Petersilblatt in der Mitte zurechtschneiden.

Die grüne Pasta zu einer Dicke von 1 cm ausrollen und sechs Quadrate von ebenfalls 10 cm Seitenlänge ausschneiden.

Die frische Ingwerwurzel schälen, reiben und auspressen, um den Saft zu erhalten.

In einer Kasserolle 20 g Butter schmelzen, den gewürfelten Fisch zufügen und einige Augenblicke kochen lassen. Mit dem Weißwein ablöschen, einziehen lassen und aus der Kasserolle nehmen. Die Flüssigkeit einkochen lassen, den Ingwersaft zufügen und diese Sauce mit der restlichen Butter unterrühren. Den Fisch in die Kasserolle zurückgeben und einziehen lassen.

Inzwischen die Pasta in genügend wallendem Salzwasser kochen.

Einen Esslöffel Sauce auf den Grund jedes Tellers geben, darauf die grünen Nudelblätter anrichten, dann den Fisch mit seiner Sauce und mit den gelben Nudelblättern samt eingepresstem Petersilblatt bedecken.

Mit einem *dripping di pesce*, das in der Manier Jackson Pollocks den Teller kunstvoll unregelmäßig mit Muscheln und Mayonnaise bespritzte, hatte Marchesi einst für Furore gesorgt. Doch auch sonst legt dieser Koch Wert auf artistisches Design. Das ausgewalzte, durch den Pressvorgang zersplitterte Petersilblatt wirkt wie ein heraldisches Symbol grüner Kräuterküche und zitiert geistreich die Farbe der Spinatnudel. Der Fisch, mit Ingwer asiatisch (oder mittelalterlich?) angehaucht, doch ansonsten klassisch in Wein und Butter blanchiert, kommt in seiner Bissfestigkeit weit besser zum Tragen, als wenn er dem doppelten Garvorgang geschlossener Ravioli ausgesetzt wäre. Ein elegantes, aufwendiges Rezept, das für verschlankte *italianità* steht.

GELO DI MELONE
WASSERMELONENGELÉE

Pina Cincotta Mandarano, 2000

3 kg Wassermelonenfruchtfleisch ☙ 500 g Zucker ☙ 200 g Speisestärke ☙ 100 g kandierter Kürbis ☙ 50 g Pistazien ☙ 1 Täfelchen schwarze Schokolade ☙ 1 Stückchen Vanilleschote ☙ Zimtpulver ☙ 1 Glas Rosen- oder Jasminwasser

Passiert das Fruchtfleisch durch ein Sieb, schüttet den Zucker dazu und mischt die Stärke kalt darunter. In einem Topf aufs Feuer stellen und ohne Unterbrechung bis zum Kochen mit einem Holzlöffel rühren. Fügt das Rosenwasser und die fein zerkleinerte Vanilleschote hinzu und vermischt es gut. Wenn das Kompott lauwarm abgekühlt ist, fügt den in Würfelchen geschnittenen kandierten Kürbis und die in winzige Splitter zerbröckelte Schokolade hinzu. Vermengt es ein wenig, dann schüttet das Gelée in passende Förmchen und stellt es in den Kühlschrank. Serviert es bestäubt mit Zimtpulver und gehackten Pistazien.

Signora Pina betreibt mit ihren Töchtern seit den 1960ern auf der äolischen Insel Panarea die Trattoria «Da Pina», die für ihre engagierte Bewahrung liparischer Rezepte berühmt ist. Ihr Wassermelonendessert setzt mit Ätnapistazien, Modicaschokolade und orientalischem Jasmin- oder Rosenwasser prononciert sizilianische Akzente. Manche Rezepte sehen vor, die Wassermelonenpulpe am Vorabend auszupressen und über Nacht die Blütenblätter darin ziehen zu lassen.

PROSCIUTTO & LARDO

Als Hannibal in Parma einzog, bejubelten ihn die keltischen Einwohner als Befreier und holten zum Festmahl gesalzene Schweinekeulen aus Fässern. Tradition verpflichtet: Heute kommen von den neun Millionen Schinken, die Italien jährlich erzeugt, 40 Prozent aus dem Gebiet von Parma, 14 Prozent aus dem friaulischen San Daniele.

Ganze Schinken über Monate roh reifen zu lassen, war ohne ausgefeilte Technik riskant und nur in Hügellagen mit sanfter Fallwindbefächelung ratsam. Zu heftige Sonneneinstrahlung, Tierbefall, Schimmel, Ranzigwerden konnten leicht das wertvolle Fleisch ungenießbar machen – vor allem im heißen Süditalien dörrte Schinken aus, wurde zäh und ledrig. Ein Vabanque-Spiel war auch das richtige Salzen: nahm man zu wenig, war die Konservierung nicht garantiert, erwischte man zu viel, schmeckte alles zu beißend und musste in Wein ausgekocht werden. Im frühen Mittelalter bevorzugte man daher *spalla cotta*, Kochschinken von der Schulter. Im ländlichen San Secondo (Poebene) ist der beste Kochschinken Italiens bereits 1170 dokumentiert – mit Salzbutter und Obstsenf ein Genuss.

Prosciutto kommt vom mittellateinischen «ausgetrocknet» (*perexutus*) – nur dadurch wird Schweinefleisch, das nach der medizinischen Säftelehre generell zu feucht ist, bekömmlich. Fast ein ganzes Jahr muss ein Parmaschinken langsam austrocknen, in Langhirano und anderen Schinkendörfern lässt man die besten Sorten bis zu 36 Monaten hängen. Die Schwarte, der Knochen und die Versiegelung der Schnittstelle mit einer Paste aus Schmalz, Reismehl und Pfeffer verhindern zu schnelles Dehydrieren, das Produkt soll glasig werden, nicht hart. Die Reifeprüfung (*puntatura*) nimmt der Schinkeninspektor mit einem Pferdeknochen vor, den er in die Keulen sticht und beschnüffelt, ein Trick, den schon Martino da Como kannte.

Der Geburtshelfer für den Weltruhm des Parmaschinkens sprudelt im Thermalbad Salsomaggiore aus der Erde. Aus dieser Sole ließ sich sauberes, wohlschmeckendes und günstiges Salz auskochen, das dem in früheren Jahrhunderten oft bräunlichen und verunreinigten Salinensalz überlegen war – dieser Wettbewerbsvorteil machte Parmaschinken ab dem 18. Jahrhundert zum Exportartikel. Ab 1850 werden englische Schweinerassen wie *Yorkshire large* eingekreuzt und verdrängen die schwarzen magereren Tiere der *razza napolitana* – das moderne Prosciutto-Aroma bildet sich heraus. Heute wirbt echter Parmaschinken mit der fünfzackigen Krone des Herzogtums Parma als Schwartenstempel.

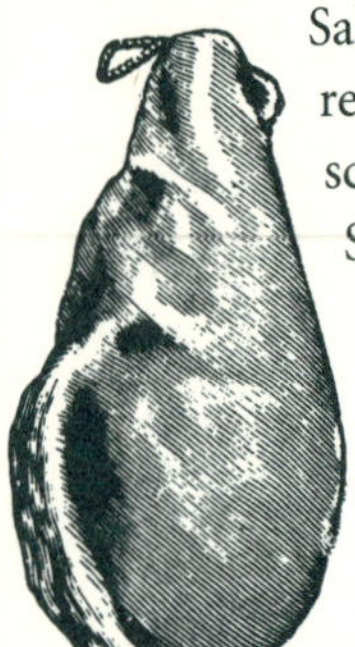

Magerer und teurer ist Culatello. Die Delikatesse wird in einem winzigen Areal der feuchten Tiefebene zwischen Parma und Po in Orten wie Zibello, Busseto oder Soragna erzeugt, wo fettreiche *prosciutti* leicht ranzig würden. Schinkennussstücke von Schweinen, die nur mit Kleie, Molke und Futtergerste aufgezogen wurden, reifen in Schweinsblasen 14 bis 18 Monate. Umweltfaktoren sind der Nebel und die Feuchtigkeit (sonst würde das schiere Fleisch bald holzig) – aber auch die Pilzkulturen, die in den Ziegelgewölben sitzen.

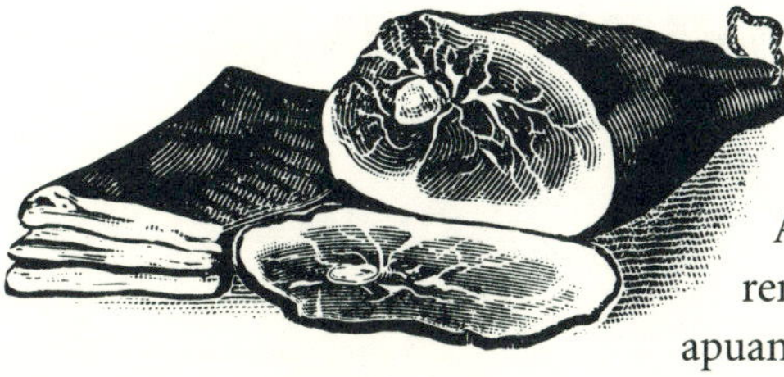

Wie kaum ein anderes Land hat Italien das Veredeln weißen Specks perfektioniert, der in den Höchstpreisedikten des 18. Jahrhunderts noch deutlich teurer als magerer Schinken ist. In Arnad im Aosta-Tal lagerte er bis vor wenigen Jahren in Kastanienholztrögen. Wenige Familien in den apuanischen Seealpen bewahren das Geheimnis des echten *lardo di Colonnata*. In der von römischen Steinmetzsklaven gegründeten Bergsiedlung wurde Speck zur unverzichtbaren Kraftnahrung der Carrara-Kumpel. Die Schwarten wurden mit Meersalz, Zimt, Wacholder, Rosmarin, Zitronenrinde, Koriander und Knoblauch eingerieben und reiften bis zu zehn Jahren in *conche* genannten Marmortrögen. Da die IGP-Schutzmarke sehr weitmaschig formuliert ist, kann heute fast jeder Speck der Provinz Massa-Carrara so vermarktet werden.

Mit einer entsprechenden «ggA» (geschützten geographischen Angabe) wird Südtiroler Speck garantiert – auch hier ist das Verschwinden des Wissens um die Qualität gutgereiften weißen Specks zu beobachten. Während sich die Einheimischen gezielt die fettreichsten Enden der 30 cm langen Passeiertaler Speckseiten schnappen (und das Rote früher als Resteverwertung in die Knödel gaben), wird den Feriengästen meist noch das letzte Klitzchen weißen Specks abgeschnitten.

ITALY WORLDWIDE – EIN KOCHSTIL WIRD GLOBAL

Jamie Oliver, britischer Bestsellerkoch mit der Aura eines «Jungen Wilden» (*the naked chef*), nennt sein neuestes Kochbuch schlicht *Jamie's Italy* (2005): Auf dem Cover fläzt er sich spaghettiwickelnd auf einem Straßenstühlchen, den turnbeschuhten Fuß lässig auf die Stoßstange eines Fiat-Topolino gesetzt. Aber auch Deutschlands Sterneköche und TV-Größen wie Eckart Witzigmann *Ravioli & Lasagne* (1999), Alfred Biolek *Pasta. Spaghetti, Penne & Co.* (2002), Johann Lafer *Johann Lafers Culinarium. Die klassische Küche Italiens* (2003) oder Alfons Schubeck *Meine italienische Hausmannskost für Feinschmecker* (2004) beschicken praktisch im Jahresrhythmus den Kochbuchmarkt mit Italiens Rezepten. Der aus Mirabella Imbaccari stammende Sindelfinger Nino Russo, Präsident des Bundes italienischer Köche in Deutschland, schätzt, dass es hierzulande über 100 000 italienische Gaststätten gibt. Kurzum – italienische Küche ist ein Dauerbrenner und hat zumindest im deutschen Sprachraum längst die einst kanonbildende französische auf die Plätze verwiesen.

Dabei galt bis in die jüngste Vergangenheit italienische Küche als nicht exportfähig. Wer Deutschlands berühmtestes, seit 1845 in ca. 80 Auflagen erschienenes Kochbuch von Henriette Davidis (1801–76) durchblättert, wird darin kaum Italienisches finden, außer einem *Auflauf von Macroni, Schinken und Käse*: «Weich, aber nicht breiigt gekocht.» Der englischen Küche mit ihren Pies und Picknicks und der russischen mit ihrer Aura großfürstlicher Schwelgereien sind hingegen jeweils ein halbes Dutzend Rezepte gewidmet. Vittorio Agnettis *Nicht nur Maccaroni. Italienische Nationalspeisen*, 1916 in Zürich bei Orell Füssli verlegt, war als Pionierwerk wenig Erfolg beschieden. Der Schweizer Autor Hugo Loetscher erinnert sich in einem Brief an Alice Vollenweider an ein Europa praktisch ohne italienisches Essen: «Als ich in Paris

Wie könnte ich weiter existieren ohne die weißen Trüffel des Piemont, das Öl Liguriens, den Reis der Poebene, den echten Aceto Balsamico Modenas, die Büffelmozzarella Kampaniens?

ALAIN DUCASSE,
DICTIONNAIRE AMOUREUX DE LA CUISINE

studierte, so um die fünfziger Jahre herum, kannte ich jemanden, der von einem italienischen Restaurant wusste. Man musste dazu hinfinden, es war ein Geheimtip; italienisch essen gehen hatte damals etwas Exotisches ... und ähnlich ging es mir in London. Als ich zur Zeit der Austerity zum erstenmal dort war, fand ich die Spaghetti kalt, zur Garnitur gerollt, auf einem Stück Brot als Sandwich.»

Auch aus den meisten historischen Reisebeschreibungen geht bei aller Italienschwärmerei eher Skepsis hervor über die oft als unhygienisch empfundenen Trattorien, über den gelagerten «ranzigen» Reibekäse, die ungeräucherte Eselsfleischsalami, das «schwere» Olivenöl und die Nudelberge. Lobende Stimmen wie die Nietzsches (*Ecce Homo*: «Die beste Küche ist die Piemont's») oder Rumohrs hatten Seltenheitswert. Ja selbst der offizielle Jubiläumskatalog zum 50jährigen Jubiläum der Staatlichen Tourismusbehörde ENIT «Leben in Italien» zeigt 1970 auf 180 Seiten kein einziges Ess- oder Marktfoto!

Der Ostpreuße Ferdinand Gregorovius (1821–91), der als Papstchronist über zwanzig Jahre in Italien lebte und Roms erster deutscher Ehrenbürger wurde, mokierte sich über die Pizza:»Es gehört der Magen eines Lazzarone dazu, sie zu verdauen». Hans Barth, der trinkfeste Verfasser des ersten Osteria-Führer Italiens (1908), schwärmt in Rom lieber von schlesischen Wurstbuden als lokaler Kost. Ekkehart Peterich, der mit seinen Italienreisebüchern das verklärte humanistische Italienbild der Nachkriegsgeneration maßgeblich beeinflusste, wurde von seiner auf Capri lebenden Tante abgeschreckt: «Igittigitt, die Italiener tun Käse in die Suppe!» Den Vogel banausenhafter kulinarischer Italienverachtung schießt schließlich 1972 Jack Lemon in Billy Wilders Ischia-Komödie *Avanti* ab. Auf die Anregung des Hotelrezeptionisten, eine lästige Wartezeit mit einem Bad in den Fango-Schlamm-Thermen zu verkürzen, blafft der amerikanische Geschäftsmann zurück: «Das hatte ich schon im Zug. Man nennt es Espresso!»

Natürlich gab es immer schon Ausnahmen. Kostverächter waren meist keine Weinverächter, wie das vielgepriesene Ölbild Franz Ludwig Catels (1824) *Kronprinz Ludwig in der spanischen Schenke zu Rom* (Neue Pinakothek, München) beweist, das den italophilen bayerischen Kronprinzen bei einer kunststudentischen Zecherei porträtiert. Auerbachs Keller in Leipzig, heute voller Faustgemälde und auf sächsische Weinkost eingeschworen, beherbergte tatsächlich in den Jahren nach 1780 unter Wirten wie Franz Venoni und Pietro di Mainoni eine sizilianische Weinstube, wo man Salami und Sardellen zu süditalienischem Moscato verspeiste. Deutschlands ältestes italienisches Restaurant, die 1890 von Josef Deutelmoser als «Osteria Bavaria» eröffnete *Osteria Italiana* in der Münchner Schellingstrasse (www.osteria.de) ist mit ihrem herrlichen

Wein und Gesang. Kronprinz Ludwig von Bayern als Stimmungsmacher einer Herrenrunde in römischer Osteria.

Italianità seit 1890: Die Osteria Italiana in der Schellingstrasse in München.

Spiel mit Mafia-Klischees. Die Londoner Society-Köche Antonio Carluccio und Giorgio Locatelli in Gangsterpose.

Salon mit Neapelgemälden ein Kleinod authentischer italienischer Küche. Doch ursprünglich stand auch hier das Zechen italienischen Weins im Vordergrund (dass die *Osteria* auch Hitlers Stammlokal war, hängt weniger mit kulinarischer Italophilie des vegetarischen Diktators zusamen, sondern ganz banal damit, dass nebenan die Redaktion des *Völkischen Beobachters* lag). In der Davidstrasse in St. Pauli mit seinem weltoffenen Hamburger Seemannsklima konnte sich seit 1905 das *Cuneo* als Familienbetrieb halten – ursprünglich von Francesco Antonio Cuneo aus Genua als eine Art Kantine für die italienischen Gastarbeiter des Elbtunnels eröffnet.

Deutsche Pizzageschichte schreibt am 24. März 1952 der Abruzzese Nicolo di Camillo mit seiner Würzburger Braut Janina, als er in der Elefantengasse der Frankenweinmetropole das *Sabbie di Capri* eröffnet: Die ersten Kunden der ältesten Pizzeria Deutschlands (mit Nachbildung der Blauen Grotte!) waren fast ausschließlich amerikanische Besatzungssoldaten.

Mit der massenhaften Emigration in die USA um die vorletzte Jahrhundertwende begann der weltweite moderne Siegeszug einer Küche, die in Antike, Mittelalter und Renaissance als stilbildend galt, dann aber «vergessen» wurde. Auch wenn der Großteil der Auswanderer den Beruf Friseur angegeben hatte, versuchten sich die meist süditalienischen Neuankömmlinge häufig in gastronomischen Jobs. 1905 eröffnet der Neapolitaner Gennaro Lombardi in der Spring Street New Yorks erste lizensierte Pizzeria (mit Kohlebackofen!) und wird zum Ahnherrn modernen Fastfoods. Beim Gang durch die Konditoreien von Little Italy, wie dem Caffè Roma in der Broome Street, ist noch nach 100 Jahren eine speziell sizilianische, ja ätnäische Färbung spürbar, werden die gleichen *cassate* und mit kandierter Kirsche gekrönten *minni di vergini* (Jungfrauenbrüstchen) ausgestellt, wie sie Catanias großartige *pasticcerie* feilbieten. Das von Caruso frequentierte *Ferrara*, 1892 von Enrico Scoppa und dem Opernimpressario Antonio Ferrara als Amerikas erste Espressobar gegründet, serviert definitiv sizilianische ricottagefüllte *holy cannoli*. Stimmungsvoll italienisch essen, Pizza essen, gehörte in New York ab den 1940ern zum Lokalkolorit, und spektaku-

Ein sich sichtlich unbehaglich fühlender Heinz Rühmann kämpft mit der Tücke der Spaghetti.

läre Ereignisse wie der Mord in *Umberto's Clam House* an dem Mafiaboss Joey Gallo 1972 heizten die Beliebtheit eher noch an. 1969 verzehrt Neil Armstrong als erster Mensch auf dem Mond *tacchino alla canzanese* – abruzzesisches Truthahnaspik!

In Deutschland bringt erst die Nachkriegszeit den zunächst zögerlichen Durchbruch der italienischen Aromen. Während in den Filmen der Heinz-Erhardt-Generation die Klecksgefahren des Spaghettiessens als komisches Element inszeniert werden, eröffnen Legionen von Gastarbeitern, die sich selbständig machen wollen, oft ohne jegliche Kochausbildung, Restaurants, Trattorien und Pizzerien. Sie haben deutsche Speisezettel um Parmaschinken und Parmesan, um Gemüse wie Auberginen und Zucchini («die Gurke, die man kochen kann!») und um die heitere *leggerezza* des Speisens bereichert. Aber sie haben auch oft ein standardisiertes Italoessen ohne regionale Identität im Stile von *penne al gorgonzola* oder *scaloppine al Marsala* geschaffen und z. T. kundenfreundlich den Cappuccino mit Sahne serviert.

Italienische Auslandsküche hat ihre eigenen Gesetze, ja Gerichte: Die Sahnebiskuittorte Zuppa Romana ist eine Münchner Erfindung (echt italienisch ist die mit rotem Alchermes-Likör gefärbte *zuppa inglese*). Die deutsche Carbonara trieft gewöhnlich von Sahne, Erbsen und Vorderkochschinken, während an die «Köhlerspaghetti» in ihrer mittelitalienischen Heimat kanonischerweise nichts anderes kommt als kross gebratene, gereifte luftgetrocknete Schweinebacke (*guanciale di maiale*), Dotter und grober Pfeffer. Spaghetti Alfredo, getauft nach einer römischen Jet-Set-Trattoria (deren Spezialität *fettuccine* sind), sind praktisch nur in den USA erhältlich. Echt sind hingegen im Prinzip die in Amerika vielgeschmähten *spa-*

ghetti with meatballs, die Amerikas Touristen in Venedig oder Florenz vermissen – in den Abbruzzen hingegen würden sie ihr Original mit kleinen Kalbfleischpolpettine finden.

Den Aufstieg aus der Folklore- und Gastarbeiterecke mit buntkarierten Tischdecken verdankt die *cucina italiana* ihrem Ruf als gesunde Kost. In dem kampanischen Dorf Pioppi bei Pollica hütet ein kleines Bibliotheks-Museum das Andenken an Ancel Keys (1904–2004), den wissenschaftlichen Übervater der mediterranen Diät. Hier, im Cilento, nahe der griechischen Philosophenmetropole Elea und der arabischen Universität von Salerno, lebte und forschte der Ernährungswissenschaftler aus Minnesota, der im Zweiten Weltkrieg die Esspakete für die GIs zusammengestellt hatte, fast vierzig Jahre. In seiner *Seven Countries Study* (1958–1970) fand «Monsieur Cholesterolo» heraus, dass traditionelle griechische und süditalienische Ernährung (Ballaststoffe, frisches Obst und Gemüse, Salat, wenig Fleisch), kurzum die seit der Antike angestammte gemüsereiche Olivenölkost, das Herzinfarktrisiko erheblich vermindert und ganz im Sinne antiker Makrobiotik die Lebenserwartung deutlich steigert. Die italienische Vorliebe, nie allein zu essen und sich bei Tisch lebhaft zu unterhalten, sorgt ebenso wie die stets aufs neue appetitanregende Speisefolge mehrerer Gänge ganz nebenbei für erhöhten Speichelfluss, bekanntlich ein Desiderat gesunder Nahrungsaufnahme. Gefördert wird sie natürlich auch durch die trennkostartige Tendenz, das Essen in Gänge aufzuteilen und keine Sättigungsbeilagen zu reichen. Diese in verschiedenen Büchern wie *Eat Well, Stay Well the Mediterranean Way* (1975) veröffentlichten Erkenntnisse sind mittlerweile breitestes Allgemeingut geworden.

Erst in den 1980er Jahren setzt der große internationale Boom des italienischen Kochstils ein, erkennbar am vermehrten Auftauchen italienischer Luxuslokale, in denen teurer Brunello oder Barolo geschlürft wird. Verschiedene Faktoren bedingen damals eine positive Neubewertung italienischen Lifestyles und damit Essstils: Die kreative Präsenz der Alta Moda und des Kinos, das italienische Wirtschaftwunder der Nachkriegszeit, die zunehmende Integration ausgewanderter Italiener in ihren Gastländern. Die Entdeckung der Regionalküchen mit der Betonung potentiell bürgerlich-wohlhabender Regionen wie Toskana, Veneto oder Piemont führt dazu, dass italienische Küche nicht mehr belächelt, sondern nun als Ausweis feiner und doch gesunder Lebensart gepriesen wird: ein gastronomischer Paradigmenwechsel, weg vom fast proletarischen Spaghetti-Image Neapels zur Gutshofküche der Toskana.

Bahnbrechende Kochbücher wie *The Silver Spoon* oder Marcella Hazans *Essentials of Italian cooking* bringen den Prozess kulinarischer Italienerkundung ins Rollen: «Sie ist mehr denn jede andere Person dafür verantwortlich, italienische Küche in die Häuser amerikanischer Köche zu bringen. Hier geht es nicht um Spaghetti oder Meatballs – Hazan's Küche besteht aus Polenta, Risotto, Tintenfisch gedämpft mit Tomaten und Weißwein, sautierter Mangold mit Olivenöl und Knoblauch … Vor zwanzig Jahren, als Hazan im amerikanischen Bewusstsein explodierte (sic!) … waren solche Rezepte revolutionär.» Längst ist die Zahl der Italienkochbücher unüberschaubar geworden: Stars wie der bullige Londoner Opernkoch Antonio Carluccio und die blaublütige Lorenza de' Medici, Bestseller wie Lily Priors *Cucina Siciliana oder Rosas Erwachen* und Michel Dibdins Barolo-Krimi *A long finish* und Schlemmer-Kommissare wie Brunetti oder Montalbano sorgen für frische Impressionen. Eine zynische Liebesgeschichte voller surrealistischer Rezepte wie Hamilton-Patersons *Cooking with Fernet-Branca* macht sich bereits über den kulinarischen Toskana-Hype lustig …

Eine Hauptrolle spielt auch, dass der immer breiter gefächerte Tourismus Italien nicht mehr allein als kunstgeschichtlich-archäologisches Reservoir oder wegen seiner Endlosstrände ansteuert. Ein Blick auf maßgebliche Reiseführer zeigt, dass bis ca. 1980 unter der Rubrik Essen und Trinken teilweise fast nur Essenszeiten und Lokaltypen angegeben werden, während heute detaillierte Essays zu regionalen Spezialitäten und Weinen selbstverständliche Pflichtkapitel aller Guides geworden sind – das Genießen italienischer Kost gilt längst als Hauptwunsch vieler Italienreisen. Hatten die ersten Rimini-Touristen noch billige neapolitanische Pizza geordert, so werden heute gezielt Trüffelmessen in Alba, Prosecco-Keltereien in Valdobbiadene oder Limoncello-Destillierer in Amalfi aufgesucht.

Dieses Revival der lokalen Küchen findet sein Pendant in der kontinuierlich anschwellenden Vermarktung italienischer Lebensmittel. Noch vor wenigen Jahrzehnten wurden außer ligurischen Döschen mit Olivenöl und toskanischen Korbflaschen nur wenige italienische Delikatessen nach Deutschland importiert – «ja ja zum Chiantiwein» genügten vollauf Miracoli-Spaghetti mit Tomatenmark und Tütenkäse.

Welche Kennerschaft wird dagegen heute vom Kunden erwartet: San Daniele oder Parmaschinken, Vialone Nano-Reis oder durch Bronzeköpfe getriebene Pasta, sonnengetrocknete Tomaten oder *cucunci*, eingelegte Kapernfrüchte! In modischen Wellen schwappten Mascarpone und Mozzarella, Rucola und Aceto Balsamico (von Spöttern als neues Maggi bezeichnet), Grappa und Tiramisù über die Alpen. Auch die ausufernde Trüffelölmode kommt aus Italien, nicht aus Frankreich. Neueste Entdeckungen aus dem unerschöpflichen Reservoir Italiens sind kalabresische Tropea-Zwiebel-Marmelade, apulische *burrata* oder der bittere römische *puntarelle*-Salat. Japans Sushi-Gourmets kommen längst nicht mehr ohne den wenig quecksilberbelasteten Thunfisch des Mezzogiorno und sein fettes Bauchfleisch (*ventresca*) aus – Fischmetzger der Tokioter Großmarkthalle Tsukiji kaufen direkt bei den Mattanzas vor Trapani oder im sardischen Carlofonte den Löwenanteil des Fangs auf.

Die weltweite Fangemeinde beschert der gesamten italienische Landwirtschaft und insbesondere dem Süden erfreuliche Zuwächse. Längst können die imageträchtigen Regionen wie die Toskana die globale Nachfrage nicht mehr allein befriedigen. Noch vor gut zehn Jahren dachten apulische Olivenbauern ans Aufgeben, heute werden überall neue Bäumchen gepflanzt. Jährlich exportiert Italien Lebensmittel im Wert von über 14 Milliarden Euro. Stiefel statt Krawatte – Bauer statt Bürojob liest man immer wieder in der aktuellen Tagespresse. Eine sensationeller Imagewandel, wenn man bedenkt, dass toskanische Bauernhöfe wegen Abwanderung noch in den frühen 1980ern regelrecht verscherbelt wurden.

Das Lächeln des Zauberers von Sorrent – Mario Gargiulo betreibt Münchens älteste Pizzeria.

Vorbei die Zeiten, als der Schwager im klapprigen Gastarbeiter-Mercedes original italienische Lebensmittel aus dem Süden ankarrte, heute sind sie in jedem Supermarkt zu kaufen. Mit der Internationalisierung hat auch ein Kampf um die Namensrechte eingesetzt – wieweit steht Pizza & Pasta noch für Italien? Längst ist nicht mehr alles, was als italienisch vermarktet wird, auch wirklich italienisch. Die Rechtschreibfehler vieler Pizzaheimservices sind haarsträubend, doch kann man thailändischen oder philippinischen Pizzabäckern nicht vorwerfen, die Sprache Dantes nicht fehlerfrei zu beherrschen. Der internationale Erfolg von S. Pellegrino-Mineralwasser hängt auch damit zusammen, dass es zum Nestlé-Konzern gehört. Beim weltweiten Espresso- und Cappuccino-Boom haben sich längst amerikanische Ketten eingeklinkt: Jack Lemmon würde heute als Stammkunde der San Francisco Coffee Company oder Starbuck's den Espresso kaum mehr als Schlamm bezeichnen.

Umgekehrt hat sich aber auch Italien der kulinarischen Welt geöffnet, haben sich ausländische Spitzenköche erfolgreich in die Italianità eingefühlt. 2006 vergab der renommierte Guide *Ristoranti d'Italia del Gambero Rosso* dem Bayern Heinz Beck, der das Ristorante *La Pergola* im Cavalieri Hilton auf dem römischen Monte Mario in Rom führt, eine der drei besten Kochwertungen des Landes. Frankreichs Kochpapst Alain Ducasse, der mit seinem Restaurantimperium knapp 20 Michelinsterne auf sich vereint, hat mit seinem kulinarischen Porträt *La Riviera* der italienischen Kost auch in der Grande Nation ein Loblied gesungen. Ohnedies ist die Palette italienischer Produkte ja durch Nizza und die östliche Côte d'Azur (die bis 1860 zu Sardinien-Piemont gehörte) im Midi immer präsent gewesen. Italien-Frankreich-England: Marco Pierre White, erster Brite mit drei Michelinsternen, geboren in Leeds als Sohn einer Italienerin und eines Yorkshire-Kochs, machte seinen Namen zum Programm und entzückte Lady Di mit gewagten Pastakreationen. Ein Japanisches Team gewann 2004 die Pizzabäcker-Weltmeisterschaft in der Sektion Akrobatik (Tokyos erste Pizzeria wurde in den 1950ern von dem Drogenschmuggler Nick Zapetti eröffnet).

Fragt man Deutschlands Spitzenköche nach ihrem Konzept, so hat sich das Gros auf die Formel eingeschworen: Regionale Produkte mit mediterranen Akzenten – wobei bei etwas Nachbohren diese Akzente kaum je griechisch, maghrebinisch, maltesisch, sondern schlichtweg italienisch sind. Nicht zuletzt weiht eine ständig wachsende Fülle von Kochschulen immer mehr ausländische Adepten in die Geheimnisse der italienischen Küche ein.

Doch auch Italiens Köche werden immer globaler, sehen Internationalisierung als Herausforderung. «Ich gehöre der 21. kulinarischen Region Italiens an: der Welt», ist das Statement Enzo Carbones, der in Shanghai aufkocht. Ein Toprestaurant wie die lombardische *Ambasciata di Quistello* hat kürzlich eine Dependance in Moskau eröffnet – die Jungköche erhalten höhere Gagen als zu Hause. Die Märznummer 2005 des Magazins *Gambero Rosso* titelt mit einer Story Rosario Scarpatos: *Identikit del cuoco italiano all'estero* – Profil des italienischen Kochs im Ausland. Bei Interviews zwischen Dubai und Singapur, Gelsenkirchen und Buenos Aires kam heraus: Der Typ des improvisierenden Verlegenheitskochs ist ad acta gelegt. Drei Adjektive kennzeichnen den modernen gastronomischen Emigranten: *colto* (gebildet), *professionista, creativo*. Scarpato hat drei Phänotypen ausgemacht, die für drei Kochstile stehen. Die *progressisti* haben sich für kreative, internationale Küche entschieden, in die sie ihre persönliche *italianità* als willkommene Mitgift einbringen. Am häufigsten ist *national fusion* italienischer Rezepte und Produkte, die sich fast zwangsläufig aus der Einkaufslage im Ausland, aus den Kundenwünschen und aus einem auch in Italien gestiegenen Bewusstsein für Produkte anderer Regionen ergibt. Immerhin ein Drittel sieht sich als regionalverwurzelte *conservatori*, allen voran Francesco Farris vom *Arcodoro e Pomodoro* in Houston/Texas: «Ich konzentriere mich auf sardische Küche mit einem starken Akzent auf die Ostküste!» Tatsächlich ist z. B. in New York dezidierte italienische Regionalküche weit häufiger als hierzulande – wie selbstverständlich plaudern *foodies* über ravioliartige bergamaskische *casunzei*, äolische Salinakapern oder Hartweizen-*paccheri* aus den Vesuvdörfern.

Doch was auch aus der Studie hervorgeht: 98,8 Prozent der Repräsentanten italienischer Küche im Ausland sind Männer. Verschwindet die intuitiv, ja instinktiv kochende Mamma zugunsten der Absolventen von Kochakademien? Die Frage bleibt: Ist die Spontanität der *cucina casalinga* zu exportieren oder eben doch nur im Mutterland zu erleben?

TORTELLINI CON PECORINO E FAVE
TORTELLINI MIT PECORINO UND SAUBOHNEN

Heinz Beck, 21. Jahrhundert

Zutaten für 4 Personen

Nudeln: 160 g Mehl ꕥ 80 g Hartweizenmehl ꕥ 2 Eier (davon 1 Eiweiß zum Pinseln) ꕥ Salz
Füllung: 80 g Ricotta ꕥ 20 g geschlagene Schlagsahne ꕥ 40 g geriebener Pecorino
Garnitur: 800 g ganze Saubohnenschoten ꕥ 30 g Schweinebacke (guanciale di maiale) ꕥ 4 cl Weißwein ꕥ 2 Esslöffel geriebener Pecorino ꕥ 20 g Pecorino in feinen Schnitzen ꕥ Olivenöl Extra Vergine ꕥ Salz

Pasta: Die zwei Sorten Mehl mischen, zwei Dotter zufügen (ein Eiweiß aufheben), ein ganzes Ei, eine Prise Salz und genügend Wasser, um den Teig genügend haften zu lassen. Den Nudelteig lange kneten, bis er klar und abgebunden ist, dann eine Kugel formen, sie in eine Folie einwickeln und ca. 1 Std. an einem kühlen Platz ruhen lassen.

Füllung: Die Ricotta in eine Schüssel füllen, die Schlagsahne und den Pecorino hinzufügen und gut vermengen, so dass man eine homogene Masse erhält.

Tortellini: Die Nudelteig zu einem dünnen Blatt ausrollen und leicht mit dem geschlagenen Eiweiß bepinseln. Darauf mit einem Teelöffel viele kleine Batzen der Füllung verteilen. Den Nudelteig mit einem kleinen runden Teigschneider so schneiden, dass man kleine Scheiben mit der Füllung in der Mitte erhält. Halbmondförmig zusammenbiegen und die beiden Enden mit den Fingerspitzen zusammendrücken.

Garnitur: Die entkernten Saubohnen in kochendem Wasser einige Minuten brühen und das Häutchen entfernen, das sie bedeckt. Die Schweinebacke in Streifen schneiden und in einer Pfanne mit einigen Löffeln Öl rosig anbraten. Die Bohnenkerne zuschütten, mit dem Wein besprengen und ihn verdampfen lassen, indem man alles einen kurzen Augenblick kochen lässt.

Die Tortellini in schwach kochendem Salzwasser 3–4 Minuten ziehen lassen, sie in der Pfanne mit den Saubohnen vermengen, den geriebenen Pecorino darüberstreuen und sie mit den Pecorino-Spänen servieren.

Eine luzide, klar strukturierte Anweisung aus Heinz Becks Bestseller *Heinz Beck.*

Oft scheitert die Authentizität italienischer Hobbyküche an nachlässiger Produktauswahl, doch genau diese Knackpunkte sind klar angesprochen. Luftgetrocknete Schweinebacke (und eben nicht Speck oder gar Kochschinken), frischentkernte Saubohnen und Hartweizenmehl verheißen zusammen mit Ricotta (Schafsquark) die Hirtenaromen der Bergstädte Latiums und der Abruzzen. Kunstgriffe wie Bepinseln der Pasta (das sie knackig macht), nur kurzes Blanchieren der Bohnen (das sie knackig lässt) und das Dekor mit Pecorino-Spänen sorgen für ebenso dezente wie stilsichere Verfeinerung.

CAFFÈ & CAPPUCCINO

«In diesem Jahrhundert hat niemand ein besseres Laster erfunden als den Kaffee», schwärmte Giacinto Cestoni 1697. Die Metzgerzunft Istanbuls, die 1554 die Eröffnung des ersten europäischen Kaffeehauses zu verteufeln suchte, war anderer Meinung: «Eine Neuerung, die den Schlaf und die Zeugungskraft des Mannes beeinträchtigt.» Nicht nur des Mannes: Ein halbes Jahrtausend vorher war abessinischen Hirten in der Provinz Kaffa aufgefallen, dass Ziegen, die vom wilden Kaffee-Strauch gefressen hatten, nachts umhertollten. Der unaufhaltsame Siegeszug des Aufputschmittels begann. Selbst eine Fatwa Mekkanischer Korangelehrter vermochte 1511 nicht, dem Modegetränk aus dem jemenitischen Hafen al-Mukha (Mokka) Einhalt zu gebieten.

Prosper Alpinus aus Padua zeichnet 1592 erstmals eine Kaffeepflanze. Der botanisierende Arzt hatte *caova* oder *bon* («Bohnenkaffee!») auf seiner Ägyptenreise in Begleitung des venezianischen Botschafters kennengelernt. Der Musiker Pietro della Valle schwor 1615 auf seiner Pilgerreise nach Persien und Indien, das Lieblingsgetränk Isfahans nach Italien mitzubringen. 1624 handelten Venedigs Apotheker mit grünen Kaffeebohnen, und dann herrscht Streit: Öffnete die erste *bottega del caffè* um 1650 im multikulturellen Livorno oder in Venedig ihre Pforten? Im Settecento (18. Jahrhundert) wurden Kaffeehäuser als politisch-literarische Salons und informale Börsen frequentiert, allen voran Casanovas *Caffè Florian* (1720), das älteste *caffè storico* Italiens. Das 1760 in der römischen Via Condotti von einem Levantiner gegründete *Caffè Greco* etablierte sich als Treffpunkt russischer und deutscher Künstler. Das *Pedrocchi* in Padua (1830) kam lange ohne Türen aus, da es 24 Stunden geöffnet hatte. Lenin und die Elite der Futuristen gingen im *Giubbe rosse* in Florenz ein und aus, im *Gambrinus* in Neapel dichtete Gabriele D'Annunzio Kanzonen. Turins Grand Caffès wie das *Baratti* oder das *Mulassano* machen Kaffeehausnostalgiker glücklich. Das *S. Carlo* im 1918 «erlösten» Triest steuert altösterreichischen Jugendstilcharme bei. Aber auch in Provinzstädten wie Cosenza oder Perugia halten das *Renzelli* oder das *Sandri* die Fahne der *caffè storici* hoch.

Fest steht, all die großen Namen haben nicht an dem gleichen Espresso genippt, den wir heute trinken. Denn die Geburtsstunde der Espressomaschine datiert auf den 5. September 1938, als Achille Gaggia ein Patent auf ein Kolbensystem anmeldete, das kochendes Wasser mit bis zu sechsmal höherem Druck als in Autoreifen durch frischgemahlenes Kaffepulver drückte und damit im Gegensatz zum herkömmlichen Wasserdampfverfahren cremigen Espresso erzeugte (bereits 1902 hatte Desiderio Pavoni in Mailand seine *Ideale* mit gemischtem Dampf-Wasserdruckverfahren patentieren lassen). Diese fauchenden Maschinen verdrängten die traditionelle *napoletana*, eine Doppelkanne mit Kaffeefilter, die nach fertigem Kochen einfach auf den Kopf gestellt wurde, bzw. die massive Schraubkanne (*moka*). Glänzend poliert machen sie das futuristische Image der *bar* (erstmals 1926 in Italien) aus.

Erst jetzt kann der *barista* den perfekt koffeinarmen und praktisch kalorienfreien *caffè* brauen. Vier Faktoren spielen zusammen: Hoher Arabica-Anteil (bis zu zwei Drittel weniger Koffein als Robusta), dunkelste koffeinreduzierende Röstung, feinste Mahlung und schnellster Durchlauf (dauernd erhitzte Maschinen) mit möglichst wenig Wasser, so dass nur Aromata, nicht aber Bitter-Stoffe und Koffein gelöst werden.

Kulturell signifikant ist der Orientalismus, gezuckerten schwarzen Kaffee nach dem Essen und zum Kaffee Wasser zu reichen. Nord-Süd-Gegensätze gelten auch für Kaffeetrinker. Der Mezzogiorno, der früher keine Lagermöglichkeiten für Frischmilch hatte, kannte auch keinen Cappuccino. Viele Neapolitaner schüttelt es bei der bloßen Idee, Espresso mit Milch zu verfälschen oder ihn gar, wie Trentiner Holzfäller, mit Grappa zu «korrigieren». Kaffee ist Espresso ist *caffè*, im neapolitanischen Idealfall mit so dicker *crema* und so wasserarm (*stretto*), das man langsam zählen kann, bis der Zucker versinkt. Der Milchkaffee des Voralpenlandes mit «beflecktem» *latte macchiato* gipfelt in dem venetischen Nachkriegsdolce *tiramisù* (mit Kaffee und Mascarpone). Eine Laune der Geschichte fügte es, dass der italienische Kaffee zu seinen afrikanischen Wurzeln zurückgekehrt ist. In Massaua in Eritrea wird in Bars mit reichlich Kolonialpatina der beste Espresso Afrikas serviert.

ANHANG

DIE ITALIENISCHEN REGIONEN
N
S
M. Blanc
Aosta
AOSTATAL
Como
LOMBARDEI
Mailand
Turin
PIEMONT
SÜDTIROL
Trient
TRENTINO
FRIAUL-JULISCH VENETIEN
Udine
VENETIEN
Vicenza
Verona
Padua
Venedig
Triest
Mantua
Piacenza
Po
EMILIA-ROMAGNA
Ferrara
Modena
Bologna
Genua
LIGURIEN
Ravenna
Massa
Lucca
Florenz
Rimini
Pisa
Livorno
TOSKANA
MARKEN
Ancona
Siena
Arezzo
Macerata
Perugia
Grosseto
UMBRIEN
Adria
Korsika
Terni
Viterbo
Tiber
Pescara
ABRUZZEN
Rom
LATIUM
MOLISE
Campobasso
Foggia
Benevent
KAMPANIEN
Neapel
Bari
APULIEN
Salerno
Potenza
Brindisi
SARDINIEN
BASILICATA
(LUCANIA)
Tarent
Tyrrhenisches Meer
Cagliari
KALABRIEN
Catanzaro
Trapani
Palermo
Messina
Reggio
SIZILIEN
Catania
Pantelleria
Syrakus
Mittelmeer
0 40 80 120 160 200 km
Malta

ZITATE UND ANMERKUNGEN

Im Literaturverzeichnis genannte Bücher werden hier nur mit dem Verfassernachnamen abgekürzt.

SYBARITEN UND SIZILIANER - GROSSGRIECHISCHE KOCHKUNST

«eifrig alle Länder ...» ☙ Athenaios, Deipnosophistai 278d.
«Und sie trieben ...» ☙ Homer, Odyssee XII 352-366.
«Als ich nach Sizilien ...» ☙ Platon, 7. Brief, 326b-d.
«Wasser für die Hände ...» ☙ Philoxenos, Symposion, Auszüge aus Athenaios 685d, 146f und 642f.
«Eilig wanderten wir ...» ☙ Homer, Odyssee IX 216-224.

PFAUENFEDERN UND PAPAGEIENZUNGEN - RÖMERKOST

«Hier das Menu ...» ☙ Juvenal, Satiren XI 64-74.
«Was soll das heißen ...» ☙ Plinius der Jüngere, Briefe I 15.
«Ja, nicht in dem ...» ☙ Horaz, Satiren II 2,19ff.
«Aus Stachelflundern ...» ☙ Horaz, Satiren II 8,44-53, 85-88.

DIE DIÄT DER FRÜHEN CHRISTEN

«Da sprach das Weib ...» ☙ 1. Mose 3.2-7.
«Was Adam fressend ...» ☙ Maximus von Turin, Serm. L/a 3 zu Matthäus 4,2.
«Wer mit einem Knaben ...» ☙ Apophthegmata Patrum, zit. nach Montanari, S. 12.
«Die mediterrane Trinität ...» ☙ Strong, S. 48.
«Ich saß als fünfzehnter ...» ☙ Liutprand v. Cremona, Legatio Constantinopolitana, Kap. 11.
«Zerberus, grausam ...» ☙ Dante, Inferno VI 13-15, 53-54.
«Die heutige Schizophrenie ...» ☙ Petrini, S. 24.
«Nach der Entsexualisierung ...» ☙ Galimberti, S. 55/50.
«Nach sieben Cosmopolitan-Drinks ...» ☙ Prose.

ARABIENS GENÜSSE

«Während der ersten Jahrhunderte ...» ☙ Mario Casari, Klappentext zu Muhammad al Baghdadi.
«Hier zieren Kapern ...» ☙ Ibn al-Mu'tazz nach Tannahill, S. 153.
«Birne, Apfel, Pfirsich ...» ☙ Tannahill, S. 162.

STORIA DELLA PASTA

«Im Westen von ...» ☙ Übers. d. Autors aus: Al-Idrisi, Il libro di Ruggiero, Roma 1883.
«Kaum hat es ...» ☙ Übers. d. Autors aus: Matilde Serao, Il ventre di Napoli, Napoli 1988, Kap. 3.
«Wer das Paradies ...» ☙ Giuseppe Marotta, Das Gold von Neapel, Frankfurt a. M.-Hamburg 1958, S. 203.
«Der Müller hatte ...» ☙ Orsini Natale, S. 18.

GEWÜRZE ÜBER ALLES – AROMEN DES MITTELALTERS

«Hier bindet man ...» ☙ Boccaccio, Decamerone VIII 3.
«Ein mittelalterliches Kochbuch ...» ☙ Boström in Anonimo Meridionale, S. 59.
«Die Idee einer Parallellität ...» ☙ Montanari, 1999, S. 108.
«Das nächste mal ...» ☙ Sabadino degli Arienti (†1510), Le Porretane XXXVIII, zit. nach Montanari, Convivio 1989, S. 498.

DIE EHRBARE LUST – DER KOCH UND SEIN HUMANIST

«Martinos Rezepte ...» ☙ Mennell, S. 102.
«Die Italiener waren die ersten ...» ☙ Tannahill, S. 242.
«Die *Kunst des Kochens* ...» ☙ L. Ballerini in Martino da Como, 2005, S. 23.
«neue Sensibilität des Renaissancemenschen» ☙ Benporat, S. 33.
«Existiert auf dem gastronomischen Sektor ...» ☙ Capatti, S. 117.
«Auch wenn uns die Alten ...» ☙ Platina De honesta voluptate VI (Del biancomangiare).
«Bewegung des Körpers ...» ☙ Marsilio Ficino, De longa vita II 4.
«Alle Tiere ...» ☙ De longa vita II 7.

CATERINAS GABEL – TISCHSITTEN DER RENAISSANCE

«bedeutenden Einfluß ...» ☙ Vollenweider, S. 9.
«Ich ließ mir ...» ☙ Montaigne, Tagebuch der Reise nach Italien I, S. 11.
«Geometer beim Auswählen ...» ☙ zit. nach Preiss.
«Vor den Mahlzeiten ...» ☙ Della Casa, 1990, S. 87.
«einst eine sehr große Vase ...» ☙ Benvenuto Cellini, Geschichte meines Lebens I, S. 20.

CUCINA POVERA – DIE KÜCHE DER ARMUT?

«Gemüse und Früchte unübersehlich ...» Goethe, Italienische Reise, 17.9.1786.
«In Venetien braucht man ...» De' Medici, S. 144.
«Wenn Luigi ...» Martin Mosebach, Die schöne Gewohnheit zu leben. Eine italienische Reise, Berlin 1997, S. 25.
«Cucina povera meint ...» Baur, S. 9.

DER DRESCHENDE DUCE – VOM GRAND TOURISME ZUR CUCINA NAZIONALE

«Der Anblick dieser babylonischen ...» Giuseppe Tomasi di Lampedusa, Der Leopard, München 1984, S. 56.
«Es wäre Zeit ...» Monelli, S. 168.
«Denn diese überlangen ...» Rajberti zit. nach Montanari, Convivio, S. 71.
«All das verdammte ...» Capatti, S. 93.
«Das Innere der römischen Schenke ...» Barth, S. 106f.
«Wir behaupten diese Wahrheit ...» Marinetti, Auszüge, S. 27-29.
«Italien von den Alpen ...» Monelli, S. 120.

PELLEGRINO ARTUSI - EIN BANKIER SCHREIBT KOCHGESCHICHTE

«Hört nur ...» Artusi, 1998, S. 79, 115 (piccione all'inglese/Täubchen englisch).
«selbst kein Koch ...» Mennell, S. 8.
«Unzeitgemäß sind ...» Gianfranco Bolognesi in: Artusi, 1998, S. 272.

SLOWFOOD UND STERNEGUIDES – ITALIEN IM KOCHBOOM

«Gegen den globalen ...» Das Manifest von Paris findet sich z.B. auf *www.slowfood.it* (Übersetzung d. Autors) oder auf deutsch unter *www.slowfood.de.*
«Die Trattoria will ...» Osterie d'Italia, 1990.
«mit derselben Ergebenheit ...» Marchesi, S. 10.

ITALY WORLDWIDE – EIN KOCHSTIL WIRD GLOBAL

«Als ich in Paris ...» Alice Vollenweider & Hugo Loetscher, Kulinaritäten, Bern 1976, S. 65f.
«Sie ist mehr ...» Werbetext Marcella Hazan, unter *www.amazon.de.*

LITERATURVERZEICHNIS

Accademia Italiana della Cucina: Cinquant'anni di Cultura e Civiltà della Tavola. Milano 2004.
Accademia Italiana della Cucina & Touring Club Italiano: La cucina del Bel Paese. Bergamo 2002.
Agnesi, V.: È Tempo di Pasta. Tarquinia 1992.
Agnetti, V.: Nicht nur Maccaroni. Italienische Nationalspeisen. Zürich 1916.
Agostini, P. & Zorzi A.: A tavola con i dogi. Storia e ricette della grande cucina veneziana. Venezia 1991.
Al-Baghdadi: s. Muhammad.
Albala, K.: Eating right in the Renaissance. Berkeley-Los Angeles 2002.
Alberini, M.: Storia del pranzo all'Italiana. Milano 1966.
— Storia della cucina italiana. Casale Monferrato 1992.
Alföldi-Rosenbaum, E.: Das Kochbuch der Römer. Rezepte aus Apicius. Zürich-München 1970.
Amandonico, N.: La Pizza. Ein Blick in die Seele von Neapel. München 2001.
Anderson, B.: Treasures of the Italian Table. New York 1994.
André, J.: Essen und Trinken im alten Rom. Stuttgart 1998.
Anonimo Meridionale: Due Libri di Cucina (ed. Boström I.). Stockholm 1985.
Apicius: Das römische Kochbuch des Apicius (ed. Maier.). Stuttgart 1991.
Archestratos of Gela: Greek Culture and Cuisine in the 4th century BC (edd. Olson S. D. & Sens A.). Oxford 2000.
— The Life of Luxury: Europe's oldest Cookery Book (edd. Wilkins J. & Hill S.). Dartington 1994.
Arte e Storia a Tavola. Due secoli di menù. Ausstellung Milano Castello Sforzesco 2003.
Artusi, P.: La Scienza in Cucina e L'Arte di mangiar bene. Firenze 1991.
— Von der Wissenschaft des Kochens und der Kunst des Genießens. München 1998.
Athenaios von Naukratis: Das Gelehrtenmahl (übers. Treu). Leipzig 1985.

Bagnasco, O.: Die Nacht der sieben Sünden. München 1999.
— Catalogo del fondo italiano e latino delle opere di gastronomia (sec.XIV-XIX.). Sorengo 1994.
Ballarini, G.: Storia sociale del maiale. Parma 2002.
Barth, H.: Osteria. Ein Führer durch Italiens Schenken von Verona bis Capri. Stuttgart 1908.
Baur, E. G.: Genießen mit Puccini. München 2004.
Baur, E. G. & Furtwängler, I.: Der Reichtum der einfachen Küche. Italien. München 1997.
Baur, E. G. & Ohlbaum, I.: Zu Gast bei Verdi. München 2000.
Beck, H.: Arte e scienza del servizio. Lodi 2004.
— Pasta. Lodi 2003.
— Heinz Beck. Lodi 2002.
Belli, M. & Grassi, F. & Sordini B.: La Cucina di un ospedale del Trecento. Gli spazi, gli oggetti, il cibo nel ospedale Santa Maria della Scala di Siena. Ospedaletto di Pisa 2004.

Benporat, C.: Cucina Italiana del Quattrocento. Firenze 1996.
~ Storia della Gastronomia italiana. Milano 1990.
Berardo, C.: Cioccolato a leggere. Torino 2004.
Bilabel, F.: Kochbücher. In: RE 11,1 (1921), S. 932-943.
Bitterli, U. & Schnyder-v. Waldkirch, A. (Jacobs Suchard Museum): Vom Kaffee in frühen Reiseberichten. Zürich 1988.
Blanc N. & Nercessian, A.: La cuisine romaine antique. Grenoble 1992.
Bona A. & Tibone M. L.: Storia e Arte in Cucina. Padova 1992.
Bonardi, B.: Giovanni Bockenheym. La cucina di Papa Martino V. Milano 1995.
Bottéro, J.: Textes culinaires Mésopotamiens. Winona Lake 1995.
Bunzel, S.: Italienische Weihnacht – Festliche Rezepte, Bräuche und Traditionen, München 2000.

Camporesi, P.: Il brodo indiano. Edonismo ed esotismo nel Settecento. Milano 1990.
Cantarelli, F.: I tempi alimentari del Mediterraneo (2 Bde.). Parma 2005.
Capatti, A.: L'osteria nuova. Una storia italiana del XX secolo. Bra 2000.
Capatti, A. & De Bernardi, A. & Varni, A.: L'alimentazione. Storia d'Italia, Annali 13. Torino 1998.
Capatti, A. & Montanari, M.: La cucina italiana – Storia di una cultura. Bari 1999.
Carnevale Schianca, E.: Sulle origini del biancomangiare. In: Appunti di gastronomia Nr. 16 (1995) 5.
Casati, E. & Ortona, G.: Il caffè. Bologna 1990.
Cavalcanti, I.: Cucina teorico-pratica. Napoli 1837.
Cervio, V.: Il Trinciante. Firenze 1979.
Chiappini, L.: La corte Estense alla metà del Cinquecento. I compendi di Cristoforo di Messisbugo. Ferrara 1984.
Ciuffoletti, Z.: Storia del vino in Toscana dagli Etruschi ai nostri giorni. Firenze 2000.
Cloutier, M. & Adamson, E.: The mediterranean diet. London 2001.
Consolo, V.: La pesca del tonno in Sicilia. Palermo 1986.
Contini, G.: Cinque volgari di Bonvesin de la Riva. Modena 1937.
Corrado, V.: Il cuoco galante. Napoli 1773.
Cretì, G.: A Tavola con Don Camillo e Peppone. Rimini 2000.
Cúnsolo, F.: Italien. Eine kulinarische Reise. München 1997.

Dalby, A.: Essen und Trinken im alten Griechenland: von Homer bis zur byzantinischen Zeit. Stuttgart 1998.
Dalby, A. & Grainger, S.: Küchengeheimnisse der Antike. Würzburg 1996.
Dall'Ara, R.: Petronilla e le altre. Mantova 1998.
D'Arbitrio, N. & Ziviello, L.: La Tavola del Re. Napoli 1997.
Darby, W. J.: Food: The Gift of Osiris. London-New York 1977.
Davidson, A.: Mediterranean Seafood. London 2002.
~ The Oxford Companion to food. Oxford 2000.
Davidson, J. N.: The Cambridge world history of food. Cambridge 2000.
~ Kurtisanen und Meeresfrüchte. Die verzehrenden Leidenschaften im klassischen Athen. Berlin 1999.
David, E.: Italian Food. London 1999.
Della Casa, G.: Der Galateo. Heidelberg 1988.
~ Galateo. Milano 1990.
De' Medici, L.: Lorenzas italienische Feste. München 2001.
~ Italien. Eine kulinarische Reise. München 1999.
Di Felice, M. L. & Mattone, A.: Storia della vite e del vino in Sardegna. Roma-Bari 2000.
Die anständige Lust. Katalog der Ausstellung. Münchner Stadtmuseum. München 1993.

DiMichielis, S.: Osteria italiana. München 1998.
Di Schino, J.: I Fasti del Banchetto barocco. Roma 2005.
— The Triumph of Baroque sugar sculpture in Italy. Oxford 1996.

Ehlert, T.: Das Kochbuch des Mittelalters. München 1995.
Elias, N.: Die höfische Gesellschaft. Frankfurt a. M. 1969.

Fabbri Dall'Oglio, M. A.: Il Trionfo dell'Effimero. Milano-Napoli 2002.
Faccioli, E.: L'arte della cucina in Italia. Libri di ricette e trattati sulla civiltà della tavola dal XIV al XIX secolo. Torino 1987.
Fellmeth, U.: Brot und Politik – Ernährung, Tafelluxus und Hunger im antiken Rom. Stuttgart-Weimar 2001.
Fernández-Armesto, F.: Food: A history. London 2001.
Ficinus, M.: Three books on life. Binghampton N. Y. 1989.
Flandrin, J-L. & Cobbi, J.: Tables d'hier, tables d'ailleurs. Paris 1999.
Flandrin, J.-L. & Lambert, C.: Fêtes gourmandes au Moyen Âge. Paris 1998.
Flandrin, J.-L. & Montanari, M.: Histoire de l'alimentation. Paris 1996.
Frati, L.: Libro di Cucina del Secolo XIV. Livorno 1899

Galimberti, U.: I vizi capitali e i nuovi vizi. Milano 2003.
Gambero Rosso: Guida dei Ristoranti d'Italia. Roma 1989ff.
Garnsey, P.: Cities, Peasants and Food in Classical Antiquity. Cambridge 1998.
Garzoni, T.: Piazza universale di tutti le professioni del mondo. Venezia 1587.
Gerhold, L.: Italienisches etymologisches Kulinarium. Wien 1993.
Giacosa, I. G.: Genießen wie die alten Römer. Antike Küche neu entdeckt. Frankfurt a. M. 1995.
Gold, B. K. & Donahue, J. F.: Roman Dining. Baltimore 2005.
Goody, J.: Food and Love: A cultural history of east and west. London 1998.
Gowers, E.: The loaded table. Representations of Food in Roman Literature. Oxford 1993.
Grant, M.: Anthimus. De observatione ciborum – On the observance of foods. Blackawton Totnes 1996.
Grieco, A. J.: The Meal – Themes in Art. London 1992.
Guerrini, O.: La tavola e la cucina nei secoli XIV e XV. Firenze 1884.

Hamilton-Paterson, J.: Kochen mit Fernet-Branca. Stuttgart 2005.
Hazan, M.: Die klassische italienische Küche. München 1995.
Heine, P.: Kulinarische Studien. Untersuchungen zur Kochkunst im arabisch-islamischen Mittelalter. Wiesbaden 1988.
Hirschfelder, G.: Europäische Esskultur. Frankfurt a. M. 2001.

Keys, A.: Der gesunde Feinschmecker. Stuttgart 1961.
— Seven Countries. London 1980.

La Cecla, F.: La pasta e la pizza. Bologna 1998.
Lambertini, E. & Volpe, E. & Guizzaro, A.: La Cucina nella Storia di Napoli. Napoli 1996.
Langone, C.: Maccheronica. Milano 2004.
Larousse gastronomique. Paris 2003.
Laurioux, B.: Manger au Moyen Âge. Paris 2002.
— Tafelfreuden im Mittelalter. Augsburg 1999.
— Les livres de cuisine médiévaux. Brepols Turnhout 1997.

☙ Le registre de cuisine de Jean de Bockenheim, cuisinier du pape Martin V. In: Mélanges de l'École française de Rome, Moyen Âge Temps modernes 100 (1988) 2, S. 709-760.
☙ Spices in the medieval diet: a new approach. In: Food and Foodways, London 1 (1985) 43ff.
Lazzeri, G.: Kochbuch für die Freunde der italienischen Oper. Berlin 2005.
Leeb, O.: Kaffee, Cappuccino, Espresso und vieles mehr. München 2003.
Leonardi, F.: L'Apicio moderno. S.l. 1790.
(Pseudo) Leonardo da Vinci: s. Routh.
Levi-Strauss, C.: Das Rohe und das Gekochte. Frankfurt a. M. 2000
Lisini, A.: La forchetta da tavola. Siena 1911.
Li Vigni, I. & Rossi, P. A.: Gola, Mater amatissima. Genova 2005.
Longo, O. & Scarpi, P.: Homo Edens. Verona 1989.
Loria, M. & Quadruppani, S.: Alla tavola di Yasmina. Milano 2005.

Magninus Mediolanensis: Opusculum de saporibus. A medieval sauce Book. In: Speculum IX (1934), S. 183-190.
Maier, R.: Liber de coquina. Das Buch der guten Küche. Frankfurt a. M. 2005.
Mainardi, G. & Berta, P.: Il vino nella storia e nella letteratura. Bologna 1991.
Malacarne, G.: Sulla mensa del principe. Alimentazione e banchetti alla Corte dei Gonzaga. Modena 2000.
Mancusi Sorrentino, L.: Sua Maestà il Limone. Napoli 2004.
Mantovano, G.: La cucina italiana. Origine, storia e segreti. Roma 1985.
Marchesi, G.: La Tavola imbandita. Storia estetica della cucina. Rom-Bari 2001.
☙ Die große italienische Küche. München 1984.
Marchese, P.: L'invenzione della forchetta. Genova 1989.
Marescalchi, A. & Dalmasso, G.: Storia della vite e del vino in Italia. Milano 1979.
Margolin, J.-C. & Sauzet, R.: Pratiques et discours alimentaires à la Renaissance. Paris 1982.
Marinetti, F. T. & Fillìa: La cucina futurista. Milano 1986.
Marini, M.: La cucina bresciana. Padova 1993.
Martellotti, A.: I ricettari di Federico II. Firenze 2005.
Martino da Como: The Art of cooking (ed. Ballerini L.). Berkeley-L.A.-London 2005.
☙ Libro de Arte Coquinaria. Udine 1994.
McDonald C.: Lebensgefühl und Haute Cuisine in der vorchristlichen Literatur. In: Hamburger Forschungen zur Geschichte der Eßkultur II, Hamburg 1993, S. 153-177.
Mennell, S.: Die Kultivierung des Appetits. Die Geschichte des Essens vom Mittelalter bis heute. Frankfurt a. M. 1988.
☙ Die Meisterköche, Frankfurt a. M. 1990.
Mersi, I. von: Pasta. Illustrierte Kulturgeschichte der Nudel. In: Merian, Neapel.Capri.Ischia 1993, S. 64-71
Messisbugo, C. da: Banchetti, composizioni di vivande et apparecchio generale. Ferrara 1549.
Molinari Pradelli, A.: Il grande libro della cucina italiana in oltre 5000 ricette regionali. Roma 1999.
Monelli, P.: Il ghiottone errante. Milano 2005.
Montanari, M.: Bologna grassa. La costruzione di un mito. Bologna 2004.
☙ Der Hunger und der Überfluss. Kulturgeschichte der Ernährung in Europa. München 1999.
☙ Convivio. Storia e cultura dei piaceri della tavola nell'età contemporanea. Bari 1992.
☙ Convivio. Storia e cultura dei piaceri della tavola dall'Antichità al Medioevo. Bari 1989.
☙ Alimentazione e cultura nel Medioevo. Bari 1988.
☙ L'alimentazione contadina nel alto Medioevo. Napoli 1979.
Moulin, L.: Augenlust und Tafelfreuden. Essen und Trinken in Europa – eine Kulturgeschichte. Steinhagen 1989.

Muhammad al Baghdadi: Il cuoco di Baghdad (ed. Casari M.). Milano 2004.
Nada Patrone, A. M.: Il cibo del ricco e il cibo del povero. Torino 1981.
Naso, I.: La cultura del cibo. Alimentazione, dietetica, cucina nel basso medioevo. Torino 1999.
Nebbia A.: Il cuoco maceratese. Macerata 1779.
Negro, M. V.: Terra Madre. Bra 2004.
Nobbio, C.: A Tavola con Caterina de' Medici. Firenze 1988.

Oliver, J.: Jamie's Italy. London 2005.
Orsini Natale, M.: Die Pastakönigin. München 2001.

Paczensky, G. von & Dünnebier, A.: Kulturgeschichte des Essens und Trinkens. München 1999.
Padovani, G.: Nutella. Un mito italiano. Milano 2004.
Paleari Henssler, M.: Bibliografia latino-italiana di gastronomia. Milano 1998.
Paolini D.: Prodotti Italiani. München 2000.
Peiler, R.: Römische Küche. München 1990.
Peschke, H. P. von & Feldmann, W.: Kochbuch der Renaissance. Düsseldorf 2001.
Peter, P.: Sizilien. Literarische Entdeckungen im Land, wo der Teufel sein Weib nahm. Stuttgart 2003.
– Golf von Neapel. Literarische Entdeckungen zwischen Neapel, Sorrent, Amalfi und Capri. Stuttgart 2003.
– Die schönsten Gasthäuser in Südtirol. München 2001.
– Die besten Trattorien der Toskana. München 2001.
– Antike Gelage. Ut standumst in lecto. In: Cotta's Kulinarischer Almanach 2000/2001, S. 94-100.
– Die besten Trattorien rund um den Gardasee. München 2000.
– La vera Pizza. Ein neapolitanischer Lokalaugenschein. In: Cotta's Kulinarischer Almanach 1999/2000, S. 140-148.
– Granita und Cassata – Sizilianische Eisarchäologie. In: Cotta's Kulinarischer Almanach 1998/99, S. 119-125.
– Cucina Siciliana. München 1997.
Peter P. & Herrmann R.: Wo Deutschland am besten schmeckt. München 2003.
Peter P. & Jaeckel E. K.: Das Starlet und der Parfumeur. Glanzlichter der Côte d'Azur. Wien 2005.
Petrini, C.: Buono, Pulito e Giusto. Torino 2005.
– Slow Food. Geniessen mit Verstand. Zürich 2003.
Petrini, C. & Padovani, G.: Slow Food Revolution. Milano 2005.
Petronilla: I gustosi, svelti, economici desinaretti di Petronilla. Milano 1976.
– Ancora ricette di Petronilla. Milano, Nachdruck 1965.
Piazzesi, E.: La cucina delle regioni d'Italia. Firenze-Milano 2005.
Piccoli, F.: Il Vino nel Nord Italia in Epoca Romana. Verona 2004.
Pitrat, M. & Foury, C.: Histoire de légumes. Paris 2003.
Pizza, L. & Tonno, A.: Platon und die Idee der Kalten Küche. München 1993.
Platina, B.: Il piacere onesto e la buona salute. Torino 1985.
Portinari, F.: Il piacere della gola. Milano 1986.
Preiss, M.: In der Küche der Päpste. In: Die ZEIT, 15.12.2005.
Prior, L.: Cucina Siciliana. Hamburg 2002.
Prose, F.: Gluttony. The seven deadly sins. London 2003.

Rava, D.: Il Caffè. Kaffee. Die heiße Leidenschaft. München 1997.
Rajberti, G.: L' arte di convitare spiegata al popolo. Milano 2001.
Rebora, G.: La cucina medievale italiana tra oriente ed occidente. Genova 1996.

Redon, O. & Sabban, F. & Serventi S.: A tavola nel Medioevo. Roma-Bari 1994.
Riccio, R.: Il Barocco in Tavola. Bologna 2000.
Richardson, T.: Sweets. A History of Temptation. London 2003.
Rigaux, D.: A la table du seigneur. L'eucharistie chez les Primitifs italiens (1250-1497). Paris 1989.
Rinaldi, M. & Vicini, M.: Buon Appetito Santità. Milano 1998.
Rodinson, M. & Arberry, A. J. & Perry, Ch.: Medieval Arab Cookery. Blackawton Totnes 2001.
Romoli, D.: La singolar dottrina. Venezia 1560.
Root, W.: Die Küche in Italien. Time-Life Niederlande 1969.
Routh, Sh. & J.: Note di cucina di Leonardo da Vinci. Roma 2004.

Sabban, F. & Serventi, S.: A tavola nel Rinascimento. Bari 1996.
Sada, L. & Valente, V.: Liber de Coquina. Libro della cucina del XIII secolo. Il capostipite meridionale della cucina italiana. Bari 1995.
Salaris, C.: Cibo Futurista. Roma 2000.
Santasilia di Torpino, F.: La Cucina aristocratica Napoletana. Napoli 1987.
Scappi, B.: Opera. Venezia 1570.
Schmitt Pantel, P.: La Cité au banquet, histoire des repas publics dans les cités grecques. Roma 1992.
Scully, T.: The Art of Cookery in the Middle Ages. Woodbridge 1995.
Sereni, E.: Storia del paesaggio agrario italiano. Bari 1984.
Serventi, S. & Sabban, F.: La pasta. Storia e cultura di un cibo universale. Roma 2000.
Servi Machlin, E.: The Classic Cuisine of the Italian Jews. New York 1981.
Sheldon Johns, P.: Traditionelle Spezialitäten aus Italien. München 2001.
Simeti, M. T.: La tavola del Gattopardo. La cucina siciliana tra letteratura e memoria. Palermo-Palma di Montechiaro-S. Margherita di Belice 2001.
— Bitter Almonds: Recollections and Recipes from a Sicilian Girlhood. New York 1994.
— Pomp and Sustenance: Twenty-five Centuries of Sicilian Food. New York 1989.
Slow Food Editore. Osterie d'Italia. Sussidiario del mangiarbere all'italiana. Bra 1990ff.
Sorge, P.: A tavola con D'Annunzio. Milano 1998.
Spector, S.: Venice & Food. S. Giovanni Lupatoto 1998.
Stefani, B.: L'arte di ben cucinare. Mantova 1662.
Steingarten, J.: Der Mann, der alles isst. Aufzeichnungen eines Gourmets. Hamburg 2004.
Stein-Hölkeskamp, E.: Das römische Gastmahl. München 2005.
Stille Welt. Italienische Stilleben. Katalog der Ausstellung. Kunsthalle Hypo-Kulturstiftung. München 2002/2003.
Strong, R.: Feast. A history of great eating. London 2002.

Die öffentliche Tafel. Tafelzeremoniell in Europa 1300-1900. Katalog der Ausstellung. Deutsches Historisches Museum. Berlin 2002/2003.
Tanara, V.: L'Economia del cittadino in villa. Bologna 1644.
Tannahill, R.: Kulturgeschichte des Essens. München 1979.
Teti, V.: Il peperoncino. Un Americano nel mediterraneo. Monteleone 1995.
Toaff, A.: Mangiare alla giudia. Bologna 2000.
Tocci, A. & Revelli Sorini A.: Tacuinum Etrusco. Intinerario d'archeologia gastronomica. Perugia 2004.
— Tacuinum medioevale. Itinerario gastronomico nella storia. Perugia 2003.
— Tacuinum rinascimentale. Itinerario gastronomico nella storia. Perugia 2003.
Touring Club Italiano: Guida gastronomica d'Italia. Milano 1931.
Toussaint-Samat, M.: Histoire naturelle et morale de la nourriture. Paris 1997.

Veronelli Editore: I Ristoranti di Veronelli. Bergamo 1998.
Veronelli, L.: Alla ricerca dei cibi perduti. Roma 2004.
– Vietato vietare. Tredici ricette per vari disgusti. Milano 1991.
Veronelli & Echaurren, P.: Bianco, Rosso e Veronelli: Manuale per enodissidenti e gastroribelli. Viterbo 2005.
Vogel, W.: Caffè, per favore! Cadolzburg 2004.
Vollenweider, A.: Aschenbrödels Küche. Zürich 2005.
– Italiens Provinzen und ihre Küche. Berlin 1990.
– Der Einfluß der italienischen auf die französische Kochkunst im Spiegel der Sprache. Diss. Zürich 1964.

Westbury, R. Lord: Handlist of italian cookery books. Firenze 1963.
Wierlacher, A. & Neumann, G. & Teuteberg, H. J.: Kulturthema Essen. Berlin 1993.
Wierlacher, A. & Neumann, G. & Wild, R.: Essen und Lebensqualität. Natur- und kulturwissenschaftliche Perspektiven. Frankfurt a. M. 2001.
Wiesel, J. M.: Das neue Osterienbuch. Führer durch Italiens Schenken, Osterien und Tavernen. Leipzig 1937.
Wilkins, J. & Hill, S.: The Life of Luxury. Archestratus. Blackawton Totnes 1994.
Wilkins, J., & Harvey, D. & Dobson M.: Food in Antiquity. Exeter 1995.

Zotter H.: Das Buch vom gesunden Leben. Die Gesundheitstabellen des Ibn Butlan. Graz 1988.

ABBILDUNGSVERZEICHNIS

akg-images, Berlin Seite 19
Peter Amann, München Seite 13, 24, 49, 114
Antikenmuseum der Universität Leipzig Seite 11
Archiv des Verfassers Seite 14 , 25, 39, 45, 47, 55, 57, 63, 74, 76, 84, 88, 92, 108, 115, 116, 120, 125, 127, 147, 148, 151, 158, 161
Archivio fotografico Mondadori/Electa, Milano Seite 65
Orazio Bagnasco, Catalogo del fondo italiano e latino delle opere di gastronomia sec. XIV-XIX, Sorengo 1994 Seite 54, 68
Ranuccio Bianchi Bandinelli, Rom II – Das Zentrum der Macht, Universum der Kunst, Band XV, München 1970 Seite 21
Giuseppe Basile, Das Leben des Franz von Assisi in Fresken von Giotto, Freiburg i.Br. 1999 Seite 35
Biblioteca di ALMA. La Scuola Internazionale di Cucina Italiana Seite 124, 131, 133, 150
Biblioteca Estense Universitaria, Modena Seite 49
Cinetext Seite 128, 148, 159
De Cecco Seite 59
Vincenzo Cervio, Il Trinciante, Venezia 1581 Seite 83
Ferdinando Cioffi, Rom Seite 9
Fondazione Slow Food per la Biodiversità Seite 147
Horst Fuhrmann, Die Päpste, München 1998 Seite 94
Galleria del Palazzo Rosso, Genua Seite 106
Gallerie dell'Accademia, Venezia (Sebastiano Lazzari: Natura morta con gatto) Seite 72
Gudrun Gerlach, Essen und Trinken in römischer Zeit, Köln 1986 Seite 22
Mina Gregori (Hg.), Stille Welt: italienische Stilleben, Mailand 2002 Seite 79, 86, 103
Institut de France, Paris Seite 77
Giovanni Lazzeri, Kochbuch für die Freunde der italienischen Oper, Berlin 2005 Seite 117, 118
Neue Pinakothek, München Seite 157
Marta Lenzi, Lugano Vorsatz, Seite 74
Francesco Leoni Seite 67
Massimo Montanari, Convivio: storia e cultura dei piaceri della tavola, dall'Antichità al Medioevo, Rom 1989 Seite 48
Musei del Cibo della Provincia di Parma Seite 129
Museo Civico «L. Bailo» Seite 130
Museo Mandralisca, Cefalù Seite 15
Museo Nazionale delle Paste Alimentari, Rom, Codice no 475 Frontispiz

Osteria Italiana, München Seite 139, 158

Hans Ottomeyer (Hg.), Die öffentliche Tafel: Tafelzeremoniell in Europa 1300-190, Wolfratshausen 2002 Seite 93, 96, 97, 103

Agostino Paravicini Bagliani, Der Leib des Papstes, München 1997 Seite 73

Artusi Pellegrino, La Scienza in Cucina e L'Arte di mangiar bene, Florenz 1993 Seite 138

Hans-Peter von Pesche/Werner Feldmann, Das Kochbuch der Renaissance, Düsseldorf 2001 Seite 95

Peter Peter, München Seite 11, 37, 48, 105, 116, 149, 158

Pinacoteca comunale Spoleto Seite 65

Dorothea Ritter, Venedig in historischen Photographien, München 2006 Seite 140

Bartolomeo Scappi, Opera, Venezia 1570 Seite 75

June Di Schino, I Fasti del Banchetto barocco. Roma 2005 Seite 98, 104

Christian Schreibmüller, Wien Seite 44, 106, 146

Vatikanische Museen, Rom Seite 23

Carlo Volpe, Pietro Lorenzetti, Mailand 1989 Seite 36

Stephanie Warnke, Berlin Seite 26, 34, 38, 46, 69, 85, 87, 107

VERZEICHNIS DER REZEPTE

Seite 120 Pomidoro alla napoletana – Tomaten auf neapolitanische Art
Vincenzo Corrado (Il cuoco galante, Capitolo dei Pomidoro, 1773)

Seite 132 I Saltimbocca – Römische Kalbsschnitzel mit Salbei und Schinken
Petronilla (Ancora ricette di Petronilla, 114, 115, um 1930)

Seite 133 Filetti di pesce spada all'italiana – Schwertfischfilets auf italienische Art
Francesco Leonardi (L'apicio moderno, zit. nach Faccioli 769, 1790)

Seite 141 Crostini di capperi – Kapernpaste
Pellegrino Artusi (La Scienza in cucina e l'Arte di mangiar bene, 108, 1891)

Seite 142 Spaghetti alla rustica – Bäuerliche Spaghetti
Pellegrino Artusi (La Scienza in cucina e l'Arte di mangiar bene, 104, 1891)

Seite 152 Raviolo aperto – Offener Edelfischraviolo
Gualtiero Marchesi (persönliche Mitteilung, 21. Jahrhundert)

Seite 153 Gelo di Melone – Wassermelonengelée
Pina Cincotta Mandarano (Capperi e dintorni, 76, Enna 2000)

Seite 163 Tortellini con pecorino e fave – Tortellini mit Pecorino und Saubohnen
Heinz Beck (Heinz Beck, 80, 21. Jahrhundert)

ÜBER DEN AUTOR

Dr. phil. Peter Peter ist Mitglied der Deutschen Akademie für Kulinaristik, Dozent an der Università di Scienze Gastronomiche (Pollenzo/Colorno) sowie Restaurantkritiker der Frankfurter Allgemeinen Sonntagszeitung. Er entwirft kulinarische Reisen und hat zahlreiche kunst- und kulturhistorische Bücher, gastronomische Guides sowie das Kochbuch *Cucina Siciliana* verfasst.

www.pietropietro.de

DISCRITIONE DEL
DOVE CHI MANCO
Qui Pione le Piogie di Perle, e Diamanti.
Montagnie d'Oro
Miniere di Scudi e Cechini.
Naue, e Galere Mortadele, e
Cariche di Saladi
Arbori che fruta massaritie d'ogni sorte.
O che mangiar
Saline di pani di Zuchari fini
Lago di polpete, e figatelli
Quest Erba produce torte et partici.
Argiere di mortadele e salate
le Vache in questo paese ogni mese partoriscie in Vitelli
Fiume di Vino di Spagna
Questo lago di continuo getta fori pani colli d'ogni sorte
lago di Fritele
qui li Canoni gieta fiaschi di moscato
Qui nascono Cavali con sella e briglia che chi ne vole rene piglia.
Porto di Poltroni.